Julia Gerlach
Der verpasste Frühling

Julia Gerlach

Der verpasste Frühling

Woran die Arabellion gescheitert ist

Ch. Links Verlag, Berlin

Das Projekt wurde von der Robert Bosch Stiftung im Rahmen
des Programms »Grenzgänger« gefördert.

Die Deutsche Nationalbibliothek verzeichnet diese Publikation in
der Deutschen Nationalbibliografie; detaillierte bibliografische Daten
sind im Internet über www.dnb.de abrufbar.

1. Auflage, Januar 2016
© Christoph Links Verlag GmbH
Schönhauser Allee 36, 10435 Berlin, Tel.: (030) 44 02 32-0
www.christoph-links-verlag.de; mail@christoph-links-verlag.de
Umschlagabbildung vorn: Graffiti am Tahrir-Platz in Kairo 2012 (Claudia
Wiens); hinten: protestierende Menschenmassen auf dem Tahrir-Platz
während der Revolution im Februar 2011 (Jonathan Rashad, Flickr,
Wikimedia Commons, CC BY 2.0)
Karte: Christopher Volle, Freiburg
Satz: Stephanie Raubach, Ch. Links Verlag, Berlin
Druck und Bindung: Druckerei F. Pustet, Regensburg

ISBN 978-3-86153-868-4

Inhalt

Einleitung

Die Brandung knallt an die Hafenmauer von Tripolis. Die ersten Herbststürme toben auf dem Mittelmeer. »Heute habe ich kaum Kundschaft«, sagt Hosni al-Orfali und fügt nach kurzem Zögern hinzu: »Gott sei Dank!« Mit zusammengekniffenen Augen und hochgezogenen Schultern schaut er auf den Hafen hinaus: »Hoffentlich sehen auch die Flüchtlinge ein, dass man bei diesem Wetter besser nicht rausfährt.« Der 23-jährige muskulöse Mann im Strickpulli betreibt ein Geschäft für Bootszubehör am Hafen der libyschen Hauptstadt. Er verkauft Schwimmwesten, GPS und alles, was man sonst so braucht, wenn man sich in einem kleinen Boot aufs Meer hinaus begibt, um am anderen Ufer ein neues Leben zu beginnen. »Ich kann die Menschen verstehen. Das sind doch arme Schlucker. Sie kommen aus Ländern, in denen Krieg herrscht und sie keine Zukunft haben. Sie träumen davon, dass es ihnen dort drüben besser geht«, er zeigt Richtung Horizont. Riesige Wellen brechen sich an der Hafeneinfahrt.

»Hundewetter!«, schimpft ein Mann um die 40, der mit hochgeklapptem Kragen ins Geschäft kommt. Abdullah heißt er, seinen Nachnamen will er nicht verraten. »Sogar heute schleichen da unten an der Mole so ein paar arme Gestalten herum«, berichtet er: »Mir wird ganz schlecht, wenn ich diese armen Wichte sehe. 90 Prozent von denen, die jetzt losfahren, werden sterben. Das habe ich im Gefühl«. Warum er sich so gut auskennt, will er lieber nicht sagen. »Ich bin Seemann, nein, nicht Schlepper, Seemann!«

Der kleine Laden von Hosni al-Orfali liegt in unmittelbarer Nähe des großen Platzes im Zentrum von Tripolis. Bis 2011 hieß er Grüner Platz. Hier hielt Staatschef Muammar al-Gaddafi seine Reden. Nach seinem Sturz wurde der Platz in Märtyrerplatz umbenannt. Tagelang feierten die Menschen ausgelassen ihre neugewonnene Freiheit.

Wie lange scheint das her! Heute droht Libyen zu zerfallen, Milizen kämpfen gegeneinander und Libyen gilt aus europäischer Sicht als Problemfall: Hier hat der sogenannte Islamische Staat (IS) eine starke Basis, und – was Europa noch mehr Sorgen bereitet – das Land mit seinen unbewachten Grenzen hat sich zum Eldorado für Schlepper, zum Durchgangsland Nummer eins für Bootsflüchtlinge nach Europa entwickelt. Sie kommen aus vielen Ländern, doch die meisten sind Syrer oder stammen aus anderen arabischen Ländern. Auch in ihrer Heimat schlug das, was als hoffnungsvolle Revolution begonnen hat, in einen blutigen Kampf um.

Dies ist aber kein Buch über Flüchtlinge im eigentlichen Sinne. Es geht weder um Fluchtrouten noch darum, wie die Menschen sich in Europa integrieren können. Im Mittelpunkt steht vielmehr die Entwicklung in der arabischen Welt in den vergangenen fünf Jahren. Wie kam es dazu, dass auf den Arabischen Frühling direkt ein eisiger Winter folgte? Warum sind inzwischen Millionen Menschen aus der Region so verzweifelt, dass sie alles hinter sich lassen und sich auf die Flucht begeben? Wie konnte Libyen so aus den Fugen geraten, dass es zum größten Transitland für Flüchtlinge geworden ist?

»Wir wussten von Anfang an, dass es schwierig werden würde, die Diktaturen in der arabischen Welt zu stürzen, aber dass es so schwierig werden und solche Auswirkungen haben würde, haben wir natürlich nicht gedacht«, sagt Amal Scharaf. Mit nervös flatternden Händen und gehetztem Blick sitzt sie auf der Kante ihres Stuhls und schaut sich immer wieder ängstlich um, mustert die Gäste an den Nachbartischen des Cafés. Amal Scharaf ist eine der bekanntesten Aktivistinnen des Aufstands gegen den ägyptischen Präsidenten Hosni Mubarak. Im Januar 2011 war die zierliche Frau mit den langen rötlichen Haaren ständig auf dem Tahrir-Platz in Kairo. Die alleinerziehende Englischlehrerin brachte die Forderungen der Demonstranten auf den Punkt: ein gerechteres, freieres und demokratischeres Land, in dem alle in Würde leben können. Nicht mehr und auch nicht weniger. In kürzester Zeit gelang es, im Frühjahr 2011 Millionen Menschen auf die Straßen zu bringen und den Start in eine neue Gesellschaft zu wagen.

Der gelungene Aufstand gegen den tunesischen Langzeitpräsiden-

Die ägyptische Aktivistin Amal Scharaf und ihr Mitstreiter Amr Mahrus, 2015.

ten Zine Abdine Ben Ali inspirierte Aktivisten in der ganzen Region, und nachdem im Februar 2011 der ägyptische Präsident Hosni Mubarak abgesetzt worden war, gab es kein Halten mehr. Auch in Libyen, Bahrain, Jemen und vielen anderen Ländern demonstrierten die Massen. In jenem Frühling sah es tatsächlich so aus, als wäre die Diktatur in der arabischen Welt ein Auslaufmodell. Heute aber ist Amal Scharaf eine der wenigen in Ägypten, die noch immer die Fahne der Revolution hochhalten. Die Hoffnung auf Würde, Freiheit, Wohlstand und vielleicht auch Demokratie hat sich für Amal Scharaf und ihre Mitstreiter nicht erfüllt. Viele haben das Land verlassen oder sind im Gefängnis, und Amal Scharaf rechnet ständig damit, dass auch sie verhaftet wird. Kein Wunder, dass sie so nervös um sich blickt. In Ägypten regiert ein Präsident, der gnadenloser und brutaler gegen die Opposition vorgeht, als Hosni Mubarak es je getan hat. Auch sonst hat sich kaum etwas zum Besseren verändert. Die Wirtschaftskrise verschärft sich ständig, und die Schere zwischen Arm und Reich geht immer weiter auseinander. Die alten Eliten haben nach wie vor das Sagen. Das gilt auch für den Rest der Region, und zu den vielen alten Problemen kommen nun noch Bürgerkrieg und Terror hinzu. In den Medien wurde das Bild der fröhlichen Demonstranten vom Tahrir-Platz, die »Salmia, salmia!« (Friedlich, friedlich!)

skandierten und so den Panzern der Regierung entgegentraten, ab-gelöst von den vermummten Kriegern des Islamischen Staates (IS) in der Region, die auf Massaker und Köpfungen setzen, um ihre Ziele zu erreichen. Rückblickend scheint es unglaublich, fast schon naiv, dass es hier einmal die Hoffnung auf Demokratie und Freiheit gegeben hat. Oder gibt es sie vielleicht immer noch?

Um diese Frage beantworten zu können, gilt es zunächst herauszu-finden, weshalb die Arabellion von 2011 gescheitert ist und in keinem Land – mit Ausnahme von Tunesien vielleicht – der Weg in Richtung Demokratie eingeschlagen wurde. Was ist schiefgelaufen? Wie konnte es geschehen, dass die Chance, die sich 2011 auftat, so gründlich ver-tan wurde? Lag es an der Unfähigkeit der Aktivisten der Revolution, sich zu organisieren oder auch nur gemeinsame Ziele für den Neuan-fang zu entwickeln? Lag es an der Machtgier der Islamisten und de-ren Unfähigkeit, ihre Strukturen und Ideologie zu erneuern, um den Herausforderungen der neuen Zeit gerecht zu werden? War es der Einfluss von außen, die Politik der USA und Europas oder auch der einflussreichen Golfstaaten, der die Revolution auf Abwege brachte? Oder lag es daran, dass die alten Regime so stark und so gut verankert waren, dass sie Veränderungen zu verhindern wussten? Wer wäre besser geeignet, Antworten auf diese Frage zu finden, als die beteilig-ten Akteure selbst?

Sieben Jahre habe ich als Korrespondentin für verschiedene deut-sche Medien aus der Region berichtet. In dieser Zeit konnte ich nicht nur erleben, wie es zum Arabischen Frühling kam, sondern habe auch viele Menschen kennengelernt, die mir ihre Sicht auf die Veränderun-gen schilderten. Ich habe viele von ihnen nicht nur einmal getroffen, sondern immer wieder um Interviews gebeten. Es sind Aktivisten der Revolution wie Amal Scharaf, die hier zu Wort kommen. Es sind aber auch Regierungsvertreter, Islamisten und ganz normale Bürger. An-hand der Erlebnisse ausgewählter wichtiger Gesprächspartner soll die Entwicklung der vergangenen fünf Jahre nachgezeichnet und auf diese Weise verständlich werden, warum die Akteure bestimmte Ent-scheidungen getroffen haben. Wieso wählten 2011 mehr als 70 Pro-zent der Ägypter eine islamistische Partei? Wieso befürworten dann mindestens ebenso viele, dass 2013 die Militärs an die Macht zurückkamen, und halten es für richtig, dass Tausende Islamisten brutal getötet oder inhaftiert werden? Wieso haben viele ihre Meinung derart geändert und würden – hätten sie eine neue Chance – heute anders entscheiden und auch anders handeln? Die Selbstreflexion der Akteure in Kombination mit dem analytischen Draufblick von Intellektuellen und Wissenschaftlern soll die Dynamik der Entwicklung klar zum Vorschein bringen.

Ähnliche Interviewserien habe ich auch in den anderen Ländern des Arabischen Frühlings geführt: Lina Ben Mhenni aus Tunis, Abu Ahmed Yakobi aus Libyen, Maher Esber aus Syrien und Sarah Ishaq aus dem Jemen wurden für dieses Buch ausgewählt.

Der Arabische Frühling und sein – zumindest vorläufiges – Scheitern lässt sich nur verstehen, wenn man die Entwicklung in der ganzen Region betrachtet. Ägypten spielt dabei eine wichtige Rolle, weil das politisch einflussreiche und bevölkerungsreichste arabische Land für die Nachbarstaaten Vorbild ist und die Ereignisse dort schon immer auch den Fortgang der Entwicklung in der ganzen Region beeinflusst haben. Aber gerade jetzt gibt es Einflussnahme auch aus anderer Richtung. Nicht zuletzt benutzt die ägyptische Regierung den Bürgerkrieg in Syrien und den blutigen Kampf in Libyen als Drohung. Nach dem Motto: Wenn ihr nicht aufhört, gegen die Regierung zu protestieren, dann seid ihr selbst schuld, wenn auch Ägypten ins Chaos stürzt!

Zugleich gilt Ägypten aber auch als abschreckendes Beispiel. So hat das Vorgehen des ägyptischen Militärs gegen die Muslimbrüder im Sommer 2013 die tunesischen Islamisten von der Al-Nahda-Partei dazu gebracht, ihre Positionen zu überdenken und Kompromisse mit anderen politischen Kräften zu suchen. »Wir hatten berechtigte Angst, dass es auch bei uns eine Konterrevolution geben könnte, und haben deswegen der Bildung einer neuen Regierung zugestimmt«, so der Al-Nahda-Gründer Raschid al-Ghannuschi.

Natürlich gibt es nicht »den« Arabischen Frühling und nicht »die« Arabellion. In jedem Land gibt es spezielle Gründe, die zum Ausbruch der Revolutionen führten, und der Aufstand nahm auch einen jeweils eigenen Verlauf. So wurden in manchen Ländern konfessionelle Konflikte ausgelöst, in anderen steht bis heute die Auseinandersetzung zwischen alten und neuen Kräften im Mittelpunkt.

Trotz der Unterschiede zeigen sich allerdings auch viele Parallelen. So sind es – grob gesagt – drei Akteure, die das Geschehen bestimmen. In allen Ländern waren es vor allem nichtislamistische Aktivisten, Jugendliche der Mittelschicht, die den Anstoß gaben. Sie sind geprägt von dem in der ganzen Region verbreiteten Frust: Die Globalisierung und bessere Bildungsmöglichkeiten haben den Horizont der neuen Generation erweitert und zugleich ihre Erwartungen gesteigert. Die Regierungen sind mehrheitlich überfordert oder auch nicht gewillt, diesen jungen Menschen Zukunftsperspektiven zu eröffnen. In den meisten Ländern ist in den fünf bis zehn Jahren vor der Arabellion eine Protestbewegung gewachsen, die Massen mobilisieren konnte, allerdings fehlte ihr die Struktur, die Erfahrung und das Programm, um nach dem Sturz von Ben Ali, Mubarak und Co. die Regierung zu übernehmen. »Unsere Rolle war es, die Menschen auf die Straße zu bringen. Für das, was danach kam, fehlte es uns an allem«, so die Aktivistin Amal Scharaf. Ein Muster für die moderne, freie arabische Gesellschaft gibt es nicht. Und es fehlte an Unterstützung: Die Aktivisten der Revolution, wie diese Gruppe im Folgenden genannt wird, konnten weder die wichtigen politischen und wirtschaftlichen Kräfte ihrer eigenen Länder noch starke Unterstützer auf der internationalen Ebene für ihre Sache gewinnen.

Nachdem die Aktivisten den Anfang gemacht hatten, drängten sich bald islamistische Gruppen wie die Muslimbruderschaft oder al-Nahda in Tunesien und al-Islah im Jemen in die Führungspositionen. Diese starken Organisationen, die politische Arbeit seit Langem mit Wohltätigkeit im Namen des Islam verbinden, sind lose miteinander verbunden und berufen sich auf die Ideen von Hassan al-Banna, der 1928 die Muslimbruderschaft in Ägypten gegründet hat. Sie sind viel besser organisiert und durch Moscheen und Sozialeinrichtungen gut in der Bevölkerung verankert. Sie waren zwar zuvor vielerorts verboten und wurden von den Sicherheitsorganen verfolgt. In den meisten Ländern gab es jedoch eine Art inoffizielle Übereinkunft mit den Regierungen, so dass ihnen in gewissen Grenzen politische und vor allem soziale Arbeit erlaubt war. Insofern sind diese Gruppen vom alten Regime mit geprägt und in manchen Ländern sogar Teil des Systems. Das gibt ihnen Rückhalt und bringt vor allem Unterstützung aus konservativ-bürgerlichen Kreisen und auch von Teilen der Wirtschaft. Sie sind selbst konservativ-fromm und gelten als die politische Kraft der Mehrheit. Deswegen werden sie von den USA und auch von Europa als Ansprechpartner gesehen, wenn es um die politische Zukunft der Region geht. Im Gegenzug versprechen sie Stabilität und Rücksichtnahme auf die Interessen des Auslands. Finanziell werden sie von Katar und der Türkei unterstützt.

Die sehr frommen, korantreuen Gruppen der Salafisten sind Teil der islamistischen Bewegung, führen jedoch ihr Eigenleben. Deshalb werden sie hier getrennt genannt. Das liegt vor allem an ihrer bis 2011 sehr unpolitischen und damit diktatorenfreundlichen Haltung. Sie kümmerten sich vor allem um das religiöse und soziale Heil ihrer Anhänger und kamen den Regierenden nicht in die Quere. Später wurden sie zu Wechselkandidaten: Mal halten sie den islamistischen Parteien die Treue, mal laufen sie ins Lager der alt-neuen Regime über. Das hängt auch damit zusammen, dass sie vor allem aus Saudi-Arabien und Abu Dhabi großzügig finanziert werden.

Und dann sind da noch militante, ultraradikale islamistische Gruppen, wie der IS, Al-Qaida-Untergruppen und lokale militante Gruppen. Auch sie sind Akteure, die eine zunehmend wichtige Rolle spielen. Ihre Erfolgsgeschichte ist eng mit den Ereignissen der vergangenen fünf Jahre verknüpft.

In allen Ländern spielt auch das alte Regime weiterhin eine große Rolle; entweder direkt, wie in Syrien, oder als Kraft aus dem Hintergrund, wie etwa in Tunesien oder auch Libyen. Diese alten Regime, obwohl teilweise untereinander verfeindet, ähneln sich in vielerlei Hinsicht: Durch die Bank handelt es sich um autoritäre Regierungen, die aus dem Militär hervorgegangen sind und sich in der Tradition des Putsches der Freien Offiziere in Ägypten unter Gamal Abdel Nasser 1952 sehen. Jahrzehntelang haben sie den Menschen erfolgreich eingeredet, dass arabische Länder starke Führer brauchen und nur diese die Region zu Ansehen, Einfluss und Würde führen können. Solche Regierungen zu stürzen ist ungemein schwer, denn ihre Macht wurzelt in einem ausgebauten System, beruht auf Seilschaften von Anhängern und Institutionen. Diese alt-neuen Regime, wie sie in der Folge genannt werden, um zu verdeutlichen, dass es sich um Übergangsformen handelt, können auf die Unterstützung durch Saudi-Arabien und die Vereinigten Arabischen Emirate (VAE) zählen. Europa und die USA sind dabei, sich politisch diesen Regimen wieder anzunähern. Eine Ausnahme bildet Syrien: Hier finanzieren Saudi-Arabien und die VAE die Opposition und setzen auf den Sturz Assads, vor allem, weil dieser vom Iran gefördert wird.

Fünf Jahre nach Beginn der Arabellion – so die ernüchternde Bilanz – stehen diese alt-neuen Regime als zeitweilige Sieger da. Sie haben einen demokratischen Neuanfang verhindert oder zumindest entsprechende Fortschritte weitgehend zurückgedreht. Ihr größter Erfolg ist, die beiden anderen Gruppen – junge Aktivisten und Islamisten – gegeneinander auszuspielen. Statt sich auf den Neuanfang, den Aufbau und die Reform der Institutionen, auf Parteigründungen und Verfassungsfragen zu konzentrieren, verstrickten sich die politischen Kräfte bald nach Beginn des Aufstands in Grabenkämpfe und ideologische Diskussionen untereinander. Islamisten und Nicht-Islamisten hassten sich bald so, dass sie den Konflikt mit ihrem eigentlichen Gegner, dem alt-neuen Regime, aus den Augen verloren.

Nicht zu unterschätzen ist dabei die Macht von Verschwörungstheorien: Extrem viele Menschen in der Region sind inzwischen davon überzeugt, dass es sich bei den Ereignissen der vergangenen fünf Jahre um eine große, fremdgesteuerte Intrige handelt. Washington habe die Arabellion angezettelt, um die Region ins Chaos zu stürzen und unter seine Kontrolle zu bringen. Auch das plötzliche Erstarken radikaler Terrorgruppen gehöre zu diesem Konzept. Derartige Vorstellungen sind so stark verbreitet, dass es in Ägypten inzwischen schwierig ist, Menschen zu finden, die nicht daran glauben. Welchen Einfluss haben die USA tatsächlich auf die Ereignisse in der Region? Welche Interessen verfolgen die europäischen Staaten?

Natürlich stellt sich – gerade im Hinblick auf die Situation in Syrien, Libyen und auch in Tunesien – die Frage nach dem Zusammenhang zwischen dem Arabischen Frühling und dem Erstarken des Terrorismus in der Region. Viele sehen die Revolutionen als Ursache. Die Aufstände hätten die Radikalen entfesselt. Stimmt das? Wie lässt sich der Terror bekämpfen? Diese Frage stellt sich umso dringender, weil ein neuer Anlauf in Richtung Demokratie in der Region erst möglich sein wird, wenn der Terror besiegt ist. Oder hängt womöglich beides zusammen?

In Europa wird 2015 viel darüber diskutiert, wie verhindert werden kann, dass immer mehr Menschen ihre Länder verlassen und nach Europa fliehen. Um die richtige Antwort auf diese Frage zu finden, gilt es, die Entwicklung der vergangenen Jahre genau zu betrachten: Wie konnte es dazu kommen, dass aus dem arabischen Traum ein Albtraum wurde? Wie könnte langfristig eine andere Entwicklung aussehen?

Auf dem Umschlag des Buches ist ein Graffiti zu sehen, das auf den Punkt bringt, wie die meisten Aktivisten der Revolution die Entwicklung der vergangenen Jahre sehen: Es macht keinen Unterschied, ob Hosni Mubarak oder Feldmarschall Mohammed Hussein Tantawi regiert. Sie sind zwei Seiten des gleichen Gesichts, und auch mit einem Präsidenten namens Amr Mussa oder Ahmed Schafik, die als Schatten neben dem Konterfei zu sehen sind, würde Ägypten bleiben, was es ist: ein Land voller junger Menschen, die auf Freiheit und Zukunftschancen warten. Das Graffiti, das der Aktivist Omar Fathy alias Omar Picasso an die Mauer am Tahrir-Platz gemalt hat, war ein Bild, das sich ständig veränderte, da es regelmäßig von der Stadtverwaltung überstrichen wurde. Immer und immer wieder hat er es neu gemalt und dabei zugleich aktualisiert.

Ich traf ihn eines Morgens, kurz vor der Präsidentschaftswahl 2012. Da stand er auf der Leiter, vor sich eine frisch getünchte Wand: »Vergangene Nacht hat die Stadtverwaltung wieder einmal alle Graffitis übermalt. Sie wollen unsere kritischen Kommentare nicht mehr sehen. Aber, weißt du was? Es wird ihnen nichts nützen. Ich gebe nicht auf!« – so der Mittezwanzigjährige. Stunden später schon war das vielgesichtige Sinnbild des alt-neuen Regimes wieder da. Inzwischen ist das Graffiti verschwunden. Es wird aber auch nicht mehr gebraucht: Heute braucht niemand mehr ein Wandbild, das davor warnt, dass das alte Regime an die Macht zurückdrängt: Mit Abdelfattach al-Sisi haben die Ägypter mit überwältigender Mehrheit 2014 genau diese Kräfte wieder gewählt. Was ist da nur schiefgelaufen?

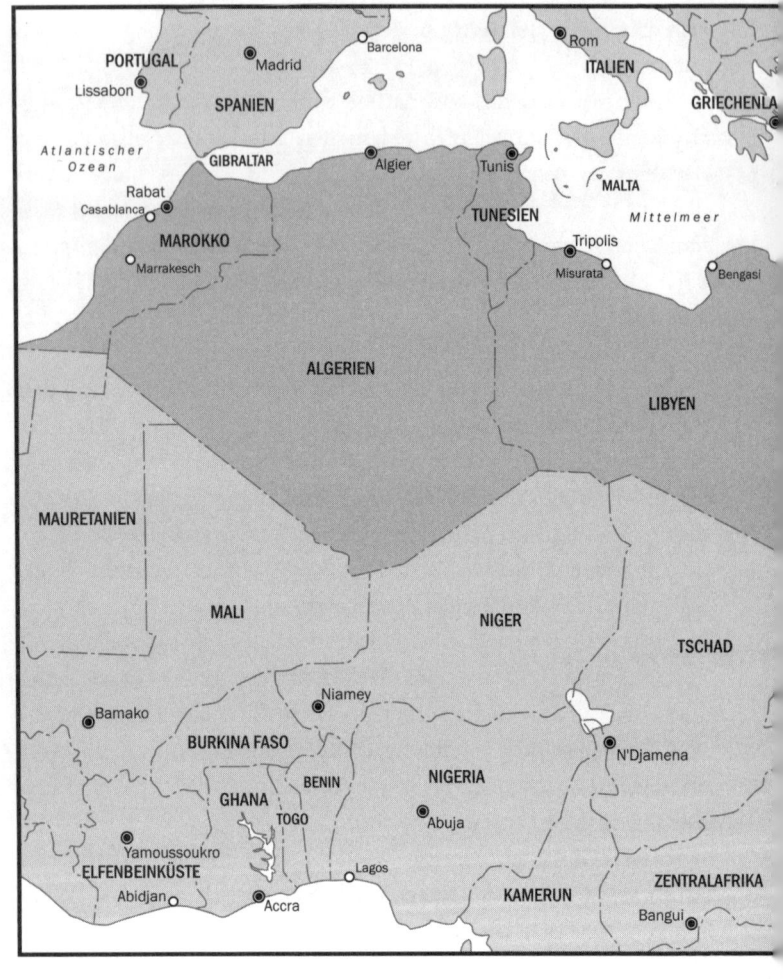

Nordafrika und arabische Halbinsel

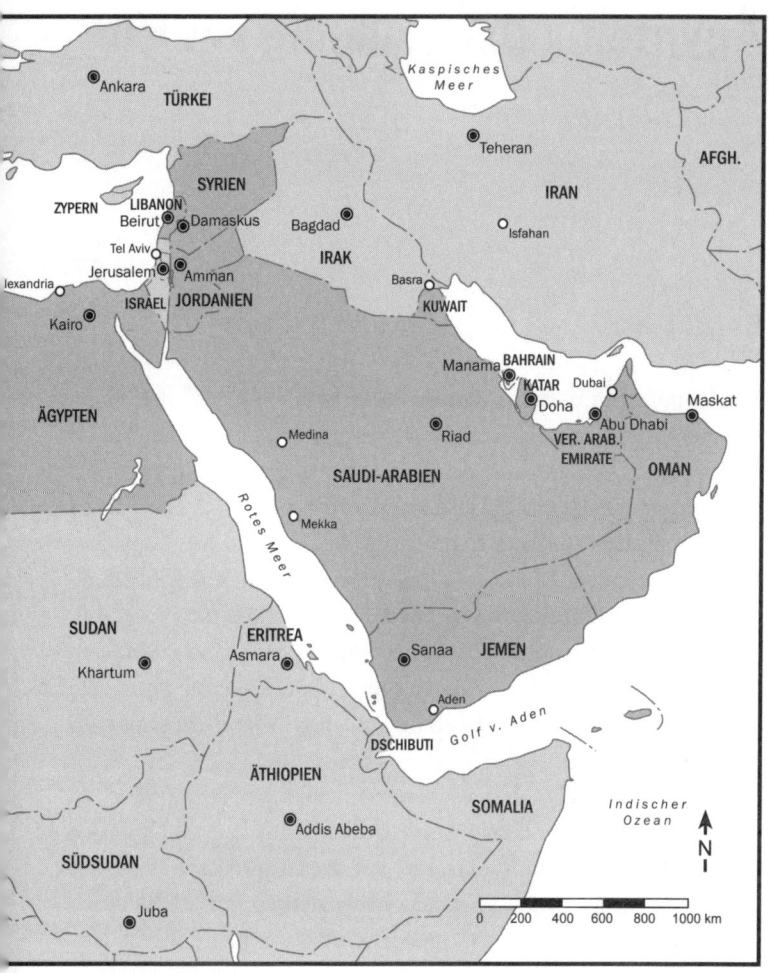

Ägypten – Der Frühling am Nil

Es geht los!

Die Demonstrationen im Januar 2011, bei denen plötzlich Hunderttausende durch die Straßen Kairos und anderer großer Städte in Ägypten zogen und »Aisch, Hurria, Adala Igtimaia!« (Brot, Freiheit und soziale Gerechtigkeit!) skandierten, überraschten viele; in Ägypten und im Ausland. Doch der Protest ist keineswegs aus dem Nichts entstanden. Die Revolution ist Ergebnis einer Entwicklung, die sich bereits Jahre zuvor angebahnt hat. Schlüssel zum Erfolg war, dass sich die Opposition zusammentat. Präsident Hosni Mubarak hatte es stets verstanden, seine Gegner in zwei Lager zu teilen, die sich gegenseitig mehr hassten als ihn und ihm daher nicht gefährlich wurden.

Ein Blick zurück: Ab 2005 kommt es in Ägypten vermehrt zu Protesten. Neben der bereits bestehenden islamistischen Opposition, die in der Muslimbruderschaft gut organisiert ist und die vor allem in armen Dörfern und den Armenvierteln der Städte durch Moscheen und Prediger eine gewachsene Basis hat, entsteht eine neue nichtislamistische Protestbewegung. Einige ihrer Führer stammen aus der alten linken Studentenbewegung, die meisten aber sind jung und undogmatisch: nicht gerade islamistisch, aber auch nicht ultrasäkular oder linksradikal. Ihr Protest richtet sich gegen die Korruption der Regierung und die zunehmende Einmischung machtgieriger Geschäftsleute aus der Clique rund um die Präsidentensöhne Gamal und Alaa Mubarak in die Politik. »Kifaya!« (Es reicht!) lauten der Schlachtruf und auch der Name dieser neuen Bewegung. 2008 kommt es vermehrt zu Arbeiterstreiks. Unter dem Einfluss von Gamal Mubarak und Co. hatte es eine Reihe von Privatisierungen gegeben. Dabei waren Staatsunternehmen an Investoren verkauft worden, von denen bereits im Vorfeld bekannt war, dass sie nicht den Fortbestand des Unternehmens, sondern dessen Zerschlagung im Sinn hatten. Zigtausende wurden arbeitslos.

Im März 2008 macht ein Aufruf auf Facebook die Runde: Einige junge Aktivisten rufen zum Generalstreik auf. Der 6. April solle der Tag des Aufstands werden, und in der Industriestadt Mahalla ginge es los. Gegen Mittag versammeln sich dort Tausende. Wie so oft ist zwar auch hier die Polizei mit ihren zivil gekleideten Hilfstruppen in der Überzahl, dennoch gelingt es den Demonstranten, das Bild des Präsidenten von einer Säule zu reißen. Mubaraks Konterfei wird mit Füßen getreten und schließlich angezündet. Das Foto dieses Ereignisses macht im Internet schnell die Runde und wird zum Symbol einer neuen Zeit: Der Sturz Mubaraks rückt in den Bereich des Vorstellbaren und die Bewegung des 6. April, zu deren Gründern Amal Scharaf, Amr Ali sowie Ahmed Maher und Mohammed Adel gehören, wird zu einer treibenden Kraft der Mobilisierung gegen die Regierung. Esraa Abdel Fattach, die ebenfalls an der Formulierung des Streikaufrufs beteiligt war, wird kurz darauf verhaftet, und ihr Hilferuf aus dem Gefängnis erschüttert das Land: Schließlich ist Esraa Abdel Fattach »Bint al-Nas« (Tochter von Leuten), das heißt, sie stammt aus einer guten Mittelstandsfamilie. Zudem trägt sie Kopftuch: allerdings eines, das ihren Haaransatz freilässt und sie klar als Nicht-Islamistin zu erkennen gibt. Dass eine wie sie verhaftet wird, empfinden viele ägyptische Bürger als unerhört und zugleich auch für sie selbst bedrohlich. Polizeigewalt und Willkür der Justiz werden so zu den neuen großen Themen.

Anfang 2009, während des Krieges in Gaza, formiert sich eine breite Protestbewegung. Da Anti-Israel-Proteste die einzigen Demonstrationen sind, die von der Regierung geduldet werden, versammeln sich hier alle, die politisch aktiv sein wollen. Als Israel mit dem Beschuss des Gazastreifens beginnt, bekommt die Protestbewegung Zulauf. Die Demonstrationen sind auch in anderer Hinsicht ein Einschnitt: Erstmals protestieren im größerem Stil Nicht-Islamisten und Muslimbrüder gemeinsam. Darin sehen viele einen wichtigen Schritt in Vorbereitung auf die Revolution 2011.

Richtig in Fahrt kommt die Opposition, als im Februar 2010 Mohammed al-Baradei nach Ägypten zurückkehrt. Bekannt für seine Arbeit als Generaldirektor der Internationalen Atomenergieorganisation, ausgezeichnet mit dem Friedensnobelpreis, ist er für viele Ägypter ein Symbol für den Erfolg ihres Landes auf der internationalen Bühne. Er wird zur Integrationsfigur der neuen nichtislamistischen Protestbewegung. Zudem trifft er sich mit den Vertretern der Muslimbruderschaft und sorgt für ein engeres Zusammengehen der beiden Lager.

Mohammed al-Baradei kommt besonders gut bei der sogenannten Generation Mubarak an, jenen also, die damals unter 30 Jahre sind und in ihrem Leben noch keinen anderen Präsidenten als Hosni Mubarak gesehen haben. In dessen Regierungszeit hat sich die Gesellschaft stark gewandelt, die Mittelschicht ist gewachsen, und zudem hat die wirtschaftliche und politische Öffnung Ägyptens sowie die Umorientierung des Bildungssystems hin zu Privatschulen für alle, die sich dies irgendwie leisten können, eine große Anzahl von Jugendlichen hervorgebracht, die gut ausgebildet auf ihre Chance im Leben warten.

1001 gläserne Decken:
Der Frust der ägyptischen Jugend

Die ägyptische Gesellschaft ist in Schichten gegliedert, und sie ist besonders undurchlässig. Man spricht von den großen Zehn. Gemeint sind einige sehr einflussreiche Familien, die in Wirtschaft und Politik den Ton angeben. Zum Teil handelt es sich um die Nachfahren der ehemaligen Großgrundbesitzer, die auch nach der teilweisen Enteignung durch Präsident Gamal Abdel Nasser ihre Macht erhalten konnten. Andere sind durch geschickte Geschäfte und die Nähe zum Regime wirtschaftlich und politisch zu Einfluss gekommen. Die großen Zehn bilden eine Schicht für sich, die für den Rest der Ägypter unerreichbar ist. Die ägyptische Gesellschaft wird oft als Pyramide beschrieben: Je weiter man nach unten geht, desto breiter werden die Etagen. Das bedeutet aber nicht, dass sie nach oben durchlässiger werden. Die Übergänge werden streng bewacht. Ein gutes Beispiel für eine solche Schicht sind die »Deutschen«, das sind die Familien, die seit Generationen ihre Kinder auf die Deutsche Evangelische Oberschule (DEO) schicken. Da sie zum Teil aus Berlin finanziert wird, ist sie im Vergleich zu anderen internationalen Schulen preisgünstig, und sie hat den Ruf, dass den Kindern hier eine solide deutsche und ägyptische Bildung vermittelt wird. Dass man DEO-Absolventen in vielen einflussreichen Positionen in der ägyptischen Gesellschaft findet, liegt aber vor allem an dem effektiven Netzwerk der »Deutschen«. Das erklärt auch, weshalb die Plätze an der Schule so umkämpft sind. Monatelang werden Vierjährige auf die Aufnahmeprüfung in den DEO-Kindergarten vorbereitet, der das Eintrittstor zur Schule darstellt. Sie üben dann in deutschsprachigen Krabbelstuben, beispielsweise Igel aus Papier auszuschneiden. Ganze Familien zittern mit, ob die Kleinen es schaffen, denn der soziale Status der Familie ist daran geknüpft. Die DEO ist zugleich eine Börse, über die Jobs und Ehepartner vermittelt werden. Beides wird in Ägypten eher über Beziehungen vergeben, als durch persönliche Leistungen erreicht.

»Wasta« (Beziehungen) ist das Schlüsselwort, nicht nur in dieser Szene, sondern auch in den unzähligen anderen sozialen Lagern, aus denen sich die Gesellschaft zusammensetzt. Dies geht sogar so weit, dass viele Absolventen von Universitäten nicht entsprechend ihrer Qualifikation, sondern je nach Beziehungsnetzwerk ihrer Familien Anstellungen bekommen. So landen Pharmazeuten in PR-Abteilungen und Archäologen in IT-Unternehmen. Viele andere arbeiten weit unter ihrer Qualifikation, weil ihnen die nötigen Beziehungen fehlen. Ingenieure servieren Tee, Sozialwissenschaftler arbeiten als Bügler, und wer gar nicht mehr weiterweiß, versucht, Ägypten in Richtung Europa zu verlassen, auf welchem Weg auch immer.

»Es ist eine unglaubliche gesellschaftliche Verschwendung«, so der Sozioökonom Galal Amin, Professor an der Amerikanischen Universität in Kairo. Nicht nur das: Die 1001 gläsernen Decken, die junge Menschen daran hindern, sozial aufzusteigen oder auch nur passende Jobs zu finden, führen zu extremem Frust. Schließlich gibt

Der ägyptische Professor für Wirtschaftswissenschaften Galal Amin in seinem Büro an der Amerikanischen Universität in Kairo, 2015.

es viele arme ägyptische Familien, die noch an das Versprechen von Präsident Gamal Abdel Nasser glauben, dass Bildung der Schlüssel zu einem besseren Leben sei. Kleine Angestellte fahren nach Dienstschluss Taxi und arbeiten zusätzlich noch als Nachtwächter, damit ihre Kinder lernen und studieren können. Entsprechend enttäuschend ist es, wenn ihre Kinder nach dem Universitätsabschluss keinen Job finden. Pyramidenförmig aufgeschichtet war die Gesellschaft in Ägypten schon immer, der Unterschied ist, dass die Jugend heute mitbekommt, wie viel besser es Gleichaltrigen aus der Oberschicht geht; sie wissen auch, dass die Welt anderswo deutlich gerechter ist.

Generation Mubarak

Mit der Rückkehr von Mohammed al-Baradei nach Ägypten findet die frustrierte Generation Mubarak einen Fürsprecher: »Wir sind mit der Gewissheit aufgewachsen, dass es keinen anderen Präsidenten außer Mubarak oder vielleicht noch Mubarak Junior geben könnte. Wieso sollten wir uns da für Politik interessieren? Wir waren bis dahin eine sehr unpolitische Generation. Al-Baradei sagte uns, dass Veränderung möglich ist, sogar bei uns«, erklärt Mahmud al-Hetta. Der IT-Fachmann beteiligt sich an vielen Protesten und stellt die Facebook-Seite »Mohammed al-Baradei for President 2011« ins Internet. Unter al-Baradeis Einfluss schließen sich mehrere Oppositionskräfte, unter ihnen auch die Kifaya-Bewegung, zur Gibha lil Taghier (Liga für Veränderung) zusammen. Sie sind gegen Polizeigewalt und Korruption. Vor allem aber bekämpfen sie die Bestrebungen, Gamal Mubarak zum Nachfolger seines Vaters zu küren. Sie sind gegen ihn, weil sie gegen die »Tauris« (Vererbung) einer Regierung sind und weil Gamal Mubarak nur seine Günstlinge bedient, was sogar in der alteingesessenen Wirtschaftselite viele Kritiker auf den Plan ruft.

Im Sommer 2010 geschieht noch etwas: In Alexandria wird der Blogger Khaled Said von der Polizei festgenommen und zu Tode geprügelt. Das Bild seines zerschundenen Körpers wird im Internet gepostet und gepostet und gepostet: Khaled Said ist überall. Oft steht daneben ein Foto von ihm vor seiner Verhaftung: Ein ganz normaler Anfangzwanzigjähriger mit freundlichem Blick und leicht verstrubbelten Haaren. Ein Junge von nebenan. »Kullina Khaled Said« (Wir sind alle Khaled Said) lautet der Titel einer Facebook-Seite, die im Handumdrehen Hunderttausende von Followern hat. »Wenn einer wie Khaled Said von der Polizei verhaftet, gefoltert und ermordet wird, dann ist keiner von uns mehr sicher«, sagt im Sommer 2010 ein befreundeter Journalist zu mir und bringt damit die Panik vieler junger Ägypter auf den Punkt.

Bis dahin hatten die Menschen das Gefühl, Entscheidungsfreiheit zu haben: Entweder sie engagieren sich politisch und gehen das Risiko ein, verfolgt zu werden, oder sie halten sich zurück und leben in

Sicherheit. Der Tod von Khaled Said zerstört diese Gewissheit, und die Facebook-Kampagne schürt diese Angst weiter, indem sie über ständig neue Fälle von Polizeigewalt berichtet. Sie wird zur wichtigsten Plattform, über die im Januar 2011 zur Revolution mobilisiert wird.

Zuvor wird jedoch in Ägypten ein neues Parlament gewählt. Korruption und Wahlfälschung hat es auch früher gegeben, aber die Wahl 2010 übertrifft alles. Es beginnt mit der Aufstellung der Kandidaten. Die regierende Hisb al-Watani (Nationaldemokratische Partei, NDP) von Hosni Mubarak lässt ihre Mitglieder zusätzlich noch als Unabhängige kandidieren. Die Wähler haben also die Wahl zwischen NDP und NDP.

Anders als 2005 bekommt die Muslimbruderschaft diesmal keine Chance. Damals hatten sie immerhin 87 der 454 Parlamentssitze gewonnen. Die 1928 von Hassan al-Banna gegründete Organisation, die sich zugleich als soziale Bewegung und als politische Kraft versteht, ist mit geschätzten fünf Millionen Anhängern Ägyptens stärkste Oppositionskraft. Offiziell ist sie zwar verboten, aber die Regierung gewährt ihr einen gewissen Spielraum. So dürfen Muslimbrüder als Unabhängige zu den Wahlen antreten und über Moscheen, Schulen und Krankenhäuser für sich werben. Im Parlament können sie wenig konkrete Vorhaben durchbringen, prägen aber das politische Klima mit. Die Regierung bemüht sich derweil um ein »islamischeres« Image, um den Muslimbrüdern den Wind aus den Segeln zu nehmen. Demonstrative Frömmigkeit ist im Lager der regierungstreuen Mubarak-Anhänger in dieser Zeit angesagt.

Populismus und der scheinbar unaufhaltsame Aufstieg des Präsidentensohns Gamal Mubarak zeichnen die Parlamentswahl 2010 aus. Wahlkampf und der erste Wahlgang sind geprägt von Gewalt und Repression gegen die Kandidaten der Opposition. »Ich bin gerade wieder herausgekommen. Vier Tage war ich im Gefängnis. Gott sei Dank«, erzählt Ahmed Akil. Der Endzwanzigjährige in Lederjacke und Jeans ist Apotheker und seit seiner Kindheit in der Muslimbruderschaft aktiv. Jetzt im Wahlkampf hilft er Amr Zaki, Bauingenieur und Kandidat der Bruderschaft im Bezirk Hadiak al-Kubba. Mit ihm bin ich verabredet, doch er lässt noch auf sich warten. Ahmed Akil serviert derweil Tee im modern eingerichte-

Der Ägypter Ahmed Akil, Wahlkampfhelfer von Amr Zaki in Kairo im November 2010.

ten Büro. Er erzählt erst vom Wahlkampf und dann von sich. Es ist das erste von vielen Gesprächen mit ihm. Ahmed Akil ist einer meiner Gesprächspartner, die ich in den letzten Jahren immer wieder getroffen habe und deren Geschichten sich durch dieses Buch ziehen.

Ahmed Akil hält es für sehr unwahrscheinlich, dass sein Kandidat gewählt wird. Der Wahlkampf sei aber dennoch wichtig: »Das ist unsere einzige Chance, den Menschen öffentlich unsere politischen Positionen zu erklären«, sagt er. Die Jugend der Muslimbruderschaft versucht, in dieser Zeit die Führung davon zu überzeugen, dass es Zeit wird, der Regierung mit großen Demonstrationen einzuheizen. Ahmed Akil hat viele Freunde unter den Aktivisten der Bewegung des 6. April und den Al-Baradei-Anhängern, ihr Mut ist ansteckend. Von den Diskussionen unter jungen Muslimbrüdern erzählt er allerdings noch nicht bei unserem ersten Treffen, sondern erst später.

Schließlich ist Kritik innerhalb der Bruderschaft tabu und darf erst recht nicht nach außen getragen werden.

Nach vielen Gläsern Tee kommt schließlich der Kandidat Amr Zaki. Das Interview mit ihm verläuft wie viele solcher Gespräche: Er berichtet, wie sehr die Bruderschaft unterdrückt wird und wie die Regierung Menschenrechte und demokratische Prinzipien missachtet. Was genau eigentlich Ziel und Programm der Muslimbruderschaft ist, diese Frage beantwortet er nicht. Das ist typisch. Nachträglich müssen sich viele Journalisten und Wissenschaftler fragen lassen, warum sie die Muslimbruderschaft vor 2011 falsch eingeschätzt haben. Hätten wir nicht sehen müssen, wie machthungrig und kompromisslos die Brüder sind und dass sie Gewalt als politisches Mittel durchaus bereit sind einzusetzen? »Wir haben natürlich gewusst, welche Wurzeln die Bruderschaft hat, dass es seit ihrer Gründung 1928 auch immer einen Strang in ihrem Diskurs gegeben hat, der sehr an den europäischen Faschismus erinnert. Wir haben aber wohl angenommen, dass er keine Rolle mehr spielte. Ich habe meinen Gesprächspartnern geglaubt, dass sie es ernst meinen mit der Demokratie!«, so Eissam Fawzi, der seit Jahrzehnten zum politischen Islam in Ägypten forscht. Ich selbst habe mir später noch einmal die Interviews aus dieser Zeit angehört und muss zugeben: Zwar habe ich die Frage nach Gewalt und Demokratie immer gestellt. Ich habe mich dann aber mit ausweichenden Antworten zufriedengegeben. Allzu oft antworteten die Interviewten mit einer Gegenfrage. Das ist typisch für die Rhetorik der Muslimbrüder. »Sie wollen wissen, wie unsere Haltung zu Frauenrechten ist? Schauen Sie doch einmal, wie aktiv unsere Schwestern sind. Wo wir gerade dabei sind: Wie viele Frauen sitzen denn eigentlich in deutschen Firmen im Aufsichtsrat?«, so Amr Zaki.

Die Zweifel kamen jedoch erst später: Im Wahlkampf 2010 gewinnt Amr Zaki meine Sympathie, und auch viele nichtislamistische Oppositionelle, die eigentlich mit der Muslimbruderschaft nichts zu tun haben wollen, zollen ihnen Respekt. Nicht wegen ihrer politischen Haltung, sondern weil sie das Beste aus ihrer aussichtslosen Lage machen. »Wir müssen die Grenzen der Freiheit ausreizen. Langsam mehr Freiraum dem Regime abtrotzen«, sagt Amr Zaki.

Der Wahltag selbst wird dann sehr blutig. Mehr als jemals zuvor kommt die sogenannte Baltagia zum Einsatz. Das sind Schlägertrupps, die von privaten Geschäftsleuten, Politikern oder auch vom Innenministerium unterhalten und eingesetzt werden, um den politischen Gegner einzuschüchtern und die eigenen Interessen durchzusetzen. Ich erinnere mich deutlich an den Gesichtsausdruck der stämmigen Frau, die mir in der Schlange vor einem Wahllokal gegenübertritt. Dumpf, verschlossen, bereit zuzuschlagen. Amr Zaki wird nicht gewählt, natürlich nicht. Im ersten Wahlgang gewinnt die Opposition keinen einzigen Parlamentssitz. Der zweite Wahlgang wird von der Muslimbruderschaft ebenso wie von den meisten anderen Oppositionsparteien boykottiert. Die Parlamentswahl nimmt vielen Ägyptern den Rest des Vertrauens zum System. Im Nachhinein wird sie von vielen als der Tropfen gesehen, der das Fass zum Überlaufen brachte. Amr Zaki treffe ich erst zwei Monate später wieder. Am 25. Januar 2011 gegen 14 Uhr.

Das Wunder des 25. Januar 2011

An diesem Tag bin ich gegen Mittag zum Tahrir-Platz gefahren, um zu schauen, was aus den angekündigten Protesten wird. Als ich an den großen Platz in der Innenstadt komme, wimmelt es dort von Polizisten, von Demonstranten ist nichts zu sehen. Ich will gerade wieder gehen, da sind aus der Ferne Sprechchöre zu hören. Hunderte, Tausende kommen da anmarschiert. Und das Erstaunlichste ist: Die Polizei lässt sie passieren. Kurz bevor der Protestzug den Zugang zum Tahrir-Platz erreicht, riegelt die Polizei die Straße ab. Wasserwerfer, Schlagstöcke einsatzbereit. Doch die Demonstranten laufen einfach weiter, und da passiert das Unglaubliche: Die Polizei öffnet ihre Reihe und lässt sie passieren. Kurz darauf erreichen Demonstrationszüge auch aus anderen Himmelsrichtungen den Tahrir-Platz. »Es war ein unglaubliches Gefühl, in der Menschenmenge auf den Platz zu strömen. Wir haben ja niemals damit gerechnet, dass wir es schaffen würden«, erinnert sich die Aktivistin

Amal Scharaf. Am Rande dieser Demonstration treffe ich auf Amr Zaki. Zwei Monate nur liegen zwischen den Begegnungen, doch was für ein Unterschied! Statt Anzug und Krawatte trägt Amr Zaki nun kariertes Hemd und Jeans. Er ist bereits im Revolutionsmodus. Eigentlich sollte er gar nicht hier sein, denn die Führung der Muslimbruderschaft hat ihren Mitgliedern davon abgeraten, sich an den Demonstrationen zu beteiligen. Doch Amr Zaki ist trotzdem gekommen. Die Linien sind zu diesem Zeitpunkt nicht so eindeutig, wie sie im Nachhinein erscheinen. Wer wann wo mitdemonstriert hat, wird später zu einer heiß umstrittenen politischen Frage.

Zwischen den beiden Begegnungen liegen zwei Monate, in denen sich die politische Entwicklung extrem beschleunigt hat. Die Parlamentswahlen gelten als Wendepunkt. Viele Ägypter wenden sich von der Regierung ab. Auch weil es ihr immer noch nicht gelingt, Klarheit in die Nachfolgefrage zu bringen. Beim Parteikongress Ende Dezember kündigt Mubarak an, dass er 2011 bei den Präsidentschaftswahlen wieder antreten will.

In Tunesien erreichen die Demonstrationen gegen Zine Abdine Ben Ali zeitgleich ein solches Ausmaß, dass sie auch in Ägypten wahrgenommen werden. Von den Anfängen des Aufstands in Tunesien haben in Ägypten nur wenige mitbekommen, zu sehr ist man am Nil mit sich selbst beschäftigt. Als jedoch zwei Wochen nach der Selbstverbrennung des Gemüsehändlers Mohammed Buazizi der TV-Sender al-Dschasira kaum mehr ein anderes Thema kennt, werden die Ägypter neugierig.

Das Jahr 2011 beginnt dann mit einem fürchterlichen Knall. In der Kirche der zwei Heiligen in Alexandria sterben 24 Menschen, als nach der Neujahrsmesse eine Autobombe gezündet wird. Aus Solidarität mit den Opfern kommt es in Alexandria, Kairo und auch einigen Provinzstädten zu Mahnwachen und Menschenketten.

Gewalt gegen Christen ist in Ägypten nichts Neues. Doch der Anschlag von Alexandria ist gewaltiger und brutaler als alle bisherigen. Der Zorn richtet sich gegen die Täter, die man im Lager der Islamisten vermutet, und auch gegen die Regierung: Warum hat die Polizei den Anschlag nicht verhindert? Warum überhaupt werden in Ägypten Kirchen so schlecht geschützt?

Zorn und Empörung mischen sich mit Verwunderung und plötzlich aufkommendem Übermut, als am 14. Januar 2011 Zine Abdine Bin Ali gestürzt wird. Wenn die Tunesier das können, warum nicht auch die Ägypter? Kurz darauf tauchen im Internet Aufrufe auf: Die Facebook-Seiten »Wir sind alle Khaled Said« und »Revolution am 25. Januar« werden zu den am meisten angeklickten Seiten Ägyptens.

Von der Führung der Muslimbruderschaft ist in diesen Tagen wenig zu hören. Während Ahmed Akil und viele andere junge Muslimbrüder mit Aktivisten anderer Richtungen Pläne schmieden, warten die Führer ab. Sie haben offenbar Angst vor Verfolgung. Über die Jahrzehnte ist die Bruderschaft zu einem Einverständnis mit der Regierung gekommen: Die Bruderschaft mobilisiert nicht zu Massenprotesten. Dafür beschränkt die Regierung die Repression auf ein paar Tage Haft hier und ein paar Schlägertruppen da. Die Bruderschaft ist zu einem Teil des Establishments geworden, hat also etwas zu verlieren, und zudem trauen sie den Revolutionären nicht. Sie sind ihnen zu unberechenbar.

»Wir hatten in den Monaten zuvor viele Übungsdemonstrationen gemacht«, erzählte Mohammed Adel, einer der Gründer der Bewegung des 6. April: »Wir gingen in arme Stadtteile, mobilisierten die Menschen zu einem bestimmten Thema, zum Beispiel zu Brotpreisen. Wir rollten vorbereitete Transparente aus, und schnell schlossen sich viele Menschen an. Bevor die Polizei eintreffen konnte, waren wir schon wieder fertig.« Mit einer ähnlichen Strategie gehen die Aktivisten dann am 25. Januar vor. Es formieren sich viele kleine Protestzüge, die dann auf größeren Straßen zusammengeführt werden. Aus fünf verschiedenen Richtungen erreichen die Demonstranten den Tahrir-Platz, und am Abend kommt dort zum ersten Mal Tahrir-Stimmung auf: Es wird Musik gespielt, die ersten Zelte werden aufgestellt. Erst gegen Mitternacht räumt die Polizei den Platz.

Am 28. Januar geht es weiter: Schon am Morgen zeichnet sich ab, dass dies kein normaler Tag werden wird. Internet und Handy-Netz funktionieren nicht. In Kairo und Alexandria sind Panzer aufgefahren. Die Regierung legt das Land lahm, doch das kann die Proteste nicht verhindern, im Gegenteil. »Bis dahin hatte ich die Revolution nur auf Facebook und Twitter verfolgt. Als das nun nicht mehr ging,

blieb mir nichts anderes übrig, als auf die Straße zu gehen und nach-
zuschauen«, so Dalia Mussa, eine junge Lehrerin.

An diesem Tag entsteht ein Foto, das für viele zu einem Sinnbild
des Aufstands wird. Auf einer Nilbrücke fährt ein gepanzertes Poli-
zeifahrzeug in die Menschenmenge, doch statt wegzurennen stellt
sich ein Demonstrant mit ausgebreiteten Armen in den Weg: »Die
Mauer der Angst ist zerbrochen.« Das ist ein Satz, den man in diesen
Tagen oft hört. Gegen Nachmittag zeigt al-Dschasira ein Bild, das
sich ebenso ins Gedächtnis einbrennen wird: Die Parteizentrale der
Nationaldemokratischen Partei geht in Flammen auf. Das Symbol
der korrupten Regierung.

Der taktische Rückzug der Polizei

Ungefähr zeitgleich erlässt das Innenministerium einen Befehl, der
die weiteren Ereignisse entscheidend beeinflusst. Gegen 18 Uhr
zieht sich die Polizei von den Straßen zurück. Zugleich heißt es,
die Gefängnisse seien geöffnet worden und die Kriminellen nun
auf freiem Fuß. Es ist der Moment, so scheint es zumindest, in dem
die Sicherheitskräfte des alten Regimes kapitulieren. Im Nachhinein
stellt es sich allerdings als der Moment heraus, in dem das alte Regime den Grundstein für sein späteres Comeback legt.

Bis 2011 gab es kaum Kriminalität am Nil; umso schwerer trifft
die Menschen nun, dass die Regierung sie einfach im Stich lässt.
»Ich oder Chaos«, hatte Präsident Mubarak stets gedroht, und jetzt
macht er ernst. Zunächst sind viele empört, fühlten sich von der Polizei verraten. Bereits wenige Monate später sind jedoch viele von
der Angst vor Kriminalität und Chaos so zermürbt, dass sie den
Polizisten viel nachsehen; wenn sie nur bereit sind, auf ihre Posten
zurückzukehren. Bei der Öffnung der Gefängnisse kommen neben
Tausenden von Kriminellen auch führende Muslimbrüder frei. Einer von ihnen, Essam al-Erian, erzählt später in einem Telefoninter-
view, wie plötzlich seine Zellentür im Gefängnis von Wadi Natrun
aufgesperrt wurde: »Da standen einige Angehörige der kriminellen

Gefangenen, sie machten alle Türen auf. Sie haben uns gar nicht erkannt«, erzählte er. Schon kurz darauf sitzt er in einem Minibus Richtung Kairo. Unter den Entkommenen ist auch Mohammed Mursi, der 18 Monate später zum Präsidenten gewählt wird.

Schon bald darauf läuft die neu-alte Propagandamaschine an. Mubarak-nahe TV-Moderatoren beschreiben den Gefängnisausbruch als Teil einer internationalen Verschwörung. Palästinensische Hamas- und libanesische Hisbollah-Kämpfer seien nach Ägypten eingedrungen. Sie hätten die Muslimbrüder aus dem Gefängnis befreit, um so den Weg zu einer schnellen Machtübernahme durch die Islamisten zu ebnen. Diese Darstellung der Ereignisse klingt zunächst absurd, doch sie wird so oft wiederholt, dass die Menschen sie schließlich glauben. Ende 2013 wird der Gefängnisausbruch von Mohammed Mursi und Co. dann Gegenstand eines Strafprozesses, und im Mai 2015 verurteilt der Richter ihn und weitere 105 Angeklagte wegen Landesverrates und der Verschwörung gegen Ägypten zum Tode. Der Richterspruch dient dazu, die Polizei zu entlasten: Angesichts des Coups durch ausländische bewaffnete Terrororganisationen sei den Beamten keine Wahl geblieben. Sie mussten sich zurückziehen.

Kurz nach dem Rückzug der Polizei fahren auf dem Tahrir-Platz und auch in den anderen ägyptischen Städten Panzer auf. Die Armee wird mit großem Jubel von den Demonstranten begrüßt. »Wir haben ja alle Brüder, Väter und Onkel in der Armee. Unvorstellbar also, dass sie auf uns schießen würden, und wir hatten auch Informationen, dass sie im Grunde auf unserer Seite waren«, so Walid Raschid, einer der Organisatoren des Aufstands. Im Gegensatz zur Polizei, die als brutal und korrupt gilt, hat die Armee einen guten Ruf.

Doch der plötzliche Wechsel der eingesetzten Kräfte macht einige auch stutzig. »Mir und vielen anderen war klar, dass die Armee eine mächtige Institution war und keinesfalls unsere Ziele von Freiheit und Demokratie teilt. Auf der anderen Seite war es so schön, die Menschen zu sehen, wie sie unter deren Schutz feierten. Wer hätte ihnen die Freude verderben wollen?«, so Mohammed Abla. Er ist der wohl bekannteste zeitgenössische ägyptische Maler und Mitbegründer der Kifaya-Bewegung. Er gehört zu denen, die der

Revolution ihre ganz besondere Note geben: Seine riesigen Pappmascheefiguren marschieren bei vielen Demonstrationen mit. Er bietet Workshops an, fordert die Demonstranten auf, ihre Wut und ihre Träume auf Papier zu bringen. Es ist eben nicht nur eine politische Revolution, sondern auch ein kreativer Aufbruch, der ganz nebenbei auch die gesellschaftlichen Konventionen zum Wanken bringt.

Für Iman Mohammed verändert sich in diesen ersten Tagen des Aufstands ihr Leben. Auf dem Tahrir-Platz findet sie ihre Freiheit und ihre große Liebe. »Es war am Anfang, als es noch zu heftigen Konfrontationen mit der Polizei kam. Ich stand mit meinen Freundinnen in der ersten Reihe, und da kam dieser Typ und schrie mich an, das sei kein Platz für Mädchen. Ich schrie dann zurück: Ich habe schließlich genauso das Recht, hier zu stehen, wie du!«, erzählt sie. Seitdem wich der Mann, Mohammed sein Name, nicht mehr von ihrer Seite. Die junge Iman Mohammed ist im Schoße der Muslimbruderschaft aufgewachsen. Vater, Großvater und auch der Rest der Familie gehören zur Bruderschaft. »Mein Weg in die Organisation war vorgezeichnet, aber da kam die Revolution, und für mich war klar, ich musste mitmachen. Von Anfang an. Auf dem Weg zu der Demonstration am 25. Januar rief mich meine Mädchengruppenführerin an: Ich solle es nicht wagen, demonstrieren zu gehen. Aber ich habe mein Handy ausgemacht und bin doch gegangen.« Das ist der Anfang vom Ende ihre Mitgliedschaft bei der Muslimbruderschaft, und nicht nur das: Die Revolution bringt Iman Mohammed Unabhängigkeit und ein gutes Stück persönlicher Freiheit: »Meine Eltern waren nachträglich sehr stolz darauf, dass ich mitgemacht habe, und ich durfte hinterher sehr viel mehr als vorher«, sagt sie.

Revolution!

Immer mehr Menschen schließen sich an, sei es als Demonstranten oder weil sie den Schutz ihrer Straßen und Stadtviertel organisieren. Ligan Schaabia (Bürgerkomitees) entstehen: Familienväter, Hausmeister, Geschäftsbesitzer treffen sich allabendlich, entzünden

Protestierende Menschenmassen auf dem Tahrir-Platz in Kairo, Februar 2011.

Lagerfeuer am Straßenrand. Wenn Fremde wagen, ihr Gebiet zu betreten, stellen sie diese zur Rede. Zumeist wird aber vor allem geplaudert. Viele der Nachbarn sprechen zum ersten Mal direkt miteinander, und dass erfolgreiche Ärzte und Ingenieure Seite an Seite mit den armen Hausmeistern ihren Tee trinken, das ist am Nil etwas ganz Neues. Dieses Gefühl des Miteinanders von Menschen verschiedener sozialer Gruppen, unterschiedlicher ideologischer Überzeugungen und über die Religionsgrenzen hinweg, das Gefühl des Zusammenrückens in der Stunde der Not, wird von vielen später als ihr Schlüsselerlebnis während der Revolution beschrieben. Wer aus welcher Familie kommt, welche Schule besucht hat, zu welchem Milieu gehört – für einen kurzen Moment spielt das gar keine Rolle mehr.

»Es war ein Moment der großen Hoffnung«, erzählt Abu Haitham. Der 65-jährige pensionierte Angestellte aus dem Landwirtschaftsministerium sitzt in seinem Wohnzimmer. Vor sich eine Mappe mit alten Flugblättern. »Das war unsere erste Kampagne«, sagt er und zeigt einen fotokopierten Zettel: »Bürger von Bulak. Wir sind ehrwürdige Ägypter und keine Diebe!«, steht da. »Am Abend des 28. Januar tauchten hier in unserem Viertel plötzlich Laster mit Diebesgut auf: Jugendliche aus unserem Viertel hatten die Gunst der Stunde genutzt. Insgesamt wurde ja nur wenig geplündert, umso schlimmer, dass es ausgerechnet unsere Jugendlichen waren«, so Abu Haitham. Er ist so etwas wie der Vater seiner Gasse, kümmert sich um die Nachbarn und betreibt in seinem Haus ein privates Billard-Café, denn die Jugendlichen in dem armen und extrem eng bebauten Stadtteil haben ansonsten wenige Orte, wo sie sich treffen und Spaß haben können. »Als diese Jugendlichen zu Dieben wurden, musste ich eingreifen. Ich packte die Menschen bei ihrer Ehre«, erzählt er. Sein Plan ging auf, viele Jugendliche brachten ihr Diebesgut selbst zurück, sie wollten nicht als diejenigen dastehen, die das Viertel oder auch die Idee der Revolution beschmutzen. In anderen Fällen halfen Brüder, Väter und Nachbarn nach. Für ihn geht in diesen Tagen ein Traum in Erfüllung: Endlich halten die Menschen von Bulak so zusammen, wie er sich das schon immer gewünscht hat.

Nach so vielen Jahren des Stillstands und der Unterdrückung erscheint jetzt plötzlich alles möglich. Die Proteste in Kairo und auch in anderen ägyptischen Städten werden immer größer. Dennoch ist vielen der Beteiligten bewusst, dass die Anzahl der Demonstranten, der Druck der Straße nur ein Faktor ist. Ob Mubarak sich halten kann, hängt vor allem vom Militär ab, und die Generäle wiederum, so heißt es, warten auf ein Signal aus Washington. Ägypten ist ein enger Verbündeter der USA, und ganz besonders eng ist die Verflechtung zwischen den Militärs. Jährlich fließen 1,1 Milliarden Euro Militärhilfe an den Nil, viele ägyptische Offiziere werden traditionell in den USA ausgebildet.

Was wird die Armee tun? Die Soldaten, die vor wenigen Tagen noch so freundlich den Demonstranten winkten und sie auf ihre Panzer klettern ließen, stehen nun mit Maschinenpistolen im Anschlag am Rande des Tahrir-Platzes, die Mienen verschlossen. Später heißt es, Mubarak habe seinem Verteidigungsminister Mohammed Hussein al-Tantawi den Befehl gegeben, auf die Demonstranten zu schießen. Tiefflieger steigen auf, dröhnen über den Tahrir-Platz hinweg. Die Menschen unten krümmen sich, so laut dröhnen die Maschinen. Wie genau der Befehl lautete, und wie es dazu kam, dass er nicht ausgeführt wurde, ist bis heute unklar. Der Schießbefehl ist 2012 zentrales Thema des Prozesses gegen Mubarak. Al-Tantawi und zahlreiche andere Entscheidungsträger dieser Zeit werden als

Zeugen vorgeladen, ihre Aussagen sind jedoch nach wie vor nicht öffentlich. Hat Mubarak den Befehl tatsächlich gegeben, und das Militär weigerte sich, ihn auszuführen? Oder stellt das Militär dies nur nachträglich so dar, um sich als Retter des Volkes zu profilieren?

Viele Ägypter erwarten, dass der 1. Februar 2011 zum Tag der Entscheidung wird. Während auf dem Tahrir-Platz die Menschen zusammenströmen, auf der Bühne nahe dem Kentucky-Fried-Chicken-Restaurant politische Reden gehalten werden und Straßenkünstler die Menschen mit Musik und Sketchen unterhalten, fordert US-Präsident Barack Obama in einem Telefongespräch Mubarak zum Rücktritt auf. Es gibt zudem ein Treffen zwischen hohen Militärs und Führern der Muslimbruderschaft. Doch so lässt der Präsident nicht mit sich umspringen. Spätabends wendet sich Hosni Mubarak mit einer Rede ans Volk: Er kündigt an, im September faire Wahlen abzuhalten, bei denen weder er noch sein Sohn antreten werden. Gehen will er aber nicht. Schließlich habe er nur den einen Wunsch: Er wolle auf ägyptischem Boden sterben. Wer soll einem alten Mann einen solchen Wunsch abschlagen? Mit diesem einen Satz gewinnt er die Herzen vieler Ägypter zurück. Natürlich nicht derer, die auf dem Tahrir-Platz demonstrieren, aber es gibt ja noch mindestens 78 Millionen weiterer Bürger. Die will Mubarak jetzt für sich mobilisieren.

Barack Obama reagiert mit einer Pressekonferenz: »Es ist nicht die Aufgabe eines anderen Landes, zu entscheiden, wer in Ägypten regiert. Das kann nur das ägyptische Volk tun. Was aber klar ist, und das habe ich auch zu Präsident Mubarak gesagt: Die Übergabe der Macht muss ernsthaft sein, und sie muss jetzt beginnen«, so der US-Präsident.

EXKURS: Politik der USA

War es richtig, wie die USA sich einmischten und Partei ergriffen? Wessen Partei ergriffen sie eigentlich? Zu dieser Frage gehen die Meinungen stark auseinander. Auf der einen Seite stehen die Anhänger Mubaraks. Sie werfen den USA vor, dass sie ihren langjährigen Verbündeten voreilig fallen ließen. Andererseits werfen die Aktivisten der Revolution den USA vor, allzu lange Mubarak die Treue gehalten zu haben. Washington habe erst in dem Moment deutlich Position bezogen, als die Muslimbrüder zur führenden Kraft auf dem Tahrir-Platz geworden waren. Mubarak-Anhänger und Aktivisten der Revolution teilen den Vorwurf, dass die USA einseitig Partei für die Muslimbruderschaft ergriffen haben und so dazu beitrugen, dass diese zur dominierenden Kraft wird.

Tatsächlich gab es mehrere Treffen zwischen der US-Botschaft und der Führung der Muslimbruderschaft. Den USA gilt Ägypten als Schlüsselland in der Region, als Vermittler in Krisensituationen und Garant der Sicherheit Israels. Offensichtlich war das State Department bei der Analyse der Eskalation am Nil zu dem Schluss gekommen, dass die Muslimbruderschaft die einzige organisierte Oppositionsgruppe sei, die in der Bevölkerung verankert ist. Oder verbirgt sich hinter den Treffen mehr? Der in der Regel gut informierte US-amerikanische Politikberater Walid Phares, im Libanon geboren, sieht darin einen geplanten Kurswechsel. Bereits vor dem Aufstand auf dem Tahrir-Platz habe Obama sich den Muslimbrüdern zugewandt. Phares führt dies vor allem auf den wachsenden Einfluss der Muslimbruderschaft in den Forschungs- und Politikberatungsinstitutionen der USA zurück. Diese Behauptung scheint weit hergeholt. Wahrscheinlicher ist, dass die USA 2011 von den Ereignissen in Nordafrika überrascht wurden. Sie rechneten nicht mit den Aufständen und schon gar nicht damit, dass ihre langjährigen Partner Ben Ali, Mubarak und Co. abgesetzt werden könnten. Hektisch machen sie sich auf die Suche nach neuen Verbündeten, mit denen sie die Wahrung ihrer Interessen aushandeln können. Dabei geht es weniger um Energiesicherheit. Die Erschließung von Ölschiefer-Vorkommen in Nordamerika und der Vormarsch der erneuerbaren Energien haben auch einen Einfluss auf die amerikanische Nahostpolitik. Den USA sind die Sicherheit ihres Partners Israel und die Zusammenarbeit im Kampf gegen den radikalislamischen Terror wichtiger geworden als das Öl. Die USA haben daher ein Interesse an stabilen, durchsetzungsstarken Regierungen. Die

Muslimbruderschaft bietet sich dafür als Partner an. Sie haben gute Chancen, bei Wahlen zu gewinnen, und vor allem sind sie zu Verhandlungen nicht nur bereit, sondern auch in der Lage, weil sie eine gut organisierte Führung haben.

Die Aktivisten der Revolution hingegen – und darüber können auch nicht die Lobesreden von Präsident Obama hinwegtäuschen, der seinen Landsleuten empfiehlt, sich ein Beispiel am Mut der ägyptischen Jugend zu nehmen – werden von Washington im Vergleich dazu regelrecht vernachlässigt. Sie bekommen ein bisschen Kommunikationstraining und ein paar Einladungen zu Vorträgen und Workshops. Doch was ist das schon im Vergleich zu direkten Gesprächen und der damit verbundenen politischen Anerkennung? Die Muslimbrüder werden zum offiziellen Ansprechpartner des Tahrir-Platzes und damit auch für die Spitze des Militärs als Ansprechpartner interessant. Beide verbindet der Wunsch, keine allzu radikalen Veränderungen der Gesellschaftsstruktur und der Eigentumsverhältnisse zuzulassen.

Immer wieder werden die Aktivisten der Revolution beschuldigt, Agenten des Auslands zu sein. Die regierungsnahen Medien beginnen eine Kampagne und werfen den Aktivisten der Bewegung des 6. April vor, im Auftrag des Westens zu handeln. Man bezichtigt sie, von Washington geschult und finanziert worden zu sein. Tatsächlich waren einige der Aktivisten von der Bewegung des 6. April zu Gast bei Otpor, der jugoslawischen Protestbewegung, und absolvierten dort ein Training, wie mit friedlichen Mitteln Diktaturen zu stürzen sind. »Der Kontakt kam bei einer Einladung nach Washington zustande. Dorthin hatte man uns eingeladen, und ursprünglich hieß es, man wolle die Aktivistenszene aus Ägypten stärker fördern. Doch gab es genau zu der Zeit in Washington einen Politikwechsel, die US-Regierung fuhr ihr Programm zur Unterstützung der Zivilgesellschaft in Ägypten herunter«, berichtet Mohammed Adel. Immerhin lernt er bei seinem Aufenthalt in den USA einige jugoslawische Aktivisten kennen und reist kurze Zeit später zu einem Workshop nach Belgrad. Im Center for Applied Non Violent Action and Strategies (CANVAS) unterrichten Srdja Popović und Slobodan Djinović, die den Aufstand 2000 gegen Slobodan Milošević vorbereiteten. Die Schriften ihres theoretischen Vordenkers, des US-Aktivisten Gene Sharp, und ganz besonders dessen Buch »Von der Diktatur zur Demokratie: Ein Leitfaden für die Befreiung« hat Mohammed Adel im Gepäck, als er nach Kairo zurückkehrt.

Es ist also etwas dran, dass die Aktivisten der Revolution von den USA unterstützt wurden. Doch was sind ein paar Flugtickets im Vergleich zu 1,1 Milliarden Euro, die das Militär Jahr für Jahr aus Washington bezieht, und im Vergleich zur politischen Aufwertung, welche die Muslimbrüder durch die direkten Gespräche mit US-Diplomaten erfahren? Die Auswirkungen dieser Parteinahme durch die Regierung in Washington zeigen sich erst später. Zunächst einmal zählt am Tag acht des Aufstands, dass Washington Mubarak in aller Deutlichkeit zum Rücktritt auffordert. Und das will der ägyptische Präsident nicht auf sich sitzen lassen.

Das System Mubarak schlägt zurück

Der 2. Februar beginnt vielversprechend. Die Handys funktionieren wieder, und es gibt auch wieder Internet, die Banken öffnen. Die Botschaft ist eindeutig: Mubarak gibt seinem Volk noch eine Chance. Vielen erscheinen die Demonstranten auf dem Tahrir-Platz nunmehr als lästige Störer: Haben sie nicht längst erreicht, was sie wollen? Mubaraks Zeit würde zu Ende gehen. Das hatte er doch in seiner TV-Ansprache versprochen. Warum gehen die Demonstranten nicht endlich nach Hause? Offensichtlich muss man ihnen Beine machen!

Und so sind es nicht nur von den Geschäftsleuten aus der Machtclique rund um Gamal Mubarak bezahlte Schläger, die sich gegen Mittag in mächtigen Demonstrationszügen auf den Weg in die Kairoer Innenstadt machen. Es sind auch viele Bürger dabei, die einfach die Nase voll haben. »Diese Unsicherheit macht mich ganz fertig. Wir haben ein schönes Land, wir wollen unseren Standard nicht aufs Spiel setzten«, sagt eine Frau. Sie läuft am Rande einer großen Demonstration. »Er bleibt – ihr geht!«, skandieren die Menschen wütend, unter ihnen sind viele, die Eisenstangen und Knüppel tragen.

Die Kamelschlacht auf dem Tahrir-Platz in Kairo am 2. Februar 2011.

Die Demonstranten auf dem Tahrir-Platz trifft der Angriff unvorbereitet, und den Mubarak-Anhängern gelingt es, auf den Platz
vorzudringen. Sie beginnen, die Zelte der Aktivisten abzureißen.
Kurz darauf stürmen Reiter auf Pferden und Kamelen heran. Mit
Peitschen und langen Messern greifen sie die Demonstranten an.
Es sind die Stallbesitzer und Touristenführer von den Pyramiden.
Wie kaum ein anderer Berufszweig sind sie an Ruhe und Ordnung
interessiert, denn sonst bleiben die Touristen aus. Das ist aber nicht
der einzige Grund, weshalb sie sich an dem brutalen Gemetzel beteiligen. In ihrem Wohnviertel Neslet al-Samman ist die Regierungspartei besonders stark. Die Männer, die da auf den Kamelen auf den
Tahrir-Platz stürmen, wurden von ihrem NDP-Abgeordneten dazu
ermuntert und zum Teil sogar dafür bezahlt. Das Militär, das am
Rande des Platzes steht, angeblich um die Demonstranten zu schützen, greift nicht ein. Elf Menschen sterben und mindestens 600 werden verletzt. Nach mehr als zwölf Stunden des erbitterten Kampfes
ziehen sich die Mubarak-Anhänger geschlagen zurück. Die Revolution geht weiter.

Die sogenannte Kamelschlacht spielt in der Erinnerung der an
der Revolution beteiligten Kräfte eine wichtige Rolle. Es ist eines
der großen Gemeinschaftserlebnisse der Revolution. Langbärtige

Islamisten kämpften Seite an Seite mit Liberalen, unter ihnen auch junge Frauen, womöglich sogar in Jeans und mit kurzen Haaren. Obwohl sie sich nicht kennen und es keine gemeinsame Führung gibt, gelingt es, den Abwehrkampf zu organisieren. Alle zusammen verteidigen sie ihren Traum davon, dass in Ägypten ein anderes Leben möglich wird.

Gerade weil die Kamelschlacht aber ein so einschneidendes Ereignis ist, stürzen sich anschließend die regierungstreuen Medien darauf und deuten sie um. Der Angriff sei gar nicht von NDP-Politikern initiiert worden, und bei den Schlägerbanden habe es sich in Wirklichkeit um verkleidete Muslimbrüder gehandelt; genau wie bei den vermummten Gestalten, die von den Dächern der Häuser am Rande des Platzes Molotow-Cocktails warfen und mit scharfer Munition schossen. Warum sie ihre eigenen Leute beschießen? »Dahinter steckt eine Strategie, die sehr grausam, aber typisch für die faschistische Muslimbruderschaft ist. Sie wollten die Opferzahlen nach oben treiben, um die Massen zu mobilisieren«, so Ahmed Said al-Masri, ein angesehener Sozialwissenschaftler. Natürlich dient auch diese Theorie in erster Linie dazu, die für die Gewalt eigentlich Verantwortlichen freizusprechen, und das geschieht auch bei einem Prozess, bei dem ab 2012 mehrere Mubarak-nahe Geschäftsleute angeklagt werden. Besonders verheerende Auswirkungen hat die Umdeutung der Ereignisse auf so manchen Demonstranten: Im Laufe der Zeit wissen selbst die Beteiligten nicht mehr, was wirklich passiert ist. Wer waren die Gestalten oben auf dem Dach? Muslimbrüder? Mubaraks Leute? Wer sind unsere Freunde, wer unsere Feinde? Selbst Augenzeugen trauen sich nicht mehr, ihren Augen zu trauen. Die Verwirrstrategie der Mubarak-treuen Medien geht auf. Die Umdeutung der Ereignisse zielt darauf ab, das Misstrauen zwischen den Lagern zu schüren und die Polarisierung der Gesellschaft voranzutreiben. (Eine beinahe analoge Situation hat es übrigens drei Jahre später bei der Revolution in der Ukraine im Februar 2014 auf dem Kiewer Maidan-Platz gegeben.)

Für die Islamisten spielt die Kamelschlacht eine besonders große Rolle. Sie behaupten nachträglich, dass es allein ihr Verdienst gewesen sei, dass die Revolution an diesem Tag nicht besiegt worden ist. »Okay, die Liberalen haben die Revolution angefangen, aber wir haben dafür gesorgt, dass sie nicht am 2. Februar zu Ende ging«, so Scheich Abdel Acher, einer der Führer der radikalen Gamaat al-Islamia in einem Interview, das er mir Monate später gibt. Er begründet damit den Anspruch der Islamisten, die Zukunft des Landes zu bestimmen. Allerdings lässt diese Darstellung der Ereignisse außer Acht, dass die Kamelschlacht auch die große Stunde einer anderen Truppe ist, die in den folgenden Monaten noch von sich reden machen wird: die Ultras, die leidenschaftlichsten Fans des Kairoer Fußball-Clubs al-Ahli. Sie stürzen sich mit ins Getümmel auf dem Tahrir-Platz und helfen, die Angreifer zurückzuschlagen. Schließlich sind sie aus vielen Auseinandersetzungen mit der Polizei gestählt.

An diesem Tag sitzt Schahira Amin viele Stunden vor der Kamera und moderiert eine Live-Sendung im staatlichen TV: »Ich führte Interviews mit Bürgern, die sich über die lästigen Demonstranten auf dem Tahrir-Platz beschwerten, und mit Experten, die behaupteten, es seien alles Agenten der Hisbollah«, erzählt sie. »Während wir in unserem Programm nur die Märsche der Mubarak-Anhänger zeigten, sah ich, dass CNN und al-Dschasira ganz andere Bilder brachten, Bilder voller Blut und Gewalt.« Erschöpft und leer geht sie an diesem Abend nach Hause. Am nächsten Morgen, auf dem Weg zum Sender, ruft ihre Chefin sie an: »Ich wollte nur sichergehen, dass du kommst!« Da weiß Schahira Amin plötzlich, was zu tun ist: »Ich schrieb meinen Vorgesetzten eine SMS und kündigte.« Dann geht sie auf den Tahrir-Platz. Zunächst beschimpfen sie die Demonstranten, denn sie sehen in ihr das Gesicht der verlogenen Medienmaschine. »Als ich aber von meinem Entschluss berichtete, haben sie mich umarmt«, berichtet sie.

Schahira Amin ist ebenso wie Amal Scharaf, Esraa Abdel Fattach, Iman Mohammed und Ahmed Akil eine der Personen, die ich immer wieder getroffen habe und deren Schilderungen Grundlage dieses Buches sind. Ich traf sie zum ersten Mal Mitte Februar 2011. In Seidenbluse und Jeans empfängt sie mich im Salon ihrer eleganten Wohnung. Eine Frauenzeitschrift hatte mich beauftragt, das Porträt einer Revolutionärin zu schreiben: »Nehmen Sie die Frau, die Sie am meisten beeindruckt hat«, so der Auftrag. Es wäre sicher naheliegender gewesen, Amal Scharaf oder Esraa Abdel Fattach zu porträtieren. Doch Schahira Amin hat mich besonders fasziniert, da sie als erfolgreiche Moderatorin des staatlichen Fernsehens und Mitglied der besseren Gesellschaft die Revolution unterstützt, obwohl sie etwas zu verlieren hat. Schahira Amin fällt in den folgenden Monaten immer wieder dadurch auf, dass sie im richtigen Moment das Richtige tut. So wie am Tag nach der Kamelschlacht.

Die Macht der Propaganda

Die regierungsnahen Medien haben Anfang Februar 2011 ein neues Feindbild entdeckt: die ausländischen Korrespondenten. Schließlich – so ihre Logik – liege es an deren Berichterstattung, dass sich die internationale Gemeinschaft gegen Mubarak wendet. Es gibt zahlreiche Verhaftungen und Überfälle. Angst macht sich breit. Es ist erschreckend zu beobachten, wie effektiv die Propaganda greift. Denn ausländische Journalisten werden eben nicht nur von Sicherheitsorganen und bezahlten Schlägertrupps angegriffen: Auch regierungstreue Bürger schreiten zur Tat. Offener Ausländerhass macht sich breit. Ich erkenne Ägypten nicht mehr wieder. Wie soll ich hier weiterleben? Dazu kommen diese Anrufe, im Minutentakt. Am anderen Ende sind Männerstimmen, die es ganz offensichtlich darauf abgesehen haben, mir Angst zu machen: »Wir wissen, wo du bist«, sagen sie. Ich habe zu diesem Zeitpunkt meine Wohnung längst verlassen und bin bei Freunden untergekrochen. Meine Familie hat das Land am Tag der Kamelschlacht verlassen, und allein scheint mir die Wohnung zu unsicher, denn alle Nachbarn wissen, was ich arbeite. Wer weiß, wem man jetzt noch trauen kann? Ein mieses Gefühl. Doch Freunde und sogar entfernte Bekannte melden sich, laden mich zu sich nach Hause ein, wollen mich offenbar beschützen und zeigen, dass sie die offizielle Lesart nicht teilen.

Tatsächlich verebbt der Fremdenhass ein paar Tage später so schnell, wie er gekommen ist. Ein solches Hin und Her von öffentlicher Stimmung haben wir seitdem mehrfach erlebt. Es entsteht durch ein geschicktes Zusammenspiel zwischen Regierung und Medien: Nie würde die Regierung selbst sagen: Greift Ausländer an! Das wäre zu plump und würde zu Protesten aus dem Ausland führen. Sie überlassen dies den Talkmastern, viele stehen im Dienst der Regierung, die Stimmung in diese Richtung zu lenken. Im Zweifelsfall kann sich die Regierung dann immer noch von ihnen distanzieren. Die TV-Moderatoren wiederum bedienen die Vorliebe vieler Zuschauer für Verschwörungstheorien und schmücken diese immer weiter aus. Ägyptische TV-Zuschauer, verwirrt über die Ereignisse und die Gewalt in ihrem Land, die sie nicht erklären können, verstehen dies als Handlungsanweisung. Das erklärt, wie es zu solchen Gefühlsausbrüchen kommt. Zumeist dauern sie nur so lange, wie die Moderatoren hetzen. Hören sie auf, legt sich der Hass wieder.

Der 6. Februar wird auf dem Tahrir-Platz zum Tag der Versöhnung: Die Christen feiern einen großen Gottesdienst, und sie werden dabei von muslimische Demonstranten geschützt. Ähnlich hatten am Freitag zuvor Christen das Gebet der Muslime mit einer Menschenkette gesichert. Für viele Ägypter symbolisiert dies das wahre Gesicht Ägyptens, in dem jahrhundertelang Menschen verschiedener Glaubensrichtungen miteinander lebten. Ob diese Einheit durch das Aufkommen der islamistischen Bewegung ab den 1960er Jahren zerstört wurde, oder ob sie eher ein Produkt der Propaganda der seit 1952 regierenden militärgeführten Regierungen ist, darüber gehen die Meinungen auseinander, je nachdem, wen man fragt.

Auf dem Tahrir-Platz ist inzwischen eine richtige Zeltstadt entstanden. Künstler laden zu Workshops ein. Im Nachbarzelt wird diskutiert und in großen Töpfen für alle gekocht. Sogar einen Friseur gibt es, der in seinem revolutionären Salon die Bärte stutzt. Es ist ein kreativer Aufbruch, und es geht nicht nur um Politik, hier wird auch der Grundstein für gesellschaftliche Veränderungen gelegt. Im neuen Ägypten sollen Schichten keine so große Rolle mehr spielen, und die Revolutionäre haben schon einmal damit begonnen, Konventionen über Bord zu werfen. Wer sagt denn, dass Frauen und Männer nicht gleichberechtigt seien? Das neue Ägypten verspricht zudem, lustig zu werden: Die Demonstranten überbieten sich darin, möglichst originelle Sprüche auf ihre Transparente zu schreiben: »Hosni, bitte mach hinne, ich will hier doch nicht sitzen, bis ich genauso alt bin wie du!«, war einer meiner Lieblingssprüche. Der Tahrir-Platz mit seiner besonderen Atmosphäre wird weltweit zum Symbol der Arabellion.

Der 6. Februar ist noch aus einem anderen Grund ein wichtiger Tag. »Wir hatten für den Nachmittag die Vertreter aller Kräfte auf dem Tahrir-Platz eingeladen. Die Revolution sollte eine Führung bekommen, die mit der Militärführung über die Zukunft hätte diskutieren können«, erzählt Amr Ali von der Bewegung des 6. April. »Unsere Rolle als Jugendbewegung war, die Menschen zu mobilisieren und auf die Straße zu bringen. Für den nun anstehenden Schritt der politischen Verhandlungen fehlte uns die Erfahrung. Wir waren daher auf die Hilfe der politischen Kräfte angewiesen und haben sie zu diesem Treffen eingeladen«, so der 25-jährige Amr Ali. »Leider gelang es uns aber nicht, einen offiziellen Führer zu wählen«, sagt er. Dabei erscheint es so naheliegend, dass Mohammed al-Baradei diese Rolle übernimmt. Doch in letzter Minute verweigert ihm der langjährige Oppositionspolitiker Aiman Nur die Unterstützung, und auch der beliebte nasseristische Journalist Hamdin Sabachi macht einen Rückzieher. War es nur persönliche Eitelkeit oder gab es Absprachen mit dem Militär? »Nachträglich betrachtet, war dies der Moment, an dem die Revolution scheiterte«, so Amr Ali.

Die Aktivisten hatten zu dem Treffen auch die Führung der Muslimbruderschaft eingeladen, doch die hat an diesem 6. Februar Wichtigeres zu tun. Gegen Abend kommen sie mit Omar Suleiman zusammen. Der langjährige Geheimdienstchef und wichtige Ansprechpartner der US-Regierung war kurz zuvor von Mubarak zum Vizepräsidenten ernannt worden. Viele sehen in ihm den möglichen Präsidenten einer Übergangsregierung. Mit ihm sollen die entscheidenden Absprachen getroffen werden. Die nichtislamistischen Aktivisten der Revolution werfen den Muslimbrüdern später vor, die Revolution dabei verraten zu haben: »Sie haben abgewartet, bis die Revolution richtig in Schwung war, und haben sich dann an die Spitze des Aufstands gedrängelt. Sie haben heimlich und ohne

Rücksprache mit uns Abkommen getroffen. Sie ließen den Militärs freie Hand, das Land vorerst zu regieren. Dafür erhielten die Muslimbrüder die Zusicherung, dass sie Mitspracherecht bekommen. Dieser Deal ging natürlich zu unseren Lasten. Das gemeinsame Interesse von Bruderschaft und Militär war es, uns mit unseren Ideen eines demokratischen Wandels aus dem Weg zu schaffen«, so Esraa Abdel Fattach.

So ist wohl etwas dran an der Behauptung, dass an diesem 6. Februar die Revolution verloren ging. Es liegt aber nicht nur daran, dass die Revolutionäre keine Führung zustande brachten und sich auch nicht auf ein Programm einigen konnten. An diesem Tag gelang es der Militärführung, einen Keil in die Tahrir-Allianz zu treiben. Der Geheimdienstmann Omar Suleiman konnte die Muslimbruderschaft auf die Seite des Systems ziehen und damit das nichtislamistische Lager isolieren.

Am Montag, dem 7. Februar, tritt ein schmaler junger Mann mit Brille in der Talkshow von Mona Schazli auf. Wael Ghoneim war es, der im Sommer 2010 die Facebook-Seite »Wir sind alle Khaled Said« ins Leben gerufen hatte, über die dann zu den Protesten vom 25. Januar 2011 aufgerufen wurde. Eigentlich ist er Manager bei Google in Dubai. Zum 25. Januar reiste er nach Kairo, doch noch bevor die Revolution richtig begann, wurde Wael Ghoneim von der Polizei verschleppt: elf Tage Einzelhaft, oft mit verbundenen Augen. In der Talkshow erzählt er davon, bricht in Tränen aus. Er spricht von Märtyrern, die in den Kämpfen der letzten Tage starben, weil sie sich für ein höheres Ziel einsetzten: »Es ist nicht unsere Schuld, dass sie sterben mussten. Es ist die Schuld des Präsidenten, der nicht gehen will«, sagt er. Sein Auftritt berührt viele, die den Tahrir-Platz bisher mieden. Sie blicken auf den Aufstand plötzlich viel positiver. »Mir sehen Sie es sicherlich an, ich bin keine typische Demonstrantin«, sagt eine Mittefünfzigjährige mit Kopftuch. Mit ihrer Schwester und zwei Freundinnen sitzt sie am folgenden Tag auf einer Bordsteinkante auf dem Tahrir-Platz. »Ich bin Ärztin und meine Schwester Apothekerin. Wir haben die Demonstrationen zunächst abgelehnt, aber jetzt haben wir verstanden. Es geht darum, dass unser Land sich von seinem Ballast trennt. Wir sind stolz, dass wir dazu beitragen können, dass Ägypten wiedergeboren wird«, sagt sie, und tatsächlich kommen nicht nur mehr Menschen zum Tahrir, es sind auch andere Leute. Inzwischen sind auch sehr viele Arbeiter aus den Industriestädten dabei und stimmen begeistert in die eine große Forderung ein: »Al-Schaab jurid Iskat al-Nitham.« (Das Volk will den Sturz des Systems.)

Viele rechnen damit, dass es am Donnerstag, dem 10. Februar, geschafft ist. Schon am Morgen machen Gerüchte die Runde, Mubarak werde zurücktreten. Hoffnung verbreitet indirekt auch das staatliche Fernsehen. Dort ist zum ersten Mal das gleiche Bild vom Tahrir-Platz zu sehen wie bei al-Dschasira: ein Platz voller friedlich demonstrierender Menschen, die gespannt auf eine Rede des Präsidenten warten. Bisher waren Archivbilder von fließendem Verkehr gezeigt worden, um den Zuschauern weiszumachen, die Proteste hätten sich bereits aufgelöst. Um 22.30 Uhr endlich tritt Mubarak vor die Kameras. Es wird still auf dem Tahrir-Platz, die Menschen warten auf den entscheidenden Satz. Doch der fällt nicht. Stattdessen sagt Mubarak, dass er weitermachen werde. Er sei noch nicht fertig. Die Menge reagiert empört. Zornig ziehen sie ihre Schuhe aus und halten sie in die Luft. Das ist der Ausdruck höchster Verachtung.

Enttäuschung, Frust und eine unheimliche Wut machen sich breit. Wo wird sie sich entladen? In Grüppchen ziehen die Demonstranten zum Präsidentenpalast und zum TV-Gebäude. Wie durch ein Wunder bleibt jedoch der befürchtete Gewaltausbruch aus. Die Menschen stehen diszipliniert und trotzig auf der Straße und zeigen, dass sie nicht zufrieden sind. Sie harren eisern aus. Am nächsten Mittag ist es dann so weit. Vizepräsident Omar Suleiman gibt Hosni Mubaraks Rücktritt bekannt. Doch es folgt keine Übergangsregierung unter Beteiligung der Opposition, sondern die knappe Mitteilung: Ab sofort werde der Hohe Rat des Militärs das Land regieren.

Die erste Reaktion ist Verblüffung. Dann folgt unbändiger Jubel. Hunderttausende feiern auf dem Tahrir-Platz und auf vielen anderen Plätzen in Ägypten den Sturz des alten Herrschers. Nach Meinung des Künstlers Mohammed Abla war dies allerdings nicht das Ende, das sich die Aktivisten gewünscht hatten. Das sieht auch

Esraa Abdel Fattach so: »Unser größter Fehler war unsere Naivität. Wir hätten dem Militär nicht vertrauen dürfen.« Doch wer hätte die Demonstranten warnen sollen, wer hätte sie davon abhalten können, zu feiern und dann den Platz zu räumen? »Zugegeben, es hätte eine starke Führungspersönlichkeit gebraucht, denn erstens waren die Demonstranten nach 18 Tagen der Proteste müde und wollten nach Hause, zudem war sicher: Wenn wir geblieben wären, dann wäre es sehr blutig geworden. Dann wäre die Konfrontation nicht mehr zwischen Straße und alter Regierung gewesen, die ja schon geschwächt war. Da hätten wir dann das Militär herausgefordert, und das hätte erbarmungslos zurückgeschlagen«, so Mohammed Abla.

Staat im Staat: Das ägyptische Militär

Was in diesen entscheidenden Tagen im Hohen Rat des Militärs besprochen wurde, welche Strategie die Generäle verfolgten, ist nicht bekannt. Überhaupt gibt es wenig verlässliche Informationen über das, was in der ägyptischen Armee vor sich geht. Geheim ist nicht nur alles, was mit Kriegsführung und Terrorbekämpfung zusammenhängt, auch alles andere unterliegt der Geheimhaltung – und das schon seit mehr als 60 Jahren.

Am 23. Juli 1952 um 7.30 Uhr morgens übernahm eine Gruppe von jungen Offizieren der ägyptischen Armee die Macht am Nil. Unter der Führung von Gamal Abdel Nasser, Anwar al-Sadat und einigen anderen ehrgeizigen Offizieren aus den mittleren Rängen der Armee hatte sich die Bewegung der Freien Offiziere gebildet. In Absprache mit der Muslimbruderschaft und mit Unterstützung auch linker politischer Kräfte erklärten sie die Regierung von König Faruk kurzerhand für beendet. Unterstützt wurden die Freien Offiziere von den USA und der Sowjetunion, die beide ein Interesse daran hatten, die seit 1882 andauernde Vorherrschaft der Briten zu beenden. Es war eindeutig ein Putsch: Gerade einmal 100 Offiziere beteiligten sich an dem Umsturz. Erst nachdem der König abgesetzt, dessen sechs Monate alter Sohn offiziell zum König erklärt und die

Regierungsgewalt de facto an einen fünfköpfigen Revolutionsrat übergeben worden war, kam das Volk ins Spiel und feierte ausgelassen auf den Straßen Kairos. Dennoch ging der 23. Juli 1952 als Revolution in die ägyptischen Geschichtsbücher ein.

Zunächst ist General Mohammed Naguib das Gesicht des neuen Ägyptens, doch er wird 1954 von Gamal Abdel Nasser abgesetzt. Hart geht dieser auch gegen seine ehemaligen Kampfgefährten von der Muslimbruderschaft vor. 1953 werden sie für illegal erklärt, und es beginnt eine Zeit der Repression gegen sie und alle anderen politischen Kräfte. Nasser begründet dies damit, dass Ägypten durch eine Zeit extremer Bedrohung aus dem Ausland gehe. Die Unterstützung der Gesellschaft sichert er sich durch eine weitreichende Landreform: Großgrundbesitzer werden enteignet, ihr Land an Kleinbauern verteilt. Eine umfassende Bildungsreform und die Öffnung der Universitäten für Kinder der Mittel- und Unterschicht beschleunigen den sozialen Wandel zusätzlich. Am 26. Juli 1956 hält Gamal Abdel Nasser seine berühmteste Rede. Er gibt bekannt, dass der Suezkanal ab sofort unter ägyptischer Verwaltung stehe. Die meisten noch in Ägypten verbliebenen Ausländer, manche leben seit Generationen am Nil, verlassen das Land. Die neue Regierung setzt auf Staatskapitalismus und Großprojekte. Ägypten wird zur Führungsmacht in der Region, und in vielen der Nachbarländer wird Gamal Abdel Nasser bis heute verehrt: Er war der starke Mann, der dem Westen die Stirn bot und der Region ihre Würde zurückgab.

Es folgen Jahre der Konfrontation. Aus der Suez-Krise 1956 geht Nasser gestärkt hervor, er bietet den Briten und Franzosen die Stirn. 1967 folgt die verheerende Niederlage im Krieg gegen Israel. Als sich das Ausmaß des Verlustes abzeichnet, tritt Gamal Abdel Nasser zurück. Entsetzt, verwirrt und enttäuscht strömen die Bewohner Kairos daraufhin auf die Straßen. Dies wird von den staatlichen Medien zum Protest gegen seinen Rücktritt erklärt, und Nasser bleibt daraufhin im Amt. Die Regierung des ägyptischen Militärs geht weiter.

Nach Nassers Tod übernimmt 1970 dessen Vize Anwar al-Sadat die Regierung und beginnt mit dem Umbau der Machtverteilung. Er sucht die Nähe zu den USA und trennt sich endgültig von den Militärberatern aus der Sowjetunion. Nach dem Krieg gegen Israel

1973, der in der ägyptischen Geschichtsschreibung als Sieg verbucht wird, bemüht sich al-Sadat um eine Annäherung an Israel. Dies allerdings ist im ägyptischen Militär sehr umstritten, und Sadat hat allen Grund, einen Putsch zu fürchten. Er beginnt daher, die Generäle aus der Tagespolitik zu verdrängen, ihnen kommt nunmehr die Rolle des Wächters zu: Nur, wenn die Sicherheit des Landes in Gefahr ist, sollen sie eingreifen, den Rest überlassen sie dem Präsidenten, der allerdings einer der ihren ist. Zum Ausgleich eröffnet al-Sadat dem Militär ein neues Betätigungsfeld: die Wirtschaft. So gewinnt er auch ihre Zustimmung zu seiner umstrittenen wirtschaftlichen Öffnungspolitik. Die Militärs profitieren davon und halten sich mit Kritik an den sozialen und gesellschaftlichen Auswirkungen zurück. Al-Sadat führt zudem ein, dass Offiziere zur Pension ein Stück Land überschrieben bekommen. Dieses können sie bewirtschaften und dabei auf die preisgünstige Arbeitskraft von Wehrpflichtigen zurückgreifen. Zugleich erweitert al-Sadat den militärisch-industriellen Komplex. Nunmehr werden nicht nur Waffen, sondern auch Autos, Elektrogeräte und sogar Lebensmittel in Militärbetrieben hergestellt. Stark sind die Offiziere auch im Tourismus engagiert. Insgesamt kontrolliert das Militär ein Fünftel der ägyptischen Wirtschaft, so die Schätzung.

Auch in der Verwaltung des Staates bekommt die Armee eine immer größere Rolle. So werden Gouverneursposten in der Regel an pensionierte Generäle vergeben. Ähnliches gilt für wichtige Ämter wie den Gouverneur der Suezkanal-Behörde, den Chef des Flughafens und sogar den Direktor des Kairoer Zoos. Parallel zu dieser bereits stark vom Militär und vom Innenministerium geprägten Verwaltungsstruktur gibt es eine weitere rein militärische Verwaltungsebene, die im Krisenfall zum Einsatz kommt.

Nach der Ermordung Anwar al-Sadats 1982 zieht der Luftwaffengeneral Hosni Mubarak in den Präsidentenpalast ein und ändert nur wenig an der Rollenverteilung zwischen Politik und Militär. Zwar überrascht er mehrfach mit der Ernennung ziviler Gouverneure, doch bekommen diese stets einen hohen Offizier zur Beratung an die Seite. Zu Konflikten kommt es erst, als ab 2005 Gamal Mubarak zunehmend nach Einfluss strebt. Um den Präsidentensohn herum hat sich eine Clique von einflussreichen Geschäftsleuten wie dem Stahlmogul Ahmed Ezz gesammelt, die nach Macht und Reichtum streben. Das erklärt, wieso die Militärführung so strikt dagegen ist, dass Gamal Mubarak 2011 zur Präsidentschaftswahl antritt. Die Generäle wollen nicht nur einen der ihren an der Spitze sehen, sie fühlen sich auch in ihren Geschäften gestört.

»Es war allen bewusst, dass 2011 das Jahr der Entscheidung werden würde«, so der Sozialwissenschaftler Eissam Fawzi: »Der große Clash zwischen Militär und Mubaraks Business-Elite war nicht mehr zu vermeiden.« Die Demonstrationen vom 25. Januar kamen den Militärs da gerade recht, und als Washington Zustimmung signalisierte, beendete der Hohe Rat des Militärs die Ära Mubarak. Es ging den Militärs am 11. Februar also nicht darum, Ägypten zu demokratisieren. Vielmehr wollten sie das Nachfolgeproblem lösen, die Business-Elite entmachten und auch ansonsten einige Korrekturen vornehmen, damit Ägypten auch in Zukunft ein militärgestütztes System habe.

Unweigerlich drängt sich der Vergleich zwischen 1952 und 2011 auf. Dabei wird offenbar, dass die ägyptische Militärführung mit »Revolution« etwas anderes meint als die Aktivisten auf dem Tahrir-Platz. Es kommt nur zu einigen wenigen Treffen zwischen der Militärführung und den Revolutionsaktivisten, zu denen auch die anderen nichtislamistischen politischen Kräfte geladen waren. Doch die Treffen bleiben ohne Auswirkungen. Soweit die Militärführung überhaupt zu Absprachen bereit ist, trifft sie diese mit der Muslimbruderschaft. Die bietet sich als Gesprächspartner an und ist zu vielen Kompromissen bereit. Nachträglich sehen das viele ihrer Mitglieder als Fehler an. »Eigentlich hätten wir es besser wissen müssen, nach der Erfahrung, die unsere Organisation mit der Militärführung hatte. Aber wir dachten, es hätte sich etwas geändert«, so Muslimbruder Samir al-Wesemy, der bis 2013 Berater von Präsident Mursi war.

Der Frühling ist da!

Trotz allem: Den Frühling 2011 erleben viele als Aufbruch. Überall bricht sich Kreativität Bahn, so wie man es von der Friedlichen Revolution im Herbst 1989 in der DDR kennt. Plötzlich gibt es unglaublich viele Kultur- und Kunstprojekte: »Offensichtlich haben sehr viele schon lange darüber nachgedacht, zu malen oder Musik zu machen, der Sturz Mubaraks hat ihnen nun den letzten Schubs gegeben«, so Jussria Ghorab, die auch schon früher Graffitis gesprüht hat. »Jeder, der etwas auf sich hält, malt Wandbilder oder hat eine Band«, sagt sie. Ägypten wird berühmt für seinen ganz besonderen Graffiti-Stil. Die meisten Bilder werden gemalt und nicht gesprüht. Das liegt daran, dass Sprühdosen schwer zu bekommen sind und viele Künstler eine akademische Ausbildung haben. Auch die Mode hat sich verändert, es ist eine Art revolutionärer Hippie-Style entstanden: Wuschelmähnen und Pluderhosen sind angesagt. Manche experimentieren auch mit freier Liebe, aber das geht der Mehrheit der Aktivisten zu weit, und als ein paar Monate später die Studentin Alia al-Mahdy ein Nacktbild von sich auf Facebook postet, bricht ein Sturm der Entrüstung gegen sie los. 2011 ist eben doch nicht 1968. Die Gesellschaft soll umgekrempelt werden, aber bitte nur ein bisschen.

»Fann al-Midan« (Kunst auf dem Platz) ist ein Projekt, das eher den Zeitgeist trifft. Ausgangspunkt ist ein großes Festival auf dem Abdin-Platz in der Innenstadt von Kairo. Bekannte Sänger und neue Rocker der Revolution sind gekommen. Es wird eine tolle Nacht. Die Menschen aus den Armenvierteln mischen sich mit den Aktivisten der Revolution. Weil es so schön ist, gibt es im nächsten Monat wieder ein Festival, und schnell wird daraus eine Bewegung. Jeden ersten Samstag im Monat; umsonst und draußen. »Die Menschen sollen spüren, dass sich ihr Leben durch die Revolution verändert hat«, sagt Bassma Husseini. Die ehemalige Kulturmanagerin und Gründerin der Kulturagentur »Al Mawred al-Thaqafi« (Die kulturelle Quelle) hatte die Idee zu diesem Festival, die sich schnell verselbständigte. In vielen anderen Städten entstehen ähnliche Projekte. In Assiut sind es Emad Abu Grain und seine Freunde, die das Fes-

Die Ägypterin Bassma Husseini, Gründerin des Festivals »Fann al-Midan« (Kunst auf dem Platz), 2011.

tival organisieren. »Assiut ist ja eine Hochburg der Islamisten. Wir wollen bei den Menschen die Liebe zur Kultur wecken, so dass sie diese verteidigen, wenn die Islamisten versuchen sollten, die Freiheit der Kunst einzuschränken«, erklärt Emad Abu Grain. Er und seine Freunde treffen sich fast täglich in einem Keller, den sie angemietet haben. Es gibt Platz für großflächige Malereien und einen Tisch, an dem Schablonen für Graffitis geschnitten werden. Das Wichtigste aber sind die beiden alten Sofas. Hier sitzen die Künstler zusammen, rauchen und planen neue Projekte: »Nicht nur den Islamisten, auch vielen Bürgern von Assiut ist dieser Keller ein Dorn im Auge. Vor allem, weil hier ja Männer und Frauen gemeinsam arbeiten«, sagt eine der jungen Frauen. »Aber die werden sich schon an uns gewöhnen«, meint Emad Abu Grain. Er sorgt mit Aktionskunst für Aufsehen und bietet regelmäßig Workshops für Kinder in besonders armen

Dörfern an. »Die Armen sind die Mehrheit in diesem Land, und wir müssen sie davon überzeugen, dass unser Weg, unsere Revolution auch für sie Vorteile bringt«, sagt er.

Die Weichen werden gestellt

Nach der Absetzung Mubaraks geht es Schlag auf Schlag. Bereits zwei Tage danach wird das Parlament aufgelöst, eine Expertenkommission wird eingesetzt, die Verfassung zu überarbeiten. Anders als von den Aktivisten gefordert, soll die Verfassung zunächst nur ergänzt werden, dann kommen die Wahlen, und erst zum Schluss soll es eine neue Verfassung geben. Militär und Muslimbruderschaft haben sich auf diesen Fahrplan verständigt, weil sie sich einen möglichst reibungslosen Übergang zurück zu stabilen Verhältnissen versprechen. Darüber soll am 19. März abgestimmt werden. Viele Aktivisten der Revolution und die meisten nichtislamistischen Oppositionsgruppen rufen ihre Anhänger dazu auf, mit einem Nein zu stimmen. Der Fahrplan – erst die Wahlen, dann die Verfassung – benachteilige sie, da sie sehr viel schlechter organisiert seien als die Islamisten. Sie fordern daher die Einsetzung einer Übergangsregierung, die wiederum eine Verfassungskommission benennen solle, in der alle politischen und gesellschaftlichen Kräfte gleichermaßen vertreten seien. Der Hohe Rat des Militärs lehnt diesen Vorschlag ab, und in den Moscheen werden die Gegner des Vorschlags als Gottlose, Chaoten und Feinde Ägyptens bezeichnet.

So dauern die Flitterwochen zwischen Revolutionsaktivisten und Militär nicht lange an. Bereits Anfang März wird auf dem Tahrir-Platz ein neues Protestcamp errichtet. »Natürlich hatten wir inzwischen längst erkannt, dass es falsch war, den Platz zu verlassen«, berichtet Amal Scharaf. Allerdings lässt sich der Fehler auch nicht so einfach korrigieren; zumal den Aktivisten die Unterstützung aus der Bevölkerung fehlt. Am Abend des 9. März greifen Schläger das Zeltlager an, und statt die Demonstranten zu schützen, verhaftet die Militärpolizei zahlreiche von ihnen. Der Keller des ägyptischen

Museums wird zur Verhörzentrale. Tage später treten zwei Mädchen vor die Presse: Im Militärgewahrsam habe ein Militärarzt sie zu einem Jungfräulichkeitstest gezwungen. Der Militärarzt habe ihnen gegenüber gesagt, dass er verhindern wolle, dass die Frauen anschließend behaupteten, sie seien im Militärgewahrsam vergewaltigt worden. Eine Maßnahme zum Schutz des Rufes der Armee also. Zunächst wirkt dieser Vorwurf wie ein Hirngespinst. Doch die Mädchen bleiben dabei, und schließlich sorgt ein Beitrag im Programm des US-Senders CNN für Aufsehen. Produziert wird er von Exmoderatorin Schahira Amin. Sie zitiert darin einen General, der die Vorwürfe bestätigt. Kurz darauf verspricht ein zu diesem Zeitpunkt in der Öffentlichkeit völlig unbekannter Offizier gegenüber der Menschenrechtsorganisation Amnesty International, dass es solche Tests in Zukunft nicht mehr geben werde. Sein Name ist Abdelfattach al-Sisi.

Die Empörung in der Szene ist groß, die Mehrheit der Bevölkerung allerdings zeigt Verständnis für die Militärs. Sie haben genug von den andauernden Protesten, und zudem wirkt die Propaganda der alt-neuen TV-Talkmaster: Die Aktivisten der Revolution gelten nunmehr als Agenten des Auslands, die gewissenlos ihr Land ins Chaos stürzen und dabei mit ihrem lasterhaften Lebensstil die Jugend des Landes verderben. Während der 18 Tage auf dem Tahrir-Platz hatten staatliche Medien behauptet, die Demonstranten würden für ihre Proteste aus dem Ausland bezahlt: 50 Dollar pro Tag und dazu noch ein Menü von Kentucky Fried Chicken. Nun behaupten sie, die Aktivisten, die immer noch keine Ruhe geben, würden von ausländischen Botschaften zu ihren Taten angestachelt. Das Mitleid mit den Opfern der Militärpolizei hält sich daher weitgehend in Grenzen.

Umso mehr erschüttert ein anderes Thema die Menschen: Die Gewalt gegen Christen nimmt rapide zu. Am 8. März geht die Kirche von Solh in der Nähe von Kairo in Flammen auf. Es folgen mehrere heftige Straßenschlachten in Kairo, und kaum hat sich die Lage wieder beruhigt, brennt die nächste Kirche.

Wo kommen nur plötzlich die vielen Salafisten her?

Viele Ägypter schauen sich in den ersten Wochen nach der Absetzung Mubaraks verstört um: Was sind das für Gestalten mit langen Bärten und Hochwasserhosen oder Gewändern, die nur bis zur halben Wade reichen, die mit einem Mal überall im Land für Probleme sorgen? Woher kommen sie so plötzlich?

Die Salafisten, ihre Ideen, ihre Bewegung waren auch zuvor schon in Ägypten weit verbreitet, jedoch machten sie nur selten von sich reden. Das liegt vor allem daran, dass sie – anders als die Muslimbrüder – keine einheitliche Organisation bilden. Es handelt sich vielmehr um eine Bewegung mit zahlreichen Führern und Richtungen. Sie berufen sich auf die Gefährten des Propheten al-Salaf al-Salih und bemühen sich, ihnen in Frömmigkeit und Glaubenspraxis möglichst nahe zu kommen und ihre Lebensart zu kopieren. Viele tragen daher Gewänder, die den Knöchel frei lassen, und dazu ungestutzte Bärte ohne Schnurrbart. Viele Salafistinnen verschleiern sich vollständig und tragen Gesichtsschleier und Handschuhe. Salafisten lehnen Anpassungen des Islamverständnisses oder der Glaubenspraxis an die Anforderungen des modernen Lebens ab. In der Regel haben Salafisten eine klare Einteilung in gut und böse, in gläubig und ungläubig.

Anders als die Muslimbruderschaft halten sich die Salafisten bis 2011 aus der Politik fern, und genau hierin liegt ein wichtiger Grund, weshalb die Bewegung in der ganzen Region so stark ist. Die autoritären Regierungen förderten sie, um den Muslimbrüdern Konkurrenz zu machen. »Lieber 100 Jahre in Ungerechtigkeit als eine Nacht ohne Herrscher«, wird der Gelehrte Ibn Taimia zitiert, um die Gläubigen vor den Gefahren der Anarchie und des Chaos zu warnen. Aus diesem Grund halten im Januar 2011 die Salafisten Präsident Mubarak zunächst die Treue. Erst am Abend des 28. Januar, als sich die Polizei zurückgezogen hatte, gehen auch viele Salafisten auf die Straßen. Statt allerdings zu demonstrieren, beteiligen sie sich vor allem an den Volkskomitees zum Schutz der Stadtviertel. Dadurch gewinnen sie die Zustimmung der Bürger und legen den Grundstein für ihren späteren politischen Erfolg. Noch sind sie jedoch nicht so weit, es gibt einige ideologische Hürden zu überwinden. Schließlich sehen viele salafistische Prediger Parlamentsarbeit als Verstoß gegen den Islam, weil dort menschengemachtes Recht den Geboten Gottes übergeordnet wird. Nach langen Beratungen einigen sich die salafistischen Führer im Februar 2011 aber auf einen neuen Weg und beginnen, Parteien zu gründen. Die Hisb al-Nur (Partei des Lichts) wird schnell zur größten salafistischen Kraft. Sie steht für einen frommen, jedoch politisch eher pragmatischen Weg: Wirtschaftsliberal und sicherheitsorientiert, wirbt die Partei um die Stimmen der konservativen Bürger. Die Zustimmung der Mehrheit aus den verarmten Dörfern im Niltal haben sie sich schon gesichert, die jahrzehntelange Wohltätigkeit zahlt sich aus.

Die Entwicklung der Hisb al-Nur zeigt, wie flexibel die ansonsten so dogmatischen Salafisten sein können: Immer wieder geraten Parteiarbeit und das Islamverständnis in Konflikt. So verlangt das Wahlgesetz für die Parlamentswahl im Herbst 2011, dass jeder zweite Listenplatz mit einer Frau besetzt werden muss. Die Hisb al-Nur hält aber aus religiösen Gründen wenig von Frauen in der Politik. Doch der Machtdrang ist größer, es werden Kandidatinnen aufgestellt. Zumeist handelt es sich um Ehefrauen von Parteifunktionären. Als es dann an das Drucken der Wahlplakate geht, stellt sich das nächste Problem, denn Fotos von Frauen sind tabu! Also werden sie mit Gesichtsschleier gezeigt – oder ein Foto des Ehemannes. »Die Ehefrau dieses Mannes seht zur Wahl«, steht dann darunter. Mit 27 Prozent werden sie bei den Wahlen im November zur zweitstärksten Kraft.

Problematisch ist das Verhältnis der Salafisten zur Gewalt. Als Reaktion auf die Unterdrückung unter Präsident Gamal Abdel Nasser entwickelte sich ab den 60er Jahren die Denkrichtung der Takfirin und später der Dschihadisten. Takfir bedeutet übersetzt: Andere zu Ungläubigen erklären. Der Muslimbruder Sayyid Qutb überträgt dieses Prinzip, das schon in der Frühzeit des Islam von manchen Gruppen praktiziert worden sein soll, auf die Politik. Qutb war 1955 im Rahmen einer großen Welle der Repression gegen die Muslimbruderschaft verhaftet worden. Die erlittene Folter und Willkür prägen seine späteren Schriften. 1962 erschien sein bis heute vielgelesenes Buch »Zeichen auf dem Weg«. Darin erklärt er den Kampf gegen Herrscher, die ungerecht und gegen die Prinzipien des Islam regieren, zur Pflicht für gläubige Muslime. Ziel ist die Errichtung eines islamischen Kalifats. Qutb wurde 1966 im Gefängnis hingerichtet, was der Verbreitung seiner Ideen jedoch keinen Abbruch tat. Sie bilden die Grundlage der Bewegung des Dschihadismus und wurden seitdem von noch radikaleren Denkern weiterentwickelt.

Nach dem Tod von Nasser 1970 bekamen islamistische Gruppen mehr Spielraum. Al-Sadat wollte auf diese Weise den erstarkenden linken Oppositionsgruppen vor allem an den Universitäten etwas entgegensetzen. Es entstanden die Gamaat al-Islamia (Islamische Gruppen), die sich als konsequenter und aktiver als die Muslimbruderschaft verstehen. Manche von ihnen entwickelten sich später zu militanten Kampftruppen weiter. Auch der Islamische Dschihad entstand in dieser Zeit. Die von Eiman al-Sawahiri gegründete radikale Elite-Organisation versteht sich als Speerspitze des Dschihads. Nach dem Friedensschluss mit Israel 1979 erklärten sie der Regierung den Krieg. Am 6. Oktober 1981 wurde al-Sadat bei einer Militärparade erschossen. Es folgte eine neue Welle der extrem harten Repression. Dennoch entstanden weitere militante Gruppen. Ab Anfang der 90er Jahre kam es in Oberägypten zu einem regelrechten Krieg zwischen Sicherheitskräften und radikalen Islamisten. 1996 erklärten die inhaftierten Führer einen einseitigen Waffenstillstand, um der Eskalation ein Ende zu setzen. Die Regierung ging jedoch nicht darauf ein. Im November 1997 kam es zum Massaker von Luxor. Eine Splittergruppe der Gamaat al-Islamia tötete 59 Touristen. Es folgte wiederum eine Welle der Repression. Ab 2001 änderte die Regierung die Strategie. Die Führer der Gamaat al-Islamia durften nun öffentlich der Gewalt abschwören, und manche ihrer Mitglieder wurden im Gegenzug aus dem Gefängnis entlassen. Mubaraks Ägypten profilierte sich so als Musterland, was den Kampf gegen den Terror und die Bekehrung von Militanten anging.

Während die Sicherheitskräfte weiterhin extrem hart gegen alle militanten Gruppen vorgingen, ließen sie aber salafistische Scheichs ihre radikalislamischen Botschaften verbreiten, und auch die Muslimbruderschaft bekam ein wenig mehr Spielraum, vor allem was die Sozialarbeit betraf. Ihre Tätigkeit wurde jedoch streng überwacht, und von Zeit zu Zeit kam es – quasi als Warnung – auch zu Verhaftungen.

Kaum einen Monat nach Mubaraks Sturz werden viele der radikalislamistischen Gefangenen vom Hohen Rat des Militärs begnadigt und kommen aus dem Gefängnis frei. Kurz darauf kommt es vor der US-Botschaft in Kairo zu einer großen Demonstration. Hunderte von langbärtigen Männern und Frauen mit Gesichtsschleier stehen in der Frühlingssonne. »Freiheit für Scheich Omar Abdel Rahman!«, steht auf ihren Plakaten. Passanten reagieren verwundert: Solche Leute haben sie in den letzten Jahrzehnten nicht gesehen und wenn, dann haben sie sich nicht getraut, Parolen zu rufen. Scheich Omar Abdel Rahman gilt als geistiger Führer der militanten Islamisten in Ägypten. Ein US-Gericht hatte ihn wegen seiner Beteiligung am ersten Anschlag auf das World Trade Center 1993 zu lebenslanger Haft verurteilt.

Am Rande der Demonstration komme ich mit Eissam al-Din Azam ins Gespräch, doch ständig werden wir unterbrochen. Er muss alte Bekannte begrüßen. So bitte ich ihn um seine Telefonnummer, damit wir uns noch einmal in Ruhe unterhalten können. Der hagere Mann schaut auf sein Handy: »Ja, ich gebe Ihnen gerne meine Nummer, aber wo steht sie?«, sagt er. Da schiebt sich eine Frau neben ihn: »Wissen Sie, mein Mann war 18 Jahre im Gefängnis. Er kennt so manches noch nicht, was es jetzt in Ägypten gibt«, erklärt sie, und man sieht an den Falten neben ihren Augen, dass sie lächelt. Der Rest ihres Gesichtes ist verschleiert: »Kommen Sie uns besuchen!«, sagt sie zum Abschied.

Eissam al-Din Azam und seine Frau Lubna wohnen in einem Viertel von Kairo, in dem das Wasser mit Kanistern herangeschleppt werden muss und der Strom aus einem Verteiler illegal abgezapft wird. »Wir sind arm, aber, wissen Sie was? Ich bin glücklich. Mein Mann ist endlich wieder da!«, sagt die 46-Jährige und stellt ein Tablett mit Cola auf den Couchtisch. Eissam al-Din Azam wurde 1992 verhaftet. Er gehört zur Gamaat al-Islamia, die damals gerade begonnen hatte, Polizeistationen anzugreifen und christliche Geschäfte auszuplündern. Ihr Ziel war es, die Regierung zu stürzen. Im Namen des Islam. Die Regierung schlug zurück: »Sie haben nicht nur die Verdächtigen verhaftet und umgebracht, sondern auch deren Brüder und wen sie sonst so fanden«, erzählt Eissam al-Din Azam. »Sie waren so brutal, dass die Muslimbrüder auch immer brutaler wurden«, sagt er. Doch da saß er schon im Gefängnis. »Die ersten acht Jahre war ich in Einzelhaft.« Er zeigt auf sein Auge: »Dies ist blind, und ich habe Elektroschocks bekommen an Stellen, die sehr empfindlich sind«, sagt er. Immer wieder während der Unterhaltung kommt er auf die Folter zu sprechen, und er kann es immer noch nicht fassen, dass er jetzt frei ist: »Die Wärter haben immer gesagt, dass wir in unseren Zellen sterben werden. Dass sie uns nie herauslassen, auch nicht, wenn wir unsere Strafe abgesessen haben«, erzählt er. Dann wurde eines Abends das Gefängnis aufgeschlossen. »Sie sagten, dass wir gehen sollen, aber wir Politischen haben unsere Würde, und nach dem, was sie uns angetan haben, wollten wir ordentlich entlassen werden«, so Eissam al-Din Azam. Am 13. März war es so weit: »Wir wurden von einer großen Menschenmenge empfangen, wie Stars, und sie war natürlich auch da«, sagt er und lächelt seiner Frau zu. Sie hat all die Jahre zu ihm gehalten, den beiden Söhnen von ihm erzählt und das Andenken gepflegt. Es ist schwierig, Menschen wie Eissam al-Din Azam einzuschätzen. Er betont einmal zu viel, dass er absolut nichts getan und zudem stets die Freundschaft von Christen und Andersdenkenden gesucht habe, als dass man ihm glauben könnte. Er ist aber auch selbst Opfer eines Verbrechens, und vor allem ist er ein gebrochener Mann.

So wie Eissam al-Din Azam ist auch die Organisation, zu der er bis heute gehört, in dieser Zeit dabei, sich im neuen Ägypten zu orientieren. Was wollen sie, jetzt, da der Diktator gestürzt ist? Und werden sie überhaupt noch gebraucht?

Interviewtermin bei Scheich Assem abu al-Maged, einem der historischen Führer der Gamaat al-Islamia. Er trägt den Bart hennarot und an den Füßen Badeschlappen. In einem düsteren Hotel in der Kairoer Innenstadt steht er Rede und Antwort: »Die Leute halten uns für Terroristen, wenn sie uns sehen, aber das ist falsch«, sagt er. Um seine Position zu betonen hat er kürzlich einen Vortrag vor Touristen in Luxor gehalten; unweit des Tempels der Hat-schepsut, dem Schauplatz des Massakers von 1997. »Ich habe ihnen versichert, dass sie nichts mehr zu befürchten haben. Wir wollen, dass die Touristen kommen«, sagt er. Die Touristen seien erstaunt gewesen: »Dann wollten sie sich mit mir fotografieren lassen«, erzählt er grinsend.

Und wie soll es mit der Organisation weitergehen? »Einige von uns wollen eine Partei gründen und ins Parlament, andere sind dagegen«, erklärt Scheich Assem. Vor allem fordere die neue Generation Mitsprache. Auch weil sie, im Gegensatz zu den Älteren, auf dem Tahrir-Platz dabei war. Das ist das Stichwort für den jungen Mann, der sich zum Scheich an den Tisch gesetzt hat: »Das war toll. Ich habe viele Leute kennengelernt, Liberale und Sozialisten. Ich habe mich sogar mit Frauen unterhalten. Ohne Kopftuch«, erzählt er. Nun gelte es, die »Werte der Revolution« zu erhalten. Darunter versteht die Führung der Gamaat al-Islamia offenbar, die Überstellung von Scheich Omar Abdel Rahman aus den USA zu beantragen, und so muss er sich nun erst einmal ganz auf die Kampagne, die Proteste und die Sit-Ins vor der US-Botschaft konzentrieren. Für seine neuen Freunde vom Tahrir-Platz bleibt keine Zeit. Diese wiederum reagieren mit Verwunderung und Entsetzen auf die massiven Proteste, mit denen die Radikalen nun einseitig für die Interessen ihrer Organisation kämpfen. Sie und andere salafistische Gruppen verändern damit die Stimmung in der Gesellschaft und bereiten den Boden für Angriffe auf Christen und alle Andersdenkenden.

Manche Aktivisten des Tahrir-Platzes stellten sich die Frage, wieso es der Hohe Rat des Militärs im Frühjahr 2011 so eilig hatte, die radikalen Islamisten zu begnadigen. Ging es dabei tatsächlich darum, Gerechtigkeit walten zu lassen, oder passte das zum Konzept, Angst und Radikalismus zu schüren und so die Polarisierung der Gesellschaft voranzutreiben?

Die neue arabische Krankheit: Polarisierung

»Wir sind im Frühjahr 2011 in eine üble Falle getappt«, so die Aktivistin Esraa Abdel Fattach: »Statt uns um den Aufbau von Parteien zu kümmern und die Institutionen zu reformieren, haben wir uns in diese sinnlose und destruktive Diskussion verwickeln lassen«, sagt sie. Gemeint ist die bis heute andauernde Auseinandersetzung zwischen Islamisten und Nicht-Islamisten. Gerade hatten sie noch die große Einheit gefeiert, Islamisten und Linke, Liberale und Konservative, Christen und Muslime, Frauen und Männer, die einträchtig miteinander gegen Mubarak demonstrierten. Doch kaum war er gestürzt, begannen sich die verschiedenen Parteien zu bekämpfen. Gestritten wird um die Frage, welche Rolle der Islam im neuen Ägypten spielen soll. Dabei scheint dies auf den ersten Blick eher nebensächlich, schließlich ist die Mehrheit der Ägypter sehr fromm, und auch unter den Nicht-Islamisten verstehen sich die meisten als gläubige Muslime und wünschen sich einen Regierungschef, dem der Glaube wichtig ist.

Dass der Streit über die Rolle des Islam in der neuen Verfassung dennoch so eskaliert, hängt damit zusammen, dass es in Wirklichkeit um mehr geht, als um den Stellenwert der Scharia bei der Gesetzgebung: Es geht um Macht. Die Islamisten und allen voran die Muslimbruderschaft streben nach Einfluss. Um ihr Ziel zu erreichen, instrumentalisieren sie den Islam. Ihre Prediger scheuen nicht davor zurück, die politischen Gegner zu Ungläubigen zu erklären, die bekämpft werden müssen. Viele Nicht-Islamisten reagieren verstört. Angst macht sich breit. Ist in Ägypten überhaupt noch Platz für Menschen wie sie?

»Leider stellt sich jetzt heraus, dass die große Masse der Ägypter noch nicht bereit ist, um sich durch freie und gleiche Wahlen eine Regierung zu geben«, konstatiert die Aktivistin Jussria Ghorab: »Den Menschen fehlt die politische Bildung, und sie sind so leicht beeinflussbar. Wir müssen damit rechnen, dass sie ihre Stimme den Islamisten oder anderen Kräften geben, die Freiheiten einschränken und uns mit ihrem Lebensstil bedrohen werden.« Jussria Ghorab bringt das politische Dilemma Ägyptens in diesen Tagen auf den

Punkt. Tatsächlich fehlen der Mehrheit der Ägypter nach den Jahren autoritärer Herrschaft eine politische Bildung und klare Vorstellungen von Demokratie und Freiheit. Daher zeichnet sich bald ab, dass Islamisten und Vertreter des alten Regimes bei den anstehenden Wahlen bessere Chancen haben als Gruppierungen, die sich für eine andere Gesellschaft einsetzen. Durch die Wahlen kommen dann Kräfte an die Regierung, die kein Interesse haben, die Verhältnisse zu ändern und sich etwa für mehr politische Bildung einzusetzen. Ihnen kommen die politische Unmündigkeit der Menschen und deren Manipulierbarkeit gerade recht. Es ist ein Teufelskreis aus Armut, Unbildung und manipulativer Politik.

Es gibt dazu noch eine soziale Komponente, die in der Diskussion eine Rolle spielt und verständlich macht, warum die Angst vor den Islamisten unter den Liberalen und Linken zeitweilig hysterische Züge annimmt: »Ägypten hat traditionell eine gebildete, westlich orientierte obere Mittelschicht und Oberschicht, die den Ton angeben. Auch wenn sie zum Teil ihren Reichtum eingebüßt haben, leben sie immer noch im Selbstverständnis, dass sie Macht haben«, erklärt der Wirtschaftswissenschaftler Galal Amin. Ihre wirtschaftliche und gesellschaftliche Macht wurde ihnen durch eine neue breite Mittelschicht seit den 60er Jahren streitig gemacht: Der Ausbau der Universitäten führte dazu, dass auch Kinder armer Familien studieren konnten. Viele von ihnen absolvierten medizinische oder technische Fächer und gingen danach auf der Suche nach Arbeit in die reichen Golfstaaten. Wenn sie nach einigen Jahren zurück nach Ägypten kamen, hatten sie Ersparnisse und den sehr konservativen Lebensstil vom Golf im Gepäck. »Die alte Bourgeoisie schaute immer auf diese Emporkömmlinge herab. Durch die Revolution kommen sie nun zu Macht, und die alte Bourgeoisie fühlt sich bedroht: in ihren wirtschaftlichen Interessen und auch in ihrem Lebensstil«, so Galal Amin.

Mit dem Konkurrenzkampf um die Macht im neuen Ägypten wächst der Hass zwischen den beiden Lagern. Diese Polarisierung ist wohl einer der wichtigsten Gründe, weshalb der demokratische Neuanfang gescheitert ist. Verantwortlich dafür sind alle Beteiligten. Zum einen die Islamisten, die rücksichtslos nach ihrer alleinigen Macht streben und oftmals auf Einschüchterung des politischen Gegners setzen. Der massive Aufmarsch der gerade aus dem Gefängnis entlassenen Salafisten vor der US-Botschaft ist dafür ein Beispiel, und die Großkundgebungen auf dem Tahrir-Platz, bei denen Zehntausende »Masr Islamia« (Ägypten wird islamisch) brüllen, ein weiteres. Verantwortung tragen aber auch die Nicht-Islamisten, die sich in der Angst vor den Islamisten in eine Blockadehaltung begeben haben und allzu schnell bereit waren, demokratische Prinzipien aufzugeben, um so zu verhindern, dass radikale Islamisten die Macht übernehmen. Hinzu kommt der ausländische Einfluss, der allerdings vielfach hochgespielt wird. Selbst Professor Galal Amin, der bekannt ist für seine Sozialanalysen, lässt an dieser Stelle einen Hang zu Verschwörungstheorien erkennen. Er sieht auch Einfluss aus dem Ausland als Grund für die Polarisierung: »Im Frühjahr 2011 veranstalteten westliche Kulturinstute unendlich viele Veranstaltungen zum Thema Islam und Politik. In dieser Zeit stand aber eher das Thema Parteienbildung an, und man hätte soziale und wirtschaftliche Reformen auf den Weg bringen müssen. Die Diskussionen um den Islam in der Politik waren da kontraproduktiv.«

Vor allem geht die Polarisierung aber auf das alt-neue Regime zurück. Sie haben mit ihrer Propaganda und der Hetze in den Medien dafür gesorgt, dass der Kreislauf aus Angst, Misstrauen und Hass immer mächtiger wurde.

Die Rolle der Medien

Schon bald nach dem Sturz Mubaraks kehrte Schahira Amin wieder an ihren Arbeitsplatz im riesigen TV-Gebäude von Maspiro am Nil zurück. Rund 43 000 Angestellte soll die Ägyptische Radio- und TV-Union (ERTU) haben, und man erzählt sich den Witz, dass manche von ihnen schon vor Jahren aus den labyrinthartigen Gängen des Rundbaus nicht wieder herausgefunden haben und verlorengegangen sind. »Es ist ein Apparat, der geprägt ist von einer Mischung aus Korruption, Unfähigkeit und politischer Einflussnahme«, beschreibt ihn Schahira Amin. »Ich habe immer versucht, junge, gut ausgebildete Journalisten in den Sender zu holen, aber es war jedes Mal das Gleiche: Sie wurden weggemobbt, und im Endergebnis saßen wir mit Leuten da, die keine Ahnung vom Journalismus hatten. Sie haben den Job nur bekommen, weil ihr Vater oder Onkel wichtig ist«, so Schahira Amin. Hinzu kommt die direkte politische Einflussnahme: »Es gab immer Studiogäste, die tabu waren. Angeblich gab es das sogar schriftlich, aber ich habe nie eine solche Liste gesehen. Wer lange genug im Fernsehen arbeitet, fühlt schon selbst, was geht und was nicht. Ansonsten gab es ja noch den Chef«, sagt sie. Mit dem Sturz Mubaraks sollte alles anders werden: »Das TV hatte sich in den Augen der Ägypter arg diskreditiert. Das konnte nur besser werden.« Tatsächlich: Die Sprache veränderte sich in den Tagen der Revolution, plötzlich saßen in den Studios Politiker, Aktivisten, religiöse Prediger, die Themen ansprachen, die etwas mit dem realen Alltag der Menschen zu tun hatten. »Es war nur eine kurze Zeit, in der es wirklich Hoffnung gab, dass sich etwas verändert«, so Schahira Amin. Eine grundlegende Reform fand dann aber nicht statt, und auch bei der Neuvergabe von Posten setzt die Regierung, die für die Besetzung der Chefposten zuständig ist, auf bewährte Gesichter.

Es ist inzwischen viel vom System Mubarak die Rede, womit die Netzwerke in den Institutionen gemeint sind, die Ägypten prägen und die weiter regieren, obwohl die Regierung gestürzt wurde. Sie werden getragen von vielen einzelnen Angestellten, die sich – einzeln und im Zusammenspiel – den Reformen entgegenstellen. Veränderung? Wozu Veränderung?

Ähnlich geht es auch bei »Al-Ahram« zu. Der Zeitungsverlag, der auch die gleichnamige Traditionszeitung herausgibt, mit angeschlossenem Forschungsinstitut ist der Inbegriff einer ägyptischen Institution. Hier wird im März 2011 Abdelathim Hamad zum neuen Chefredakteur gewählt. Der kritische Schnelldenker und Pfeifenraucher, der in den 90er Jahren auch Korrespondent in Deutschland war, stellt sich gleich zu Anfang hinter die Revolution. »Die ersten Tage der Revolution waren für uns furchtbar. Wir mussten schreiben, dass es sich bei den Demonstranten um Mitglieder der Hamas und der Hisbollah handeln und sie zudem von den USA und Israel bezahlt würden«, erinnert er sich. Doch nach der Kamelschlacht ändert sich der Ton. Vor allem beginnen einige jüngere Redakteure, die Jugendbeilage »Tahrir« im Innenteil der einst als »offiziös« charakterisierten Tageszeitung zu produzieren. Nach Mubaraks Absetzung bestimmen die Redakteure Abdelathim Hamad zum neuen Chefredakteur. Drei Tage nach seiner Wahl empfängt er mich gut gelaunt zu einem Interview. Hinter seinem mächtigen Schreibtisch ragt ein einsamer Nagel aus der Wand. »Ja, das war das Erste, was ich machte: Ich habe das Bild Mubaraks abgenommen. Ist es nicht großartig? Diese Revolution ist das Beste, was uns passieren konnte!« Abdelathim Hamad tritt an, al-Ahram wieder zu dem zu machen, was es einmal war. »›Al-Ahram‹ war seit Nassers Zeiten eine wichtige Institution des Staates. In ›Al-Ahram‹ erfährt das Volk, was die Regierung zu sagen hat, und die Regierung kann sich über die Stimmung im Volk informieren«, sagt er. In den vergangenen Jahren sei die Zeitung jedoch zu einem reinen Propagandainstrument verkommen: »Mein Vorgänger forderte, Panzer gegen die Demonstranten einzusetzen.« Jetzt gelte es, die Zeitung wieder auf den bewährten Kurs zu bringen. Sie soll dabei ihre besondere Stellung als die halbamtliche Tageszeitung behalten, die sich durch eine außergewöhnliche Beziehung zur Regierung von den anderen Medien unterscheidet.

Ein knappes Jahr später treffen wir uns wieder zum Interview. Es ist der Tag nach seiner Absetzung. Er ist müde, zornig und deutlich gealtert. »Es gab sehr viel mehr Widerstand vonseiten der alten Leute, als ich gedacht hatte. ›Al-Ahram‹ ist eine der Institutionen Ägyptens, Trägerin und Stütze des alten Systems. Ich muss eingestehen, ich war nicht stark genug, um dieses System zu besiegen«, sagt er. Das zeigt sich auch in der Berichterstattung: Ein Jahr nach der Revolution wird in »Al-Ahram« gehetzt wie zuvor. Es ist die Zeit der Affäre um die Konrad-Adenauer-Stiftung. Diese illustriert gut das Problem der Institutionen. In den letzten Tagen des Jahres 2011 werden die Räume mehrerer ausländischer Stiftungen von der Polizei gestürmt und durchsucht. Die Angestellten werden vor Gericht gestellt. Ihnen wird vorgeworfen, ohne Erlaubnis zu arbeiten. Tatsächlich hat das zuständige Ministerium den Stiftungen nie eine Ge-

Abdelathim Hamad, der ehemalige Chefredakteur der ägyptischen Traditionszeitung »Al-Ahram«, Anfang 2012.

nehmigung erteilt, sie aber dennoch arbeiten lassen; seit 30 Jahren. Die Stiftungsvertreter werden zudem angeklagt, eine Verschwörung gegen Ägypten zu steuern, das Land schwächen und die Zersplitterung in mehrere Einzelstaaten vorantreiben zu wollen. Als Beweis dafür präsentiert »Al-Ahram« eine Landkarte, die bei einer der Stiftungen beschlagnahmt wurde. Hierauf sind die verschiedenen Landesteile verschiedenfarbig markiert.

Dem Militärrat sind die Aktivitäten der Stiftungen und ganz besonders deren Projekte zur politischen Bildung suspekt. Ganz nebenbei geht es der für Entwicklungszusammenarbeit zuständigen Ministerin Faisa Abu Naga, der einzigen, die es geschafft hat, ihren Ministerposten aus der Mubarak-Zeit herüberzuretten, aber wohl auch darum, sich für zukünftige Posten zu profilieren. Sie möchte verhindern, dass ausländische Staaten die ägyptische Zivilgesellschaft an ihrem Ministerium vorbei finanzieren. Die komplette Kontrolle soll beim Staat liegen. Chefredakteur Abdelathim Hamad kann gegen sie und ihre Gefolgsleute in seiner Redaktion nichts ausrichten, und so erinnert die Berichterstattung über diese Affäre sehr ähnlichen Hetzkampagnen unter dem früheren Chefredakteur.

2011 boomt zunächst die unabhängige Medienbranche. Mehrere Dutzend TV-Sender werden gegründet. Finanziert werden sie zumeist durch Geschäftsleute mit politischen Ambitionen. Viele der neu-alten Medienmogule sind Parteigänger des alten Regimes, und nach einer kurzen Schamfrist sind auch viele der alten Gesichter wieder auf dem Schirm. Allen voran Lamis al-Hadidy. Die Blondine mit Bobschnitt und der markanten Brille moderiert seit 2005 für verschiedene ägyptische und panarabische Sender. Im Nebenjob ist sie 2010 Politikberaterin der Präsidentenfamilie und verantwortlich für die Kampagne, mit der für Gamal Mubarak als Präsidentschaftskandidat geworben werden soll. Nach dem Sturz Mubaraks passt sich Lamis al-Hadidy schnell an die neue Zeit an. Es kommt ihr zugute, dass ihre Talkshow »Aus dem Herzen Ägyptens« in den Tagen der Revolution vom Informationsminister abgesetzt wurde. Sie stellt sich als Opfer des alten Regimes dar. Das glaubt ihr zwar kaum jemand, dennoch bleiben ihr die Zuschauer treu.

Da es den meisten Sendern an Geld fehlt, setzen sie auf Talkshows, um die Sendezeit zu füllen. Es reichen ein Studio, eine Kamera und ein Talkmaster, der sich dann mit wechselnden Anrufern unterhält. Eine Qualitätskontrolle gibt es ebenso wenig wie eine Kontrolle darüber, ob das Gesagte stimmt. Die TV-Sender werden wie viele neue private Zeitungen Brutstätten für Gerüchte. Es wird Hass verbreitet, und es werden die Emotionen der Menschen geschürt. Wenn Lamis al-Hadidy ihren vorwurfsvollen Blick aufsetzt und anklagend den Zeigefinger hebt, dann wissen die Zuschauer schon: Jetzt wird's interessant. Oft genug präsentiert sie dann eine abenteuerliche Geschichte. Ihr Lieblingsthema ist die Verdorbenheit der Islamisten. Wenn sie diese Geschichte dann einige Male wiederholt hat, kommt sie den Zuschauern schließlich so bekannt vor, dass sie anfangen, sie für bare Münze zu nehmen.

Eine besondere Rolle in diesen ersten Monaten der neuen Zeit spielt der Satellitensender al-Dschasira. Bis dahin oft gelobt als mutiger Sender, der die Medienwelt der arabischen Region revolutioniert und endlich professionelle Standards einführt, nimmt der Sender 2011 eine erstaunliche Wendung. »Bis dahin hat sich al-Dschasira immer auf die Seite der Unterdrückten und der Benachteiligten gestellt. Wir haben im Allgemeinen ausgewogen berichtet. Mit der Revolution in Ägypten änderte sich das. Seitdem hat al-Dschasira eindeutig Partei ergriffen«, so Aktham Suleiman, der seit 2002 für al-Dschasira aus Berlin berichtete und während der heißen Tage auf dem Tahrir-Platz zur Verstärkung nach Kairo geschickt wurde. »Es ging plötzlich nur noch darum, zu betonen, welchen großen Beitrag die Muslimbruderschaft zur Revolution geleistet hat«, sagt er. Im Frühjahr 2011 gründet al-Dschasira einen neuen Sender, der sich ganz auf Ägypten konzentriert. »Al-Dschasira Mubaschir Masr« sendet 24 Stunden am Tag und fast immer live. Der Sender wird schnell zum Sprachrohr der Muslimbruderschaft. Mindestens fünf weitere islamistische Sender werden gegründet; oft mit Geld vom Golf. Auch sie senden fast ausschließlich Talkshows, auch sie hetzen und verbreiten Gerüchte. Nur eben in anderer Richtung.

Hängt ihn auf!

Am 4. März 2011 werden in Kairo und Alexandria die Gebäude der Staatssicherheit gestürmt. Die verwackelten Handyfilme, die am nächsten Tag im Internet auftauchen, erinnern an Berlin im Januar 1990. Die ägyptischen Aktivisten klettern über die Mauer in das ansonsten unbezwingbare Gelände. Viele von ihnen sind nicht zum ersten Mal hier. Sie waren hier inhaftiert, wurden verhört und gefoltert. Nun stehen sie erstaunlich unbehelligt vor langen Reihen mit Akten: Mitschriften von Telefongesprächen, die sie und ihre Freunde geführt haben. Sie dringen auch zu den Zellen im Untergeschoss vor, die Spuren des Leidens und der Brutalität sind nicht zu übersehen.

Die Erstürmung der Zentrale der Staatssicherheit ist ein historisches Ereignis. Dennoch hinterlässt sie bei vielen der beteiligten Aktivisten ein schales Gefühl. Sie fragen sich, wieso das Gebäude eigentlich nicht beschützt war? Wieso konnten sie so einfach eindringen? Warum standen die Akten von prominenten liberalen Aktivisten griffbereit in einem Regal, wohingegen die Massen der anderen Unterlagen unauffindbar blieben? In den gefundenen Akten stoßen sie zum Teil auf peinliche Details aus dem Privatleben der Betroffenen, die diese lieber nicht veröffentlicht wissen wollen. »Ich habe den Verdacht, dass die Staatssicherheitszentrale speziell vorbereitet worden war. Sie haben uns hingelockt, damit wir genau das finden, was wir gefunden haben«, so Sarah Hamdin, eine der Frauen, die in der Nacht in das Gebäude geklettert ist. »Sie wollten uns zeigen, wie gut sie uns überwacht haben, um uns Angst zu machen, und sie wollten den Ruf der Aktivisten zerstören, indem sie deren Sexaffären entlarvten«, sagt sie. Die Aktivisten wissen zunächst nicht, was sie mit den Akten machen sollen. Also nehmen sie diese mit, scannen sie ein, stellen sie ins Internet. Später fordert das Militär sie auf, die Akten zurückzubringen, damit sie als Beweismittel gegen die Täter benutzt werden können. Da haben die Akten schon ihre Glaubwürdigkeit verloren, denn keiner weiß mehr, was ursprünglich in den Pappordnern der Staatssicherheit gestanden hat, was nachträglich per Photoshop hinzugefügt wurde und was fehlt.

Auf Einladung der Konrad-Adenauer-Stiftung reist im Frühjahr Herbert Ziehm von der Berliner Stasi-Unterlagenbehörde nach Ägypten. Er war 1990 in Berlin selbst dabei, und die ägyptischen Aktivisten hören begeistert zu, als er von damals erzählt. Mit seinen Ratschlägen, dass sie auf jeden Fall den Aktenbestand sichern und möglichst schnell an die Aufarbeitung der Verbrechen der Vergangenheit gehen sollten, können sie allerdings nur wenig anfangen. »Keiner von uns hat im Moment Zeit, sich in diese Akten einzugraben. Unsere Revolution ist noch nicht fertig. Wir werden auf der Straße gebraucht und beim Aufbau der Parteien«, so Said Abu Ela. Unzweifelhaft ist auch, dass sich die Erfahrungen von 1990 in Berlin nur begrenzt auf Kairo 2011 übertragen lassen: Erstens war die ägyptische Staatssicherheit in ihren Unterdrückungsmethoden weniger raffiniert als die Stasi in der DDR. In Kairo setzte man weniger auf die Bespitzelung durch Freunde und Verwandte, sondern auf willkürliche Verhaftung, Folter und sexuelle Gewalt. Der andere große Unterschied sind die technischen Möglichkeiten, mit denen der Inhalt der Akten manipuliert werden kann. 1990 war das sehr viel schwieriger. Am allerwichtigsten ist jedoch ein dritter Punkt. Im Januar 1990 zeichnete sich in der damaligen DDR ab, dass die Weichen in Richtung Demokratie und mehr persönliche Freiheit gestellt waren. Vielleicht war die Mehrheit der friedlichen Revolution von 1989 nicht für die Vereinigung mit der Bundesrepublik, aber immerhin gab ihnen dies die Sicherheit, dass ihr Aufstand nicht in einen neuen repressiven Staat münden würde. Diese Sicherheit haben die ägyptischen Aktivisten 2011 nicht; im Gegenteil.

Bald nach der Erstürmung der Staatssicherheitszentrale wird die Auflösung der Behörde bekanntgegeben. Der Jubel darüber hält sich allerdings in Grenzen. Zeitgleich wird nämlich die Gründung einer neuen Behörde vermeldet, die die Arbeit weiterführen wird. Statt Staatssicherheit soll sie Vaterlandssicherheit heißen. »Die neue Behörde soll dem Schutz des Vaterlandes dienen, ohne die Persönlichkeitsrechte oder die Rechte auf politische Betätigung der Bürger zu beeinträchtigen«, so eine offizielle Erklärung, die von der staatlichen Nachrichtenagentur verbreitet wird. »Abgesehen vom Namen hat sich an der Behörde und ihren Methoden aber nichts geändert. Die gleichen Leute machen die gleiche Arbeit mit den gleichen Methoden«, so der Menschenrechtler Khaled Abdel Hamid.

Umso größer ist der Jubel, als am 12. April Mubarak verhaftet wird. Wer hätte das gedacht? Er bleibt zwar zunächst unter Bewachung im Krankenhaus, seine Söhne jedoch werden ins Thora-Gefängnis am Stadtrand von Kairo gebracht. In aller Ausführlichkeit schreiben die Zeitungen, wie verwundert die beiden gewesen seien, als man sie tatsächlich in eine Zelle führte. »Jetzt ist wirklich Revolution!«, fasst die Zeitungsverkäuferin am Ende meiner Straße die Ereignisse zusammen. Wie an hohen Feiertagen rufen die Menschen sich an, gratulieren sich gegenseitig zu dieser Nachricht. Es geht dabei um Genugtuung und Stolz – welches andere Land hat es geschafft, seinen Präsidenten nicht nur zu stürzen, sondern auch noch ins Gefängnis zu bringen? Doch es geht auch um Geld: Die Verhaftung Mubaraks ist der erste Schritt, um an sein Vermögen zu gelangen. Rund 1,5 Milliarden Dollar soll er außer Landes geschafft haben, und die Ägypter stellen Überlegungen an, wie dieses Geld zu verteilen ist. Soll jedem Bürger ein Teil ausbezahlt werden oder sollen die Milliarden in die Staatskasse? »Wir brauchen uns eigentlich keine Sorgen zu machen. Wenn das Geld erst einmal ausgezahlt ist, dann wird es mit der Wirtschaft auch wieder aufwärtsgehen«, so die Zeitungsverkäuferin. Allerdings liegt das Geld auf Konten im Ausland; in der Schweiz, Großbritannien und auch in Deutschland. Es wird verhandelt, aber ohne rechtskräftigen Vollstreckungstitel geben die Banken das Geld nicht heraus.

Die Prozessvorbereitungen gegen die Mubaraks laufen, doch geht es vielen Aktivisten viel zu langsam. »Was wir brauchen, ist eine revolutionäre Justiz«, so May Adam. Die Anfangdreißigjährige ist Anwältin. Ich treffe sie an einem Freitag im Mai 2011 bei einer Demonstration in der Innenstadt von Kairo. Ich brauche einen Moment, um zu begreifen, was sie meint. Aus meiner westeuropäischen Sicht erscheint es selbstverständlich, dass alles getan werden muss, um den Mubaraks und ihren Gefolgsleuten einen möglichst fairen und rechtsstaatlichen Prozess zu machen. Schließlich soll doch die Grundlage für eine neue Rechtsordnung gelegt werden. »Das ist Blödsinn«, widerspricht May Adam. Das ägyptische Rechtssystem sei in vielen Teilen korrupt und politisiert. Diesen Richtern und den spitzfindigen Anwälten der Angeklagten dürfe man es nicht überlassen, eine gerechte Strafe für Mubarak und seine Clique zu bestimmen. »Es gibt ja auch gar keine Gesetze, die dazu gemacht sind, solche Verbrechen zu bestrafen. Vernachlässigung des Volkes ist doch nicht verboten. Ebenso wenig wie Unterdrückung und die Förderung von sozialer Ungerechtigkeit.«

Was mit »revolutionärer Justiz« gemeint ist, das ist offensichtlich. Als der Demonstrationszug den Tahrir-Platz erreicht, sehen wir, dass in dessen Mitte ein Galgen errichtet wurde. »Nein, natürlich steht nicht schon vorher fest, dass Mubarak zum Tode verurteilt werden soll, aber ich denke, das Volk würde eine andere Strafe wohl kaum akzeptieren«, sagt May Adam. In diesen Tagen entsteht ein neuer Trend: Viele Taxifahrer hängen kleine Schlingen aus Tau an die Rückspiegel ihrer Autos oder dekorieren ihre Heckscheiben damit. Es ist ihre Art zu sagen: Wir wollen endlich Taten sehen!

Auch die Aktivisten werden ungeduldig. Um ihren Forderungen Nachdruck zu verleihen – sie wollen eine neue Regierung, den Prozess gegen Mubarak und die Reform des Innenministeriums –, besetzen sie Anfang Juni 2011 wieder einmal den Tahrir-Platz. Es ist eine Stimmung wie im Januar, nur viel heißer. Über Twitter schicken Aktivisten Hilferufe: »Wer hat Ventilatoren zu Hause, die er nicht braucht? Mobile Klimaanlagen?« Eine große weiße Plane flattert über dem Platz, spendet Schatten. Noch etwas ist anders als im Januar: Es sind kaum Islamisten auf dem Platz. Linke und liberale Aktivisten geben den Ton an. Mit der zunehmenden Polarisierung geht auch ein Trend zur Abgrenzung einher. Auf religiöse Gruppen wird kaum noch Rücksicht genommen, Entschleierung ist angesagt. Viele Frauen nehmen ihre Kopftücher ab. »Ich habe schon vorher darüber nachgedacht, aber ich hatte immer Angst vor den Konsequenzen, was die Leute sagen werden«, erklärt Dina Hassan, eine Studentin, die ich schon im Januar hier getroffen habe. »Ich bin aber im Laufe der Protestes selbstbewusster geworden und finde, dass das Kopftuch nicht zu mir passt.« Sie wolle mit denen, die anderen vorschreiben, wie sie ihren Glauben praktizieren sollen, nichts mehr zu tun haben, fügt sie noch hinzu.

Die Proteste auf dem Platz zeigen schließlich Wirkung: »Endlich beginnt man, auf uns zu hören. Wird auch Zeit«, erzählt Walid Raschid von der Bewegung 6. April. Er grinst. Es ist 23.30 Uhr, und auf dem Tahrir-Platz ist es so richtig voll. Unter der Statue von Simon Bolívar versammelt sich der Führungszirkel der Bewegung des 6. April. »Neulich Abend wurden wir zum Premierminister bestellt. Er fragte uns, was wir eigentlich wollten, warum wir schon wieder den Tahrir-Platz besetzten. Wir haben ihm gesagt, dass die Regierung zu langsam arbeitet und nicht in die richtige Richtung. Er hat uns dann aufgefordert, eine Liste mit Kandidaten für die Neubesetzung von Ministerposten zu erstellen. Das haben wir getan und sind zurück zum Platz«, so Walid Raschid. Wenig später jubelt er und fällt seinen Mitstreitern um den Hals: »Sie haben unsere Kandidaten genommen. Auf fast allen Posten«, ruft er. Über Twitter hat die Regierung die Neubesetzung der Kabinettsposten bekanntgegeben.

Nicht alle der Kandidaten, die von Walid Raschid und seinen Freunden vorgeschlagen wurden, konnten sich halten. Abdelfattah al-Banna etwa, den sie auf den Posten des Ministers für antike Kulturgüter gesetzt hatten, konnte noch nicht einmal sein Büro beziehen. Die Angestellten demonstrierten gegen ihn und blockierten die Eingänge. Sie fordern die Rückkehr des altgedienten Zahi Hawass, der zwar in einen Korruptionsprozess verwickelt ist, aber in den Augen der Angestellten für das Ansehen des Ministeriums steht. Abdelfattach al-Banna hingegen ist aus ihrer Sicht ein Außenseiter, noch dazu ein Restaurator und kein Archäologe. Auf Nachfrage räumt Walid Raschid dann auch ein, dass er ihn nicht wegen seiner Fachkenntnisse ausgewählt habe: »Er ist einer von uns und hat uns schon 2010 bei Demonstrationen und Protesten unterstützt. Bei der Auswahl von Ministern geht es im Moment doch auch mehr um das Politische. Fachkompetenz gibt es im Ministerium eh genug«, sagt er. Andere von ihm vorgeschlagene Minister erweisen sich als kompetenter und beginnen mit der Arbeit. Richtig zufrieden sind die Aktivisten dann jedoch nicht. Vor allem die Beibehaltung von Mohammed Essawi als Innenminister, dem Polizei und Geheimdienste unterstehen, sehen sie als Zeichen, dass es sich bei der Umbesetzung doch nicht um einen grundlegenden Neubeginn handelt. Auch an Premierminister Eissam Scharaf selbst wird die Kritik lauter. Dabei wurde er auf Vorschlag der Aktivisten erst im März eingesetzt. »Er ist einer vom Platz, und wir wollten ihn. Er ist ja auch ein netter Mann, aber er kann sich nun einmal nicht durchsetzen«, so Amir Tamer, einer der Aktivisten.

Am 3. August ist es dann so weit. Gegen neun Uhr wird Hosni Mubarak zum Prozessauftakt auf einer Krankenhausliege in den dafür speziell umgebauten großen Saal der Polizeiakademie gerollt. Der Richter ruft die Namen der Angeklagten auf. Mubarak, mit Gefängniskleidung und Sonnenbrille, regt sich nicht. Angeklagt wird er der Korruption und Veruntreuung von Geldern sowie wegen der Tötung von Demonstranten während der 18 Tage auf dem Tahrir-Platz. Die Anklagepunkte sind auf verschiedene Prozesse verteilt, und mit Mubarak werden auch seine Söhne, der ehemalige Innenminister Habib al-Adli und weitere Mitglieder der alten Regierung angeklagt. Der Prozess wird vom staatlichen Fernsehen übertragen, und viele Ägypter treffen sich mit Freunden im Café, um sich das Spektakel anzuschauen. Doch nicht alle sind froh.

»Es tut uns leid, Herr Präsident«, so nennt sich eine neue Bewegung. Es sind die Anhänger Mubaraks, die sich hier wieder zusammenfinden. Sie hatten in den vergangenen Monaten wenig zu tun, und auch an diesem ersten Prozesstag wirken sie nicht so, als hätten sie eine Chance. Tatsächlich aber gewinnen die »Söhne Mubaraks« schnell Zulauf, noch nicht gleich, aber im Laufe der kommenden Monate.

Der Prozess gegen Mubarak verläuft zunächst vielversprechend: Omar Suleiman, der ehemalige Geheimdienstchef, der in den Tagen der Revolution als Vizepräsident diente, ist als Zeuge geladen, und sogar Feldmarschall Mohammed Hussein al-Tantawi kommt in den Gerichtssaal, um seine Aussage zu machen. Allerdings bringt dies alles nicht die erwartete Klärung, was im Januar und Februar 2011 hinter den Kulissen geschah. »Dieser Prozess war eine historische Chance«, so Gamal Eid von der Menschenrechtsorganisation ANHRI, der als Anwalt der Opfer am Prozess beteiligt ist. Wir treffen uns ein knappes Jahr später, am Abend des 1. Juni 2012. Am nächsten Tag soll das Urteil gegen Mubarak fallen. »Leider wurde so gut wie alles falsch gemacht, was man sich nur vorstellen kann«, so Gamal Eid. Auf Druck des Innenministeriums seien viele wichtige Beweise verschwunden. Das habe sich besonders auch bei den Parallelverfahren bemerkbar gemacht, in denen Polizisten angeklagt waren. »Es sind Polizisten, die von vielen Augenzeugen gesehen wurden, wie sie auf Demonstranten schossen. Aber sie haben die Zeugen so derart eingeschüchtert, dass diese ihre Aussagen zurückzogen. Die Polizisten wurden freigesprochen«, sagt er. Eigentlich, so Gamal Eid, müssten die Richter auch Mubarak, seine Söhne und die anderen prominenten Angeklagten freisprechen: »Nicht, weil sie unschuldig sind, sondern weil die Ermittlungsbehörden so schlampig gearbeitet haben, dass sie die Schuld gar nicht belegen können«, sagt er. »Sie werden sich aber nicht trauen, und so steht für morgen ein hartes Urteil zu erwarten.« Mit Rechtsstaatlichkeit hat das alles wenig zu tun. Lebenslänglich lautet dann am nächsten Tag auch das Urteil.

Das Fatale an dem Mubarak-Prozess und den Verfahren gegen Polizisten ist, dass sie kein Zeichen für einen Neuanfang sind, sondern eher der Beleg für die anhaltend korrupten und politisierten Strukturen der Justiz. Auch die anderen Verfahren zur Vergangenheitsbewältigung lassen keine Schritte zu einer wirklichen Reform der Justiz erkennen. Zudem fördern sie die politische Polarisierung im Land. Viele Richter und Anwälte stehen aufseiten des alten Regimes, sehen Revolution und Islamisten als ihre Feinde an und werden zunehmend zu einer eigenen politischen Größe. Dies wird deutlich, als es ihnen ab 2013 darum geht, Mohammed Mursi zu stürzen und eine Militärregierung an die Macht zu bringen.

Es gab während der Revolution keine Kraft, die imstande war, in das festgefügte alte System so weit einzudringen, dass eine grundlegende Reform der Machtstrukturen hätte eingeleitet werden können.

Warum es so schwer ist, eine Partei zu gründen

Am 28. März 2011 erlässt der Hohe Rat des Militärs ein Dekret, das die Gründung von Parteien deutlich erleichtert. Bereits im Februar war die Al-Wasat-Partei zugelassen worden. Seit mehr als zehn Jahren hatte sich diese moderat-islamistische Partei »der Mitte« in Gründung befunden. Ebenso wie viele andere Parteien hatte sie sich unter der alten Regierung allerdings vergeblich um ihre Zulassung bemüht. Nach dem nun erlassenen Gesetz war jeder Ägypter berechtigt, eine Partei zu gründen, wenn er mindestens 5000 Mitglieder aus zehn Gouvernements für sich gewinnen kann. Die Namen der Gründungsmitglieder müssen zudem in Anzeigen in zwei der großen Zeitungen veröffentlicht werden.

Am 30. April wird die Gründung der Hisb al-Hurria wa al-Adala (Freiheits- und Gerechtigkeitspartei) bekanntgegeben. Sie ist der politische Arm der Muslimbruderschaft, und deren Führer Mohammed Mursi, Saad al-Katatni und Eissam al-Erian werden zu Vorsitzenden gewählt. Im Parteiprogramm sucht man vergeblich nach Hinweisen, dass es sich um eine islamistische Partei handelt. Stattdessen findet

Amr Hamzawi, Gründer der liberaldemokratischen Partei »Ägypten, die Freiheit«, 2011.

sich darin das Bekenntnis zu Menschenrechten, einer zivilen Demokratie und freier Marktwirtschaft. Die Muslimbruderschaft bleibt als unabhängige Organisation neben der Partei bestehen. Politische und die gesellschaftliche Arbeit der Muslimbrüder soll von nun an getrennt sein. In der Praxis gibt es allerdings zahlreiche Überschneidungen, was die Personen wie auch die Aktivitäten anbetrifft.

Kurz darauf, am 12. Mai, sind auch die Salafisten so weit: Die Gründung der Partei Al-Nur (Das Licht) wird verkündet.

Viele der neuen Parteien sind Gründungen von ehemaligen Mitgliedern von Mubaraks Nationaldemokratischer Partei NDP. Zwar gibt es ein Gesetz, das die politische Aktivität von ehemaligen Funktionsträgern einschränkt, aber normale Mitglieder bis hin zum Mittelbau der Partei sind davon nicht betroffen. Besonders auf dem Land hatte die NDP stets auf einflussreiche Familien gesetzt, die zum Teil seit Generationen jeweils einen Abgeordneten im Parlament hatten und deren Einfluss in ihren Wahlkreisen auch den Sturz Mubaraks überdauert hat. Diese Familien werden nun von den neuen Parteien umworben.

Aber auch die Linken und Liberalen gründen Parteien. Bereits am 3. April war die Gründung von Masrin al-Ahrar (Die Freien Ägypter) bekanntgegeben worden. Finanziert wird die Partei von dem reichen Geschäftsmann Naguib Sawiris. Der koptischen Sawiris-Familie, eine der reichsten in Ägypten, gehört der Bauriese Orascom, die Mobilfunkfirma Mobinil und Unternehmen in Europa und Afrika. Obwohl Naguib Sawiris keine Parteifunktion innehat und in der Partei auch sonst Christen keine größere Rolle spielen als in anderen Parteien, gelten die Freien Ägypter als Christen-Partei. Die Islamisten machen Stimmung gegen sie. Kritik bekommen die Freien Ägypter auch vonseiten der Aktivisten der Revolution, weil sie nicht grundsätzlich die Aufnahme von ehemaligen NDP-Mitgliedern ablehnen. Bei den Parlamentswahlen 2011 sind die Freien Ägypter die einzigen Nicht-Islamisten, die es schaffen, eine nennenswerte Anzahl von Abgeordneten ins Parlament zu bringen.

Bereits zuvor, am 18. Mai, erfolgte die Gründung der Partei »Ägypten, die Freiheit«. Die Initiative zu diesem liberaldemokratischen Projekt kam von Amr Hamzawi. Der Politologe lebte lange im Ausland und spielt seit der Revolution eine wichtige Rolle im Land. Er steht für einen pragmatischen Ansatz in der Politik und nutzt die Möglichkeiten, die sich ergeben. Seine Partei lebt von dem Charisma des 45-Jährigen: Kaum jemand kennt Personal und Programm von »Ägypten, die Freiheit«, man spricht einfach von der Amr-Hamzawi-Partei. Bei den Parlamentswahlen 2011/2012 ist er der einzige der nichtislamistischen, Nicht-ex-NDP-Kandidaten, der auf Anhieb ein Direktmandat gewinnt.

Ein Sonderfall ist die Partei Dustur (Verfassung), die erst ein Jahr später offiziell registriert wird. Die Gründung geht auf Mohammed al-Baradei zurück. Im Frühjahr 2011 hatte er verkündet, dass er zu den Präsidentschaftswahlen antreten werde, und viele Aktivisten der Revolution setzten große Hoffnungen dahinein. Ob aus Frust über die Anfeindungen aus dem eigenen Lager, aus Sorge, das korrupte System nicht wirklich reformieren zu können, oder einfach aus Angst, eine deratige Verantwortung zu übernehmen – letztlich zog sich al-Baradei aus dem Kampf um die Präsidentschaft wieder zurück. Er selbst sagt, es sei wichtiger, Institutionen und Parteien zu gründen, als sich ums Präsidentenamt zu streiten. »Es soll nicht, es darf nicht um meine Person gehen. Die neue Generation muss im Mittelpunkt stehen, und ich sehe meine Rolle darin, sie zu beraten und ihnen beizustehen. Wenn wir es schaffen wollen, aus Ägypten eine Demokratie zu machen, dann müssen wir jetzt Parteien gründen. Wir müssen den Neuanfang auf eine breite Basis stellen, die uns keiner wieder wegziehen kann«, sagt er in einem Interview. Mohammed al-Baradei zu interviewen ist allerdings nicht leicht. 1001 Anfragen hat er nicht beantwortet, aber irgendwann gelingt es dann doch. Ich besuche ihn in seiner gemütlichen Villa am Stadtrand. Er nimmt sich Zeit, erklärt, wirbt für sich. Ganz offensichtlich ist er erleichtert, dass ihm der Präsidentenpalast erspart bleibt. Er redet zwei Stunden lang, aber sagt nur wenig. Ich hatte mehr erwartet. Wochen später wird die Gründung der Dustur-Partei bekanntgegeben.

»Unsere Revolution ist auf Abwege geraten. Es ist höchste Zeit, dass wir uns einen und mit Nachdruck dafür sorgen, dass unsere Forderungen von 2011 erfüllt werden!«, so Mohammed al-Baradei bei der Pressekonferenz zur Parteigründung. Die Dustur-Partei versteht sich als ideologiefreie Sammlungspartei. Vertreter aller Richtungen sollen sich hier wiederfinden, und schnell klettern die Mitgliedszahlen.

»Das war eine gute Zeit«, erinnert sich der Journalist Khaled Dawud, der sich von Anfang an in der Partei engagiert und später deren Sprecher wird. »Wir hatten Erfolg. Und das, obwohl wir mit enormen Hürden zu kämpfen hatten. Wenn das System Mubarak eines wirklich verstanden hat, dann zu verhindern, dass sich eine ernstzunehmende Opposition bildet«, beschreibt Khaled Dawud die Situation. »Bisher kannten die Menschen ja nur die NDP und sahen den Hauptsinn in einer Parteimitgliedschaft darin, sich materielle Vorteile zu verschaffen. Doch dann war der Weg zur Gründung von neuen Parteien frei, und die Menschen hatten Hoffnung, dass sie durch die Beteiligung in Parteien doch etwas verändern könnten«, so Khaled Dawud. »Es zeigte sich darin, dass die Menschen begeistert zur Wahl gingen, bei der tatsächlich etwas zur Auswahl stand. 2011 konnte man zwischen vielen verschiedenen Optionen wählen.«

Aber letztlich sei der Aufbau einer demokratischen Parteienlandschaft dann gescheitert. Den Hauptgrund sieht Khaled Dawud im fehlenden politischen Willen der Regierung. »Das zeigt sich deutlich in den ungenügenden gesetzlichen Rahmenbedingungen. So wurde zum Beispiel nicht geregelt, wie sich Parteien finanzieren können.« Das bot später Angriffspunkte für die Regierung. Zudem habe es eine Medienkampagne gegen die neuen Parteien gegeben. »Den Menschen wurde eingeredet, dass wir Agenten des Auslands sind und dass Parteien nichts bringen«, erklärt er.

Er erinnert sich aber auch an eine andere Art von Problemen. »Uns allen war bewusst, dass unsere Bemühungen immer wieder durch bestellte Störer kaputtgemacht wurden, die Konflikte in den Parteien schürten und Diskussionen anzettelten. Außerdem haben die Generäle sich einige von uns herausgepickt und ihnen gesagt, dass sie ganz große Hoffnungen in sie setzen, sie sollten sich keinesfalls mit einem Stellvertreterposten zufriedengeben, sondern ohne Rücksicht auf Verluste den Chefposten anstreben. Das sagten sie aber nicht nur einem, sondern gleich mehreren«, so Khaled Dawud. Das erkläre mit, weshalb die Leute plötzlich so kompromisslos waren und Einigungen so schwierig wurden.

Wahlfrust

Freie und allgemeine Wahlen gelten als Grundlage der Demokratie. Angesichts ihrer Erfahrungen mit Wahlen ist es kein Wunder, dass viele Ägypter inzwischen die Lust an der Demokratie verloren haben. Die Parlamentswahlen 2011 sollten ursprünglich im September stattfinden, wurden dann auf Oktober verschoben und fanden schließlich ab Ende November in mehreren Etappen statt. Sie hatten einen grundlegenden Geburtsfehler. Auf Druck der Muslimbruderschaft wurde das Wahlgesetz in letzter Minute geändert. Ursprünglich sollten die Wähler mit ihrer Erststimme einen unabhängigen Kandidaten und mit ihrer Zweitstimme eine Parteiliste wählen. Die Muslimbruderschaft erzwang jedoch, dass auch Mitglieder von Parteien als Unabhängige kandidieren dürfen. Andernfalls hätten sie die Wahl boykottiert. Das Ziel dahinter war klar: Sie wollten auf ganzer Linie abräumen. Schon damals kritisierten viele, dass die Gesetzesänderung der Verfassung widerspreche. Doch der Militärrat setzte sie durch und schaffte sich hier ein Schlupfloch. Sollte das Parlament nicht die Erwartungen der Generäle erfüllen, wäre es jederzeit möglich, es unter Hinweis auf die Verfassungsmäßigkeit wieder aufzulösen, und tatsächlich kommt es im Sommer 2012 dazu. Viele Wähler fühlen sich betrogen: Wieso lässt man sie erst ein Parlament wählen, wenn es dann doch aufgelöst wird?

Doch erst einmal ist Wahlkampf. Überall in der Stadt wehen Wahltransparente. In den Medien und auch in den Kaffeehäusern wird über Parteilisten, Kandidaten und ein wenig auch über Programme diskutiert. Oft sind die Ziele der Parteien nicht einfach auseinanderzuhalten, denn die meisten Parteien legen nur wenige Seiten Programm vor, das in der Regel sehr allgemein gehalten ist. Für Diskussion sorgt auch der Entschluss des Militärrates, keine ausländischen Beobachtermissionen zuzulassen. Begründet wird dies damit, dass man Einmischung aus dem Ausland verhindern wolle. Das Carter-Center und einige andere Organisationen werden am Ende doch noch zugelassen, allerdings dürfen sie nur beobachten, nicht bewerten. Der Ton gegenüber ausländischen Organisationen wird deutlich rauer.

Eine Woche vor der Wahl, am 19. November, räumen die Sicherheitskräfte ein Protestlager, das die Verwundeten und die Angehörigen der Märtyrer der Revolution auf dem Tahrir-Platz errichtet haben, um ihre Forderung nach staatlicher Unterstützung durchzusetzen. Der Angriff auf die zum Teil behinderten Aktivisten sorgt für große Empörung. Es kommt zu heftigen Straßenschlachten, die als »Mohammed Mahmud 1« in die revolutionäre Geschichtsschreibung eingehen. Nur durch die Errichtung einer Mauer aus riesigen Betonklötzen kann die Gewalt beendet werden. Die Mauer geht mitten durch die Mohammed-Mahmud-Straße, trennt den Tahrir-Platz vom Innenministerium. Gerade noch rechtzeitig, so dass die Wahlen stattfinden können.

Der erste Wahltag in Kairo. Am 28. November bilden sich lange Schlangen vor den Wahllokalen. »Ich bin vorher noch nie zu einer Wahl gegangen. Warum sollte ich? Es gab ja keine Wahl. Jetzt aber kann man doch zwischen vielen Parteien aussuchen«, sagt ein Mann, der im Stadtteil Schubra vor einer Schule steht. Ganz selbstverständlich ist er bereit zu sagen, dass er für die salafistische Al-Nur-Partei stimmen wird. »Da weiß man zumindest, dass es gottesfürchtige Menschen sind, die nicht korrupt sind.« Die Umstehenden nicken. Es ist schwierig, in der Schlange Wähler zu finden, die eine nichtislamistische Partei unterstützen.

Die Wahl zieht sich über mehr als zwei Monate hin, da nicht im ganzen Land zugleich gewählt wird. Erst Mitte Januar steht das Ergebnis fest: Muslimbrüder und Salafisten haben zusammen satte 65 Prozent der Sitze gewonnen. Unter meinen Freunden bricht daraufhin Torschlusspanik aus. Ich bin nie zu so vielen Trink-Partys eingeladen worden wie in dieser Zeit. »Wer weiß, wie lange wir überhaupt noch Alkohol bekommen«, so ein Freund.

Seit der »Mohammed Mahmud 1«–Straßenschlacht brodelt es. Im Dezember kommt es wieder zu einer Räumung des Tahrir-Platzes. Dabei wird eine junge Frau festgenommen. Ihr Bild geht um die Welt. Sie liegt am Boden, ein Militärpolizist zerrt an ihrem schwarzen Gewand, ihr knallblauer BH ist zu sehen. Der andere Polizist hebt gerade den schweren Stiefel. Im nächsten Moment wird er sie treten. An den Reaktionen auf dieses Bild lässt sich ablesen, wie gespalten Ägypten inzwischen ist. Natürlich sind die Aktivisten empört: »Juskut, juskut Hukum al-Asker!« (Nieder, nieder mit der Militärregierung!) lautet ihr Schlachtruf.

Viele Ägypter sehen in dem Bild aber auch etwas anderes. »Da sieht man einmal, wie verkommen die sogenannten Revolutionäre sind«, schimpft eine Frau im schwarzen Mantel: »Wenn es ein ordentliches Mädchen wäre, dann hätte sie sich um diese Uhrzeit nicht auf der Straße herumgetrieben. Und überhaupt: Wer trägt denn schon so unanständig knallige BHs?« Sie halte es für absolut notwendig, dass die Militärpolizei die Gesellschaft vor solchen Mädchen beschütze. Aus Solidarität mit dem Hohen Rat des Militärs, der immer stärker wegen Menschenrechtsverletzungen kritisiert wird, finden nun regelmäßig Kundgebungen statt. Die Demonstranten, die sich gern als »schweigende Mehrheit« oder auch »Sofa-Fraktion« bezeichnen, weil sie bisher die Ereignisse der Revolution nur im Fernsehen beobachtet haben, wollen den Ruf des Militärs verteidigen. Die »Söhne Mubaraks« bekommen Verstärkung.

Wer das Mädchen mit dem blauen BH ist, weiß bis heute niemand. Sie ist nach dem Vorfall untergetaucht. »Das muss man respektieren. Würde sie sich zu erkennen geben, müsste sie mit harten Reaktionen der Gesellschaft rechnen. Nicht jede kann das aushalten«, so die Aktivistin Hadir Faruk, der bei der gleichen Räumung von der Militärpolizei ein Arm gebrochen wurde. Was es bedeutet, dem Militär die Stirn zu bieten, das bekommt auch eine andere Aktivistin zu spüren. Samira Ibrahim, 24 Jahre alt, ist eine der Frauen, an denen der Militärarzt im Frühjahr einen Jungfräulichkeitstest gemacht hat, woraufhin sie Klage einreichte. Ende Dezember erklären die Richter Jungfräulichkeitstests gegen den Willen der Frauen für illegal. Für den Militärrat ist das eine Schlappe. (Der daraufhin angeklagte Militärarzt Ahmed Adel wird später allerdings freigesprochen.)

In diese Stimmung platzt die Meldung, dass die Sicherheitskräfte ein ausländisches Komplott aufgedeckt hätten. Die bereits erwähnte Affäre um die ausländischen Stiftungen beginnt. Welch ein Zufall! Gerade noch geht es um die Brutalität der Militärpolizei, dann heißt es plötzlich, Ägypten sei bedroht. Ausgerechnet anerkannte Einrichtungen wie die Konrad-Adenauer-Stiftung und US-Organisationen wie das National Democratic Institute sollen an der Zerschlagung des Landes arbeiten. Bilder von Einsatzkommandos mit Maschinenpistolen sollen die Bedrohung verdeutlichen. Da gilt es nun, zusammenzuhalten und die Armee zu unterstützen, die das Land verteidigen muss, so die Botschaft. Neu ist die Strategie nicht: Auch die Regierung Mubarak setzte bereits auf solche Propaganda.

Am 2. Februar 2012 folgt bereits der nächste Schock. Bei einem Auswärtsspiel des beliebten Fußballvereins al-Ahli kommt es in Port Said zu heftigen Ausschreitungen. 74 Fans sterben. Die meisten von ihnen werden zertrampelt, als die Massen versuchen, aus dem Stadion zu fliehen. Die Tür ist jedoch von außen verschlossen. Wer steckte dahinter? Besonders der Zeitpunkt erregt das Misstrauen der Al-Ahli-Fans, fällt er doch genau auf den Jahrestag der Kamel-schlacht, in der die Ultras von al-Ahli es den Mubarak-Anhängern ja brutal gezeigt hatten. »Das war die Rache des alten Regimes an uns!«, so Al-Ahli-Fan Karim Abdallah.

Bei all der Aufregung geht die erste Zusammenkunft des neuen Parlaments fast unter. Dabei ist es einmal wieder einer dieser Mo-mente, auf den viele Menschen in Ägypten zu Recht stolz sind. Aller-dings ist der Anblick der Abgeordnetenversammlung gewöhnungs-bedürftig: Die Mehrheit der Volksvertreter, so scheint es zumindest, tragen lange Bärte, und die einzigen vier Frauen sind konservativ verschleiert. »So ist nun einmal das Ergebnis unserer Wahlen. Jetzt geht es darum, das Beste daraus zu machen«, sagt Amr Hamzawi, der einzige Liberale, der ein Direktmandat gewonnen hat: »Es gibt bei der Muslimbruderschaft auch vernünftige Abgeordnete, und es geht jetzt darum, dass wir uns zusammentun«, erklärt er. Seit Jahren beschäftigt er sich wissenschaftlich mit dem politischen Islam und weiß, was er von seinen Parlamentskollegen zu erwarten hat. »Es gibt die Hoffnung, dass durch die Herausforderungen der Realpoli-tik der unideologische, pragmatische Flügel gestärkt wird«, meint er.

Doch schon bei der Vereidigung der Abgeordneten kommt es zum ersten Eklat: Der Salafist Mamduh Ismael ist zwar bereit, auf die Verteidigung der Verfassung und der Gesetze zu schwören, er besteht aber darauf, dass dies nur für Gesetze gelte, die nicht der Scharia widersprechen. Tage später können Fernsehzuschauer einen Schlagabtausch zwischen ihm und Parlamentspräsident Saad al-Katatni verfolgen. In der Sitzung am 7. Februar 2012 steht Mamduh Ismael während der Sitzung auf und ruft zum Gebet. Saad al-Katatni geht sofort dazwischen: »Wieso machst du das hier? Brauchst du die Medien-Show? An wen richtest du dich eigentlich?« Viele Abgeord-nete klatschen, aber nicht alle, schließlich gehört es sich nicht, den Gebetsruf zu unterbrechen. Saad al-Katatni lässt sich nicht beirren: »Du bist nicht mehr Muslim, als ich es bin.«

Kurz darauf versetzt Anwar al-Belkimi von der Al-Nur-Par-tei dem Ansehen des Parlaments einen weiteren Schlag. Er taucht mit einem Gesichtsverband auf und behauptet, überfallen worden zu sein. Später kommt heraus, dass er sich einer Schönheitsoperation unterzogen hat. Dies ist für fromme Muslime ebenso tabu wie dreiste Lügen. Er versucht, dies durch flammende Reden gegen die Unmoral wiedergutzumachen, wird aber kurz darauf nachts in einem geparkten Auto mit einer Frau ertappt. Später behauptet er, es habe sich um seine Cousine gehandelt, die während der Fahrt einen Schwächeanfall erlitten habe, weshalb er sich über sie beugen und sie beatmen musste. Die Zeitungsverkäuferin am Ende meiner Straße kocht in diesen Wochen vor Zorn: »Ich habe die Al-Nur-Partei gewählt, weil ich dachte, dass sie gute Menschen sind. Ich bin sehr enttäuscht!«, sagt sie.

Jahrzehntelang gingen politische Beobachter davon aus, dass der unterdrückte politische Islam die wichtigste Kraft der Region sei und bei freien Wahlen gewinnen würde, um dann die Probleme der Länder zu lösen und Politik für die Armen zu machen. Statt jedoch Arbeitslosigkeit und Wirtschaftskrise anzugehen, konzentrieren sich im Frühjahr 2012 viele der Abgeordneten auf Selbstdarstellung und fordern vor allem mehr islamische Sittlichkeit. Die strukturellen und sozialen Probleme des Landes gehen sie nicht an.

Der nächste entscheidende politische Schritt ist die Präsidentschaftswahl Ende Mai 2012. Im Ergebnis landet ein Islamist im Präsidentenpalast. Wie kam es dazu?

Die Aktivisten der Revolution, die linken und liberalen Oppositionsgruppen können sich nicht auf einen Vertreter einigen und ziehen gleich mit mehreren Kandidaten ins Rennen. Der einflussreichste von diesen ist der nasseristische Journalist Hamdin Sabachi. Der Menschenrechtsanwalt Khaled Ali hingegen hat weniger Anhänger, gilt aber vielen Aktivisten der Revolution als eigentlicher Repräsentant des Tahrir-Platzes.

Das zweite Lager könnte als bürgerliches Lager bezeichnet werden, viele Aktivisten der Revolution benutzen allerdings den Begriff Felul (Überbleibsel aus dem alten Regime). Tatsächlich handelt es sich um Politiker mit Mubarak-Vergangenheit. Zunächst gilt hier der ehemalige Außenminister und Generalsekretär der Arabischen Liga Amr Mussa als Favorit. Der 75-Jährige steht für Kontinuität, verfügt er doch über viel Erfahrung und internationale Kontakte. Er ist aber kein Mann Mubaraks, sondern hat ihn mehrfach öffentlich kritisiert.

Eindeutiger mit dem alten Regime verbunden ist Ahmed Schafik. Der ehemalige Luftfahrtminister gilt als Macher. In den letzten Tagen vor seinem Sturz ernannte ihn Mubarak noch zum Premierminister, und auch danach regierte er noch einige Wochen weiter. Zwischenzeitlich hatte Militärratschef Feldmarschall Mohammed Hussein al-Tantawi wohl selbst vor, zu den Wahlen anzutreten. So unternahm er im Herbst 2011 einen Spaziergang durch die Innenstadt von Kairo. Es ist typisch für die Militärregierung, dass sie Testballons steigen lässt, um die Stimmung in der Bevölkerung zu ergründen. Im Fall des Ausflugs des Feldmarschalls fiel die Reaktion der Bevölkerung eindeutig negativ aus, das Thema seiner Kandidatur wurde nicht wieder erwähnt. Das machte Ahmed Schafik zum Kandidaten des alten Systems und der Anhänger des Militärrates. Allerdings hatte der Militärrat selbst Bedenken gegen ihn. »Ahmed Schafik verkörperte die hundertprozentige Rückkehr zum alten System, und das sahen viele in der Armeeführung kritisch«, so der Sozialwissenschaftler Eissam Fawzi.

Besonders spannend ist die Kandidatenkür im Lager der Islamisten. Bereits in den Tahrir-Tagen hatte die Muslimbruderschaft versichert, dass sie keinen Präsidentschaftskandidaten ins Rennen schicken werde. Der besonders bei der Jugend sehr beliebte Abdel Moneim Abu Futuch setzt sich darüber hinweg und wird dafür von der Bruderschaft ausgeschlossen. Ihm werden große Chancen zugeschrieben. Selbst die Liberalen und die Aktivisten der Revolution halten ihn für weltoffen, weil er sich einmal dafür ausgesprochen hatte, dass Muslime durchaus das Recht haben sollten, zum Christentum überzutreten. Zugleich bekommt er viel Unterstützung von den Salafisten. Sie schätzen ihn, weil er ursprünglich aus der salafistischen Studentenbewegung stammt.

Er bekommt Konkurrenz durch Hazim Salah Abu Ismael. Mit seinem langen Bart und dem langen Gewand sieht er aus wie ein Bilderbuch-Salafist. Er ist jedoch nicht nur streng und konservativ, sondern spricht zugleich die Szene der coolen, religiösen Aktivisten der Revolution an. Hazimun nennen sie sich, in Anlehnung an seinen Vornamen, und sie sorgen dafür, dass sein Bild überall im Land verteilt wird: Viele Minibusse werden mit Fotos des Scheichs geschmückt.

In letzter Minute gibt die Muslimbruderschaft überraschend bekannt, dass sie nun doch selbst auch einen Kandidaten aufstellen wird. Es gibt mehrere Gründe für diese Entscheidung. Bisher hatte die Bruderschaft auf die Nominierung eines Kandidaten der nationalen Einheit gedrungen, der sowohl von der Muslimbruderschaft als auch vom Militärrat unterstützt wird. Politikveteran Mansur Hassan war im Gespräch, doch er machte einen Rückzieher. Zeitgleich beginnt das Verfassungsgericht mit der Überprüfung der Rechtmäßigkeit der Parlamentswahl. Die Muslimbrüder befürchten zu Recht, dass sie mit der Auflösung des Parlaments ihre Bühne verlieren.

Die Wahl fällt auf den charismatischen Khairat al-Schater, der zugleich ein wirtschaftlich mächtiger Mann ist. Die Panikreaktion, doch einen Kandidaten zu benennen, überrascht viele in der Bruderschaft. »Ich glaube, wir sind noch nicht so weit, diese Verantwortung zu übernehmen. Schließlich müssen wir damit rechnen, dass wir gewinnen«, sagt Ahmed Akil. Der Aktivist und ehemalige Wahlkampfhelfer von 2010 ist inzwischen kaum mehr wiederzuerkennen. Das Jahr seit dem Sturz von Präsident Mubarak hat sein Leben umgekrempelt. Statt Lederjacke und Hoody trägt er Nadelstreifen und Lackschuhe. Er ist inzwischen zum Generalsekretär des Berufsverbandes der Apotheker gewählt worden. Vor der Revolution trafen wir uns mehrfach in einer Ecke des Gartens des Berufsverbandes, möglichst außer Sichtweite des Sicherheitsdienstes. Nun empfängt er mich im Chef-Büro. Während des Gesprächs bekommt er einen Anruf: »Sorry, das ist wichtig«, entschuldigt er sich und grüßt dann ehrerbietig den Anrufer. »Bitte verstehen Sie doch auch unsere Position, wir müssen den Menschen erklären, warum wir nun doch einen Kandidaten aufstellen. Ich will keinesfalls infrage stellen, dass der Bruder ein guter Kandidat ist, aber die Menschen auf der Straße verstehen uns nicht. Gerade jetzt ist es wichtig, ihr Vertrauen zu behalten«, sagt er. Dann tritt eine lange Pause ein. »Jawohl, natürlich«, sagt er. Mehr nicht. Seine Miene gefriert. Befehl ist Befehl. Er sieht sehr nachdenklich aus, als er nach dem Gespräch das Handy aus der Hand legt. Im Interview ist ihm dann keine Kritik mehr an der Entscheidung der Führung zu entlocken.

Wenige Tage später gibt die Wahlkommission bekannt, dass Khairat al-Schater wegen einer früheren Gefängnisstrafe nicht als Kandidat zur Wahl zugelassen wird. Ebenfalls von der Wahl ausgeschlossen wird der radikale Hazim Abu Ismael, weil er verschwiegen hat, dass seine Mutter die US-Staatsbürgerschaft angenommen hat und nur Kandidaten zugelassen sind, die von ägyptischen Eltern abstammen. Die Muslimbruderschaft nominiert daraufhin Mohammed Mursi zu ihrem Kandidaten. Anfangs geben nur wenige Mursi eine Chance, gewählt zu werden, und es ist eher Neugier, weshalb ich ihn auf Wahlkampftour begleite. Es geht in seine Heimatstadt Zagazig, rund 75 Kilometer von Kairo entfernt. An der Universität der 300 000-Einwohner-Stadt lehrt er Materialwissenschaften. Der große Hörsaal ist voll, und junge Muslimbrüder versuchen, Stimmung zu machen. Doch es gelingt nicht, die anderen Studenten mitzureißen. Sie können noch nicht einmal verhindern, dass manche Studenten Poster der Gegenkandidaten hochhalten. Mohammed Mursi fühlt sich sichtlich unwohl, reiht hölzerne Phrasen aneinander.

Wie anders ist das Bild kurze Zeit später. In seinem Heimatdorf al-Adwa drängen sich die Menschen auf der staubigen Straße, und ganz selbstverständlich findet Mohammed Mursi hier den richtigen Ton: »Liebe Brüder und Schwestern, liebe Nachbarn, liebe Bewohner von al-Adwa«, beginnt er und zählt dann nach und nach alle Dörfer aus der Umgebung auf. Die Zuhörer sind begeistert. Endlich einmal ein Politiker, der das Land kennt. Mohammed Mursi erzählt dann auch noch die Geschichte, wie er früher mit dem Esel seines Bruders zum Bahnhof geritten ist, um in der Stadt sein Abitur zu machen. Hätte der Bruder ihm nicht den Esel geliehen, hätte er nie studiert, wäre er nie als Wissenschaftler in die USA gekommen und würde jetzt nicht um die Präsidentschaft kandidieren. Dem Esel und seinem großen Bruder sei Dank, so seine gutherzige Botschaft. Im Anschluss lädt Mohammed Mursi zu sich nach Hause ein. Seine Frau und seine Schwester haben gekocht: gefüllte Kohlblätter und Grillhähnchen für die Nachbarn, die Journalisten und das Wahlkampfteam aus Kairo. Mohammed Mursi will an diesem Tag nur ein paar nichtssagende Phrasen ins Mikrofon sprechen, aber seine Frau steht bereit: »Es ist eine Pflicht, die uns auferlegt wurde. Unser Land braucht jetzt meinen Mann, und meine Rolle ist, ihm dabei zu helfen«, sagt Nagla Mahmud. Sie trägt ein altrosafarbenes Kopftuch, das auch Schultern und Brust bedeckt. Wie viele sehr religiöse Menschen strahlt sie Ruhe und eine gewisse Überlegenheit aus. Ihren zehn Jahre älteren Cousin heiratete sie im Alter von 17 Jahren. Sie erzählt, wie sie gemeinsam in die USA gegangen sind und wie ihr Mann an der Universität von Kalifornien Muslimbruder wurde. »Wir waren vorher nicht sehr religiös, aber nun begannen wir, uns mit dem Islam zu beschäftigen.« Auf die Frage, wie sie ihre Rolle als First Lady ausfüllen werde, zuckt sie die Schultern: »Ich verstehe mich eher als erste Dienerin des Volkes, und man wird mir sicher im richtigen Moment sagen, was von mir erwartet wird«, erklärt sie. Ihre einfache Art, die auf dem Lande gut ankommt, beeindruckt die jungen Städter wenig. Auf Facebook meinen manche später, sie sei nicht schick genug für eine Präsidentengattin, eben eine Bäuerin, ungebildet und nicht vorzeigbar.

Der Wahlkampfauftritt des zwischenzeitlichen Premierministers Ahmed Schafik sieht dagegen ganz anders aus. Lange hatte sein Beraterteam alle Interviewanfragen abgebügelt, und begleiten lassen wollte er sich auch nicht. Kurz vor der Wahl lädt er dann aber doch ins prächtige JW-Mariott-Hotel ein. Ahmed Schafik erklärt in einer Rede, dass in Zukunft Demonstrationen stark eingeschränkt werden sollen. »Wo kommen wir hin, wenn das ganze Land stillsteht, nur weil eine kleine Minderheit ihre Forderungen durchsetzen will?«, fragt er. Kurz zuvor hatte er mit der Aussage Schlagzeilen gemacht, dass er Mikrobusfahrer, die sich nicht an die Regeln halten, schärfer bestrafen wolle: Sogar über Hinrichtung müsse nachgedacht werden. Taxifahrern hingegen verspricht er, ihnen die Schulden zu erlassen. Eine kluge Strategie. Nirgendwo wird in Ägypten so intensiv über Politik diskutiert wie im Taxi. Als er mit seinen Ausführungen fertig ist, steht Ahmed Schafik auf und geht. Gerade als die Journalisten darüber murren, dass sie keine Fragen stellen dürfen, öffnet sich die Tür zu einem überladenen Buffet. Die Kritik bleibt den Journalisten regelrecht im Halse stecken.

In den Wochen vor der Wahl gibt es immer wieder Versuche, Wahlallianzen zu schließen. Doch vergeblich. »Die Präsidentschaftswahl 2012 war der Moment, in dem die Revolution scheiterte. Diese arroganten Egoisten!«, schimpft die Aktivistin Esraa Abdel Fattach: »Da haben wir uns abgerackert, die Menschen auf die Straßen gebracht, bis wir die Regierung gestürzt haben. Damit hatten wir unsere Aufgabe erfüllt, und nun kam die Reihe an die Politiker in der Opposition. Und was machen die? Fahren alles gegen die Wand, weil keiner in der Lage ist zurückzustecken«, sagt sie. So wird etwa Amr Mussa bei einer Pressekonferenz gefragt, ob er sich vorstellen könne, sich mit Abdel Moneim Abu Futuch zusammenzutun: Einer werde Präsident und der andere sein Vize. Die Antwort ist bezeichnend: »Das ist eine ganz hervorragende Idee«, so Amr Mussa. Er habe gar nichts dagegen, wenn der verehrte Kollege seine Kandidatur zurückziehe und sein Vize werde. Andersherum allerdings könne er sich die Aufgabenteilung nicht vorstellen: »Ich bin nicht der Typ für die zweite Reihe«, sagt er.

Dann kommt der Wahltag. Ein strahlend schöner Tag voller Überraschungen, positiver Überraschungen. Ich gehe in ein Wahllokal im Viertel Dar al-Salam. Es ist ein ganz normales Viertel in Kairo. Die Menschen sind eher arm als reich, die Infrastruktur ist marode, und die Straßen sind überfüllt. Vor dem Schulzentrum stehen die Wähler geduldig in langen Schlangen. Anders als bei der Parlamentswahl sind die Menschen jedoch zurückhaltender, wenn es darum geht, ihre Wahlabsicht zu verraten. Also versuche ich es zu erraten. Ein lustiges Spiel, denn ich liege ständig daneben. »Ich bin gegen die Korruption und das alte Regime. Das Wichtigste ist soziale Gerechtigkeit«, fasst ein Mann mit grauem Bart seine Ziele zusammen. Natürlich tippe ich sofort darauf, dass er Mohammed Mursi wählen wird. Er reagiert empört: »Nee, das denkst du jetzt bloß, weil ich diesen Bart trage«, entgegnet er. Tatsächlich habe er bei den Parlamentswahlen noch die Partei der Muslimbrüder gewählt. Er sei aber von ihrer Arbeit enttäuscht, weil sie die Religion für ihre Zwecke missbrauchen: »Deswegen wähle ich jetzt Hamdin Sabachi«, sagt er und freut sich über meine Verwunderung darüber, dass er dem Journalisten aus dem Kreis der Tahrir-Aktivisten seine

Stimme geben will. Als Nächstes erzählt mir eine Frau mit langen offenen Haaren, wie sehr sie unter der Unsicherheit auf den Straßen leide: »Sicherheit und Ordnung müssen die Prioritäten des Präsidenten sein.« Natürlich halte ich sie für eine Ahmed-Schafik-Wählerin, die auf das alte System setzt. Doch sie raunt mir dann zu, dass sie Abdel Moneim Abu Futuch, den früheren Muslimbruder, wählen werde. Danach spreche ich mit zwei Jungen. Sie tragen Kapuzenshirts und wirken auch sonst wie Aktivisten der Revolution: »Die Märtyrer der Revolution dürfen nicht vergessen werden«, sagen sie, und ich tippe auf den Menschenrechtsanwalt Khaled Ali. Sie schauen mich entsetzt an: »Nein, wir wählen Ahmed Schafik. Er ist der Einzige, der uns gegen die Islamisten beschützen kann. Schließlich sind wir Christen!«, sagt der eine und dreht kurz sein Handgelenk um, so dass ich das eintätowierte Kreuz an seiner Pulsader sehen kann. Das Meinungsdurcheinander am Wahltag ist typisch: Viele Wähler wissen weder, wofür die Kandidaten stehen, noch, was sie eigentlich wollen. »Ist das nicht toll? Wir sind hier in der Schule der Demokratie!«, sagt der Mann mit dem grauen Bart, der meine Wählerbefragung beobachtet hat.

Mit dem Wahlergebnis folgt die große Ernüchterung. Mohammed Mursi von den Muslimbrüdern gewinnt, und Ahmed Schafik, der frühere Mubarak-Minister, landet auf Platz zwei. Im zweiten Wahlgang treten sie gegeneinander an. »Das haben wir nicht verdient!«, empört sich die Aktivistin Hadir Faruk: »Wir haben doch nicht Revolution gemacht, um dann die Wahl zwischen Pest und Cholera zu bekommen: Entweder wir bringen bei den ersten Wahlen nach der Revolution das alte Regime zurück oder nehmen einen autoritären Betonkopf mit Bart. Da können wir die Hoffnung auf Demokratie gleich begraben!«, schimpft Hadir Faruk. Die 30-Jährige mit dem enganliegenden Kopftuch, das ihren Haaransatz freilässt, spricht mit heiserer Stimme.

Kennengelernt habe ich sie 2011 bei der Gründungsversammlung einer revolutionären Jugendpartei, der es aber nicht gelungen ist, genügend Unterschriften zusammenzubringen, um tatsächlich als politische Partei registriert zu werden. Zu dem Zeitpunkt war Hadir Faruk noch Ehefrau und Mutter in einem Kairoer Mittelschichtsvorort. Die eigentliche Revolution hatte sie mit ihren Kindern auf dem Fußballplatz verbracht, erst nach dem Sturz Mubaraks packte es sie. Sie beschloss, sich nicht mehr um die Kommentare ihrer Schwiegermutter zu kümmern, und ging zu den Demonstrationen. »Dabei stellte ich fest, dass ich zwar fürs Steinewerfen und den Straßenkampf ungeeignet bin, aber ich habe keine Angst und eine laute Stimme. Ich bin deswegen gut darin, Demonstrationen zu führen«, sagt sie. Ihrer Schwiegermutter gefällt es nicht, dass sie ständig im Fernsehen gezeigt wird. Oft trägt sie Kopftücher in den ägyptischen Nationalfarben und wird von Mitdemonstranten auf den Schultern getragen. Die Schwiegermutter macht so lange Druck, bis ihr Sohn sich scheiden lässt. Hadir Faruk hat zwar kein Geld mehr, aber sie ist frei. »Ich lebe für die Revolution, und ich werde nicht zulassen, dass sie scheitert. Uns die Wahl zwischen Schafik und Mursi anzubieten ist eine Zumutung!«, sagt sie. Sie ist mit ihrer Empörung nicht allein. Viele boykottieren den zweiten Wahltag.

»Damit macht man es sich zu einfach«, entgegnet Ahmed Maher von der Bewegung des 6. April. Auch er ist mit der Wahl sehr unzufrieden, aber freie Wahlen waren das, wofür er gekämpft hat. Also wählt er Mohammed Mursi. »Nicht, weil ich ihn mag, im Gegenteil. Aber es gilt zu verhindern, dass das alte Regime zurückkommt«, erklärt er. Viele andere sehen hingegen Ahmed Schafik als das kleinere Übel: »Wenn schon Diktatur, dann möchte ich dabei wenigstens Bikini tragen dürfen. Wenn es meinen persönlichen Lebensstil angeht, dann lieber eine neue Militärdiktatur als eine Islamistenherrschaft«, sagt Dina Murad, eine Hausfrau aus meinem Bekanntenkreis.

Beide Kandidaten mobilisieren verbissen und hetzen immer hemmungsloser gegen den anderen. So behauptet die Zeitung »Al-Dustur« (Die Verfassung), dass Mohammed Mursi mit Hepatitis C infiziert sei. Islamistische Sender hingegen warnen vor der Gefahr, dass Ägypten in die Hand von Ungläubigen fallen könnte, obwohl man doch jetzt kurz vor dem Ziel stehe, einen islamischen Staat zu errichten. Drei Tage vor dem zweiten Wahlgang löst das Verfassungsgericht das Parlament auf. Wie zuvor schon von vielen befürchtet, sehen die Richter die umstrittene Regelung, dass auch Parteimitglieder als Unabhängige kandidieren können, als verfassungswidrig an.

Der Hohe Rat des Militärs erlässt zugleich ein Dekret, wonach die Gesetzgebung vom Militärrat übernommen wird. Zudem werden dem Präsidenten wichtige Befugnisse entzogen, zum Beispiel die Entscheidung über Krieg und Frieden. Viele Ägypter feiern diese Entscheidung, weil sie sich freuen, dass die Islamisten mit dem Parlament nun ihre Bühne verloren haben. Dass zugleich das Militär die Macht an sich gerissen hat, sehen sie nicht als Problem.

Am Tag der Stichwahl gehe ich wieder zum gleichen Wahllokal in Dar al-Salam. Welch ein Kontrast zum letzten Mal! Die wenigen Wähler, die sich am Nachmittag eingefunden haben, machen einen niedergeschlagenen Eindruck. »Wir wären besser dran, wenn wir Mubarak behalten hätten«, so ein Mann im Anzug: »Damals gab es keine Wahl, weil es nun einmal keine Wahl gab, heute haben wir auch keine echte Wahl, aber das haben wir selbst verbockt. Wir sind wohl nicht reif die Demokratie.«

Tatsächlich hat der Präsidentschaftswahlkampf 2012 mit all seinen Ränkünen, Verleumdungen und äußeren Eingriffen stark dazu beigetragen, dass viele Ägypter den frisch gewonnenen Glauben an die Demokratie bald wieder verloren haben. Freie Wahlen erscheinen vielen nicht mehr als erstrebenswertes Ziel.

Am Abend wird gezählt, und alle schauen zu. In den Wahllokalen haben TV-Sender Live-Kameras im Einsatz, und wenn Zahlen vorliegen, dann werden diese in den Studios addiert. Gegen 22 Uhr zeichnet sich ein Wahlsieg Mursis ab, und die Muslimbruderschaft erklärt ihn feierlich zum Sieger. Der Moderatorin Lamis al-Hadidi ist das Entsetzen anzumerken, und sie weiß auch gleich, wen sie für den Wahlsieg Mursis verantwortlich machen kann: »Schuld sind die Länder des Westens, allen voran die EU und Deutschland. Die haben der Muslimbruderschaft zum Wahlsieg verholfen«, sagt sie mit erhobenem Zeigefinger in die Kamera. Die Frage, warum sie das getan haben sollen, beantwortet sie gleich selbst: »Das ist doch klar! Die Europäer haben Probleme mit ihren Salafisten. Deswegen unterstützen sie Mursi, damit er aus Ägypten einen islamischen Staat macht und dann alle Salafisten hierher auswandern wollen. Damit sind die Europäer das Problem los, und was aus uns liberalen Ägyptern wird, ist denen schnurzpiepegal!«

Das offizielle Wahlergebnis wird erst eine Woche später bekanntgegeben. Es ist zwar knapp, aber eindeutig: 51,7 Prozent der Stimmen für Mohammed Mursi. Er ist damit der erste frei gewählte Präsident und noch dazu der erste Zivilist seit dem Putsch der Freien Offiziere 1952.

Ägyptens zweite Chance

Die Amtseinführung folgt am 30. Juni 2012: Die offizielle Vereidigung findet vor den Richtern des Verfassungsgerichts statt. Ausgerechnet. Viel lieber würde Mursi, das sagt er mehrfach in Interviews, vor dem Volk seinen Eid ablegen, denn mehrere der Richter hatten während des Wahlkampfes kräftig gegen ihn gehetzt. Das tut er dann auch, natürlich auf dem Tahrir-Platz. Bester Laune tritt er auf eine Bühne. Lässig schlägt er das Nadelstreifenjackett zur Seite: »Ich habe keine Angst vor euch!«, ruft er und spielt auf seinen Vorgänger an: Mubarak trat nie ohne schusssichere Weste auf. Mursi verspricht in dieser Rede, dass er nicht gegen den Willen des Volkes regieren werde: »Wenn es zu Protesten gegen mich kommt, werde ich gehen!« Zigtausende jubeln ihm zu, schwenken ägyptische Fahnen.

»Ich habe Mursi wie angekündigt nicht gewählt, aber als ich ihn da so auf dem Tahrir-Platz sah, da war ich doch stolz. Es ist doch schön, dass wir jetzt einen gewählten Präsidenten haben«, sagt Dina Murad, die Freundin, die ihren Bikini in ihre Wahlentscheidung miteinbezogen hat. Ihr Stolz auf den Präsidenten hindert sie allerdings nicht daran, in den nächsten Wochen fast ausschließlich Tops mit Spaghettiträgern zu tragen. Aus Prinzip. »Nur um das klarzustellen: Ich ziehe an, was mir gefällt, und wenn irgendein Fundi mir das verbieten will, kann der etwas erleben«, sagt sie.

Viele Ägypter teilen Dina Murads Auffassung, und so bekommt Mohammed Mursi trotz der vielen Vorbehalte einen Vertrauensvorschuss. »Die Wahl ist sozusagen unsere zweite Chance«, so der Al-Ahram-Journalist Abdelathim Hamad: »Mohammed Mursi hat es ja kurz vor seiner Wahl geschafft, wichtige Oppositionskräfte für sich zu gewinnen«, so der Journalist. Zu den Unterstützern zählen prominente Revolutionsaktivisten wie Ahmed Maher und Wael Ghoneim, aber auch Vertreter von liberalen und linken Parteien. »Wir wussten, was von der Muslimbruderschaft zu halten ist und dass sie zuvor auch mit dem Militärrat gemeinsame Sache gemacht hat; gegen uns. Aber wir mussten doch verhindern, dass das alte Regime zurückkommt«, so Ahmed Maher von der Bewegung 6. April. Im Gegenzug bekamen sie die Zusage, dass Mohammed Mursi eine Regierung der nationalen Einheit aufstellt und die Opposition integriert, auch bei der Ernennung von Beratern. Schnell zeigt sich aber, dass Mursi nicht darauf setzt, das andere politische Lager einzubeziehen und Brücken zu bauen. Dabei tun sich schon bald Chancen dazu auf.

Es beginnt bei der Neuberufung einer Verfassungskommission. Die im März von den Militärs eingesetzte Kommission zur Ausarbeitung einer neuen Verfassung war zuvor vom Verfassungsgericht aufgelöst worden Doch statt einige bekannte nichtislamistische Intellektuelle in die Versammlung zu berufen, prägen Islamisten das Gremium und die weitere Diskussion um dieses wichtige Grundlagenwerk. Innerhalb kürzester Zeit verliert die Verfassungskommission ihr Ansehen in der Öffentlichkeit. Mohammed al-Baradei und Hamdin Sabachi fordern einen Boykott der Versammlung, und fast alle Nicht-Islamisten verlassen sie.

Mit Hischam Kandil beruft Mohammed Mursi sodann einen Premierminister, der seit seiner Jugend Mitglied der Muslimbruderschaft ist. Ein Kabinett der nationalen Einheit sieht anders aus. Ganz offensichtlich geht es Mursi zuallererst um die Machtsicherung für seine Organisation. Die Schaltstellen in Politik und Verwaltung werden mit Parteigängern besetzt. »Die Muslimbrüder handelten wie das alte Regime. Statt die Institutionen zu reformieren, wollen sie sie kontrollieren. Nicht einmal das Innenministerium, unter dem sie ja selbst in der Vergangenheit so gelitten hatten, krempelten sie um«, so der Menschenrechtsaktivist Khaled Abdel Hamid.

»Ich war durchaus bereit, mit Mursi zusammenzuarbeiten, und gehöre wohl zu denen, die ihm die meiste Geduld entgegenbrachten«, berichtet Ahmed Maher, der Mitbegründer der Bewegung des 6. April: »Ich bin mehrmals zu Treffen in den Präsidentenpalast gegangen. Dabei wurde immer deutlicher, dass Mursi nicht allein handeln kann und vor Entscheidungen offensichtlich die Führer der Muslimbruderschaft, Khairat al-Schater und Mohammed Badia, fragen muss. Er hat Zusagen gemacht, die dann nicht eingehalten wurden. Nach vier solcher Treffen hatte ich die Nase voll«, so Ahmed Maher.

Unser Gespräch findet Anfang November 2012 in einem Café in der Innenstadt von Kairo statt. Während des Gesprächs kommt eine Frau vorbei, spuckt Ahmed Maher vor die Füße. Für viele Ägypter steht er sehr weit oben auf der Hassliste. Sie machen ihn dafür verantwortlich, die Revolution angezettelt und dann aber Mohammed Mursi zur Präsidentschaft verholfen zu haben. Ahmed Maher zuckt die Achseln: »Ich bereue nichts!«, sagt er und deutet an, dass er schon den nächsten Aufstand im Blick hat. »Es ist inzwischen eine neue Generation von Aktivisten herangewachsen. Sie haben weniger Geduld als wir, und ich glaube, wir werden bald mehr von ihnen hören. Die Muslimbrüder werden nicht bleiben«, erklärt er.

Die Muslimbrüder: Was glauben sie eigentlich?

Die Muslimbruderschaft, gegründet 1928, ist die größte und am besten organisierte politische Kraft Ägyptens. Jeder kennt sie. Oder? Nach der Revolution stellt sich heraus, dass kaum jemand wirklich weiß, wer die Muslimbrüder sind und was sie wollen. Im April 2011 tagt zum ersten Mal seit 15 Jahren der Maglis al-Schura (Rat der Beratung). Es ist die Versammlung der Führer der Muslimbruderschaft. Die Sitzung ist öffentlich, es gibt sogar im Anschluss eine Pressekonferenz. Beschlossen wird die Gründung der Partei der Freiheit und Gerechtigkeit, und es wird die Parteiführung gewählt: Mohammed Mursi wird Parteivorsitzender, Eissam al-Erian und Saad al-Katatni bekommen wichtige Führungspositionen, ebenso Khairat al-Schater, der zudem seine Schlüsselrolle im entscheidenden Maktab al-Irschad (Führungsbüro) behält. Die Tagung des Schura-Rates markiert einen Wendepunkt. Befragt danach, wann ihrer Meinung nach die Revolution scheiterte, nannten viele Aktivisten diese Versammlung. Bis dahin lebte die Hoffnung, dass die Muslimbruderschaft, die von Jahrzehnten der Untergrundarbeit geprägt ist, einen echten Neuanfang wagt, sich öffnet und demokratischer wird. In den ersten Wochen nach dem Sturz von Hosni Mubarak war von einer regelrechten Revolution innerhalb der Bruderschaft die Rede. Ganz besonders die Tatsache, dass sich viele junge Brüder und vor allem Schwestern über die Anweisung der Führung hinweggesetzt und sich so wie Iman Mohammed an den Protesten im Januar 2011 von Anfang an beteiligt hatten, schien die hierarchische Organisation aufgerüttelt zu haben »Die beste Nachricht dieses Frühlings ist, dass in der Organisation endlich diskutiert wird«, so Ahmed Akil, als wir uns kurz vor der ersten Sitzung des Schura-Rates treffen. Es sei an der Zeit, dass mehr Transparenz eingeführt werde: »Wir müssen doch wissen, wer bei uns Mitglied ist, woher das Geld kommt und wer entscheidet, wofür es ausgegeben wird«, sagt er. All das sei bisher geheim gehalten worden, um die Organisation zu schützen, doch nun, da die Verfolgung vorbei sei, solle alles anders werden.

Doch die Sitzung des Schura-Rates beendet diese Phase der Hoffnung. Die jungen Aufmüpfigen kommen kaum zu Wort. Bei den Wahlen kommt statt ihrer die einflussreiche Mittelgeneration zum Zuge, und von dieser werden ausgerechnet die Konservativen und wenig weltoffenen ausgewählt: Mohammed Mursi gilt unter den jungen Brüdern als bürokratischer Betonkopf. Viele von ihnen verlassen die Organisation, es entsteht eine neue Szene aus Ex-Brüdern und -Schwestern. Sie sind jung, kreativ und voller Ideen.

Es ist wohl die Angst vor Veränderung, weshalb die Bruderschaft sie nicht integriert und gehen lässt. Zudem wollten die Führer offenbar ihre Geheimstruktur bewahren, um im Falle einer Konterrevolution in den Untergrundmodus zurückkehren zu können. Die Entwicklung gibt ihnen im Nachhinein recht, aber vielleicht wäre es gar nicht erst dazu gekommen, hätte sich die Muslimbruderschaft geöffnet und mit voller Kraft für eine Demokratisierung eingesetzt.

Die Muslimbrüder können 2011 auf ihre im Untergrund erprobte gute Organisation zurückgreifen. Schnell machen sie im ganzen Land Büros auf. So auch in meinem Stadtteil Maadi. Anfang Oktober 2011 besuche ich die Frauengruppe in dem kleinen Laden-lokal, das sie gerade eröffnet haben: »Wir wollen den Menschen in unserem Umfeld helfen. Wir wissen, was gebraucht wird, weil es ja unsere Nachbarn sind und sie genauso leben wie wir«, erklärt Umm Yumna, die Leiterin der Frauengruppe. Es sei das Prinzip der Muslimbruderschaft, dass jede Untergruppe ihre Aktivitäten darauf abstimmt, was gebraucht werde: »In Maadi lebt vor allem die Mit-telschicht, und die Frauen hier wollen ihre Kinder gut erziehen und sie schulisch fördern.« Viele Kinder bräuchten Nachhilfeunterricht, das überfordere die Familien oft finanziell: »Also bieten wir Nach-hilfe für wenig Geld an. Es gibt unter unseren Mitgliedern genügend Akademikerinnen, die neben ihrer Rolle als Mutter gern noch eine Aufgabe übernehmen. Wir offerieren auch andere Aktivitäten für Kinder: Korankurse, Basteln, Sport«, sagt sie. Zudem bietet sie Ehe-und Familienberatung an: »Scheidung und Zwist in der Familie ist in dieser Schicht ein großes Thema. Viele Frauen sind überfordert, und wir versuchen, ihnen zu helfen, sich mit ihrer Rolle als Frau und Mutter zu versöhnen.« Ich bin erstaunt, denn ich hätte erwar-tet, dass die Muslimbruderschaft sich auf die Hilfe für Notleiden-de konzentrieren und vor allem in Armenvierteln arbeiten würde. »Das machen wir auch, aber unter einem anderen Blickwinkel: Wir wissen, dass es den Frauen aus unserem Viertel guttut, wenn sie sich für die Armen engagieren und in wohltätigen Projekten aktiv werden. Deswegen sind wir auch wohltätig. Unsere Zielgruppe sind aber die Mittelschichtsfrauen hier«, erklärt sie. Für die eigentliche Arbeit in den Armenvierteln seien andere Gruppen innerhalb der Bruderschaft zuständig.

»Unser Prinzip nennen wir Wasatia«, sagt Usama Nur al-Din. Der 36-Jährige ist Leiter der Forschungs- und Strategieabteilung der Partei für Freiheit und Gerechtigkeit. Ich treffe ihn im Dezember 2012 zu einem langen Gespräch. Es geht um eine Frage, die mir bis-her noch keiner so richtig beantwortet hat. Oder hatte ich sie nur nicht richtig gestellt? Zumindest ist mir aus keinem meiner vielen Interviews mit Muslimbrüdern je klar geworden, woran die Brüder eigentlich glauben. Was macht einen Muslimbruder aus? Was unter-scheidet ihn von anderen gläubigen Muslimen? »Wir unterscheiden uns gar nicht von anderen Muslimen, und genau das ist uns wichtig«, sagt Usama Nur al-Din. Das Prinzip des Wasatia stehe für den Mittelweg. »Das gilt für alle Bereiche. Wir sind immer in der Mitte. Wir folgen dem moderaten Weg im Islam: Weder zu radikal noch zu entspannt, und das gilt auch für den Lebenswandel. Wir mögen die Extreme nicht und passen uns weitgehend an das an, was unsere Umwelt für angemessen erachtet«, erklärt er. »Das gilt auch für die Politik: Wir sind feinfühlig für die Stimmung. Wir wollen mit den Menschen vorwärtsgehen und alle mitnehmen.« Die Mitglieder hätten die Aufgabe, sich an ihre Mitmenschen zu heften: »Wenn Sie meine Nachbarin wären, dann würde ich mich bemühen herauszufinden, was Sie interessiert, und so lange an Ihnen dranbleiben, bis Sie mitmachen. Irgendwann werden Sie dann auch mitgehen in die Moschee«, sagt er. In diesem Moment fallen mir die SMS der Frauen aus meinem Viertel ein. Tatsächlich haben sie mich immer wieder eingeladen: zu Gesprächsrunden und zu Spielnachmittagen für Frauen und Kinder.

Kein Wunder also, dass es so schwierig ist, die eigentlichen Überzeugungen der Muslimbruderschaft zu benennen. Statt feste Positionen zu formulieren, passt sich die Muslimbruderschaft immer der Stimmung in der Bevölkerung an. Ein zentrales Ziel seit der Gründung ist die Stärkung des Islam – damals als Gegengewicht zu den britischen Kolonialherren – und die Überzeugung anderer von der Richtigkeit der islamischen Lebensvorstellungen. Ihre Basis ist in den armen Schichten besonders groß, es gibt aber auch Muslimbrüder in allen anderen Ebenen der Gesellschaft.

Verbunden sind sie in einer gut strukturierten Organisation. »Es gibt eine klare Empfehlung des Propheten Mohammed, starke Organisationen zu gründen. Die Muslimbruderschaft ist eine solche!«, sagt Usama Nur al-Din. Sie zu stärken und voranzubringen ist mehr als nur strategisches Interesse der Mitglieder, es wird als religiöse Pflicht gesehen. Aus Sicherheitsgründen war bis 2011 nicht bekannt, wer Mitglied ist und wer nicht. Ebenso blieb im Dunkeln, wie die Muslimbrüder organisatorisch verfasst sind: Wie wird man Mitglied und was passiert dann?

Mit der Austrittswelle 2011 gibt es Antworten auf diese Fragen.

Iman Mohammed etwa hat mit der einst verordneten Verschwiegenheit gebrochen. Die meisten jungen Brüder und Schwestern sind bereits als Kinder dazugekommen, erzählt sie und deutet auf sich und die beiden jungen Männer, die mit ihr am Tisch des Büchercafés in der Innenstadt von Kairo sitzen. »Anfangs kommt man in den äußeren Kreis und muss sich bewähren. Dann wird man befördert. Insgesamt gibt es sechs Stufen«, sagt der eine der beiden Männer, ein Journalist. Iman Mohammeds Stirn wirft eine Zornesfalte: »Nein, die gibt es eben nicht: Nur die Männer haben sechs Stufen, aber für Frauen ist nach vier Stufen Schluss, und damit kommen wir halt nie in die Führungsetagen. Auch deswegen mache ich nicht mehr mit«, sagt sie. Sie hat aber auch gute Erinnerungen, an das Zeltlager am Mittelmeer zum Beispiel. Immer wieder gab es Berichte, dass es in den Sommercamps der Bruderschaft auch militärisches Training gab. »Naja, geschossen haben wir nicht, aber es war zackig«, so der andere junge Mann.

Die ersten Monate nach dem Sturz Mubaraks bemühte sich die Muslimbruderschaft darum, ihren Machtdrang herunterzuspielen. Sie versicherte, dass sie nicht zu viel Macht wolle. Bei den Parlamentswahlen werde man nicht in allen Wahlkreisen antreten und sowieso keinen Präsidentschaftskandidaten aufstellen. Ganz offensichtlich ging es darum, die Ägypter zunächst zu beruhigen. »Die Leute haben Angst, und das ist kein Wunder. Die Medien haben uns seit Jahrzehnten als gefährlich beschrieben«, so Ahmed Akil. Viele Ägypter fürchten, dass die ägyptische Revolution so wie die iranische von 1979 von den Religiösen vereinnahmt werden könnte. Die Brüder selber fürchten eher ein anderes Szenario: In Algerien gewann 1991 der Front Islamique du Salut (Islamische Wohlfahrtsfront) die Wahlen und wurde dann – mit Zustimmung der USA und Europas – vom Militär abgesetzt. Es folgte ein blutiger Bürgerkrieg.

Es gibt aber auch in der Bruderschaft interne Bedenken, was die eigene Regierungsfähigkeit angeht. Sie verfügen zwar durch formal unabhängige Kandidaten über eine lange Erfahrung im Parlament, aber bislang trugen sie nie Verantwortung. In der Rolle der Opposition versuchten sie lediglich, ihre Positionen gegen die Mehrheit von regimetreuen Parlamentariern klarzustellen. Im neuen Parlament nun haben sie die Mehrheit und das Sagen. Da ist keine große Zurückhaltung mehr erforderlich, aber es fehlt doch erkennbar vielerorts an Sachkenntnis.

Noch deutlicher zeigt sich die Überforderung, als Mohammed Mursi im Juni 2012 die Präsidentschaft antritt. »Zuerst haben wir gar nicht realisiert, was das Problem mit dieser Regierung von Mursi ist. Wir dachten, dass die gut organisierte Bruderschaft natürlich kompetente Fachleute und Politiker in ihren Reihen hat«, so Hussein Gohar von der Sozialdemokratischen Partei. Nach einigen Wochen an der Macht sei dann aber eines ganz offen zutage getreten: »Die Muslimbrüder können es nicht. Das Problem ist nicht, dass sie eine religiöse Partei sind. Das Problem ist ihre Unfähigkeit«, so seine ernüchternde Einschätzung.

Im November 2012 treffe ich in Kuwait einen der dortigen Führer der Muslimbruderschaft. Auch er teilt die Kritik, möchte aber seinen Namen lieber nicht veröffentlicht wissen. »Die Muslimbrüder sind noch nicht in der Lage zu regieren«, sagt er. Das Schlimmste an dem Scheitern des Projektes einer Muslimbrüderregierung in Ägypten sei, dass dadurch das Ansehen der ganzen Organisation leide.

Treibende Kraft hinter der Entscheidung, doch nach der Macht zu streben, ist Khairat al-Schater. Er gilt als wichtigster und mächtigster Mann der Bruderschaft. Als Student war er noch Kommunist, spielte aber bald nach seinem Wechsel in die Bruderschaft dort eine wichtige Rolle. Mit seiner Computerfirma Salsabil machte er ein Vermögen. Dies wiederum stellte er in den Dienst der Bruderschaft, und umgekehrt unterstützte diese ihn. Er wandelte die fromme Organisation in ein Wirtschaftsimperium um – natürlich alles konspirativ. Er gehört zu einem engen Kreis von Brüdern, die 2006 einen Plan entwickelten, die Macht zu übernehmen, so beschreibt es Haitham Abu Khalil, ein Aussteiger aus der Bruderschaft, in einem Buch.[1] Enger Zusammenhalt, Gehorsam und paramilitärisches Training, das sei Khairat al-Schaters Erfolgsrezept. Der Islamismus diene in erster Linie als Fassade für sein Machtstreben.

Bei einer Konferenz zu Ehren der Frauen der Bewegung ist Khairat al-Schater der Hauptredner. Ein Bär von einem Mann, mit einem schwarzen Anzug und grauem Bart, so tritt er ans Mikrofon: »Ägypten soll nach der Scharia regiert werden. Das ist unser Weg«, sagt er und spricht dann über die Schönheit der muslimischen Frau, die sich erst ganz entwickelt, wenn sie sich dem Mann unterordnet. Die Frauen jubeln.

Al-Schater ist keiner, dem man widersprechen mag. Er bekommt, was er will. Zwar darf er selbst wegen einer früheren Strafe nicht zur Wahl antreten, mit dem uncharismatischen Parteisoldaten Mohammed Mursi hat er jedoch einen verlässlichen Befehlsempfänger im Präsidentenpalast. Durch seine Verbindungen in die Wirtschaft sorgt al-Schater für die notwendige Finanzierung, und es entsteht schnell eine Wirtschaftsclique rund um die Regierung, die sehr an die Strukturen von Gamal Mubarak erinnert. Allerdings bedient er nur seine eigene Klientel. Das führt dazu, dass sich die alte Wirtschaftselite verstärkt gegen die Muslimbruderregierung wendet: Die Entstehung einer neuen korrupten Verflechtung zwischen Politik und Wirtschaft, von der sie aber ausgeschlossen sind, ist für die alten Eliten eine unerträgliche Vorstellung.

Die Muslimbruderschaft hat mit diesem Vorgehen dazu beigetragen, dass der demokratische Neuanfang in Ägypten alsbald kläglich scheitert. Das liegt auch daran, dass es nicht gelingt, die Organisation grundlegend zu reformieren und zu öffnen. Die alten intransparenten Geheimstrukturen und Hierarchien werden beibehalten. Zugleich geht die Führung ungeschriebene Vereinbarungen mit der alten Regierung ein und passt sich allzu sehr an die Struktur des alten Regimes an. Dadurch wird verhindert, dass die Bruderschaft zur treibenden Kraft für den demokratischen Neuanfang wird. Eigentlich hätten die Muslimbrüder in der Zeit ihrer politischen Dominanz ideale Voraussetzungen, um dauerhaft eine große Akzeptanz in der Bevölkerung zu erlangen. Doch letztlich stehen sie sich selbst im Wege. Sie wenden sich offiziell an alle Bürger Ägyptens, alle sollen mitmachen, aber zugleich fallen die Entscheidungen geheim in einem kleinen Zirkel. Und es kann eben nicht jeder ein Muslimbruder werden. Der Blogger Mahmud Salem bringt es in einem Kommentar für die Zeitschrift Daily News auf den Punkt: Auch die Freien Offiziere seien von der besseren ägyptischen Gesellschaft zunächst als Parvenus verachtet worden. Der Unterschied zwischen den vermeintlichen Revolutionären von 1952 und der Muslimbruderschaft von 2012 bestehe aber darin, dass Letztere nicht zugänglich seien. »Die Freien Offiziere konnte man heiraten und so in das Familiennetz einbauen. Die Muslimbrüder aber sind schon verheiratet. Miteinander«, schreibt er.

Mohammed Mursi und die Radikalen

Einmal an der Regierung, setzt Präsident Mohammed Mursi auf die Unterstützung der radikalen Islamisten. So gibt er ihnen in der Verfassunggebenden Versammlung eine Bühne, und natürlich sind viele Ägypter entsetzt, als der bekannte Salafist Jassir al-Buraimi dort die Absenkung des Heiratsalters für Mädchen von 16 auf neun Jahre verlangt. Durch Zufall treffe ich Scheich al-Buraimi im Herbst 2012 bei einer Konferenz in Katar. Er ist sogar bereit, mir seine Position zu den Kinderbräuten zu erklären: »Es geht mir darum, den armen Mädchen und ihren Familien zu helfen. Oft ist eine Heirat der einzige Ausweg. Wenn sich die wirtschaftliche Lage im Land verbessert, dann wird sich auch das Thema erübrigen«, sagt er. Er bemerkt, dass sein Argument nicht überzeugt und nimmt einen neuen Anlauf: »Stellen Sie sich einmal vor, in Deutschland gäbe es ein Gesetz, dass Menschen unter 18 verbietet, Geschlechtsverkehr zu haben. Fänden sie das gut?«, fragt er und wartet die Antwort gar nicht erst ab: »Sehen sie! Da sind wir uns doch einig, dass sich der Gesetzgeber nicht allzu sehr in unser Privatleben einmischen soll!« Bevor ich etwas sagen kann, verabschiedet er sich und eilt davon. Später erfahre ich, dass ich mich glücklich schätzen kann, dass er überhaupt mit mir geredet hat. Normalerweise spricht er nämlich nicht mit Frauen.

Die Regierung gibt den Radikalen Spielraum, um sie nicht gegen sich aufzubringen. Immer wieder lassen sie Scheich al-Buraimi und Co. ihre schockierenden Botschaften verbreiten, um dann schnell zu betonen, dass man ihre radikalen Forderungen natürlich

Muslimbrüder demonstrieren mit Plakaten von Mohammed Mursi auf dem Tahrir-Platz, 2012.

nie erfüllen werde. Die Regierung versucht, damit die Opposition in Schach zu halten: »Wenn Sie nun unsere Regierung kritisieren, sollten sie dabei nicht aus dem Blick verlieren, was die Alternative ist«, so Usama Nur al-Din, der Wissenschaftsreferent der Partei der Muslimbrüder: »Sollten wir gestürzt werden, würden als Nächstes die Salafisten die Macht übernehmen. Das wäre doch nun wirklich nicht in Ihrem Interesse, oder?«, fragt er.

Besonders schillernd sind die Beziehungen zwischen der Regierung und den militanten Islamisten, die besonders auf dem Sinai aktiv sind. Dort gibt es seit langem bewaffnete Gruppen, die als Schmuggler agieren. Die Polizei ging hart gegen sie vor, genau wie gegen die Beduinen, die der Unterstützung verdächtigt werden. Willkürliche Verhaftungen und Folter empörten die Menschen, weshalb die Unterstützung der Militanten dort eher noch zunahm. Diese Gruppen scheinen seit 2011 außer Kontrolle zu geraten, da aus Libyen viele Waffen unkontrolliert ins Land kommen. Die Regierung von Mohammed Mursi will die Lage entschärfen und setzt dafür auf seine salafistischen Verbündeten. »Es geht darum, die Brüder dort zu überzeugen, dass sie auf dem falschen Weg sind. Mord und Gewalt sind nicht zielführend«, sagt Magdi Salem, der wegen seiner Beteiligung an Anschlägen gegen die Regierung viele Jahre im Gefängnis gesessen hat und gemeinsam mit den anderen von der Bewegung Gamaat al-Islamia 2011 freikam. Es gehe darum, die radikalen Gruppen zu überzeugen, dass Mursi auch ihr Präsident ist.

Al-Qaida hat in den vergangenen Monaten mehrfach Erklärungen gegen die Muslimbruderschaft und auch gegen die Wahl von Mursi herausgegeben. Dem soll etwas entgegengesetzt werden. Die Idee scheint bestechend: Der Kampf zwischen Regierung und radikalen Islamisten wird durch Verhandlungen beendet, und die Militanten werden ins friedliche Lager herübergezogen. Doch der Preis dafür ist hoch. »Das Hauptargument, mit dem Magdi Salem versuchte, die Militanten auf die Seite der Regierung zu bringen, war doch, dass sie im Grunde an dem gleichen Ziel arbeiteten; nämlich einen islamischen Staat zu errichten. Der Unterschied zwischen beiden Gruppen liegt nur in dem Weg, wie man zu diesem Ziel gelangt. Er versuchte, die Militanten zu überzeugen, der Regierung eine Chance zu lassen, ihren zu diesem Zeitpunkt erfolgversprechenderen Weg auszuprobieren«, so der Wissenschaftler Ahmed Said al-Masri. Mit der Einbeziehung der Radikalen in die staatliche Politik bei einer so wichtigen Angelegenheit wie der inneren Sicherheit war der Spielraum der Regierung auf der anderen Seite – hin zu einer Öffnung zum demokratischen Lager der Tahrir-Aktivisten – extrem eingeengt.

Wie heikel Mursis Flirt mit den Radikalen ist, zeigt sich am 11. September 2012. Zum Jahrestag der Anschläge auf die USA demonstrieren Islamisten vor der US-Botschaft in Kairo. Unter ihnen auch der Bruder des Al-Qaida-Chefs Mohammed al-Sawahiri, der kurz zuvor mit anderen noch im Gefängnis verbliebenen Radikalen begnadigt worden ist. Der Protest richtet sich gegen einen Film über den Propheten Mohammed, den ein in den USA lebender ägyptischer Christ ins Internet gestellt hatte. Als der Protestzug die US-Botschaft in der Nähe des Tahrir-Platzes erreicht, ist dort erstaunlich wenig Polizei im Einsatz, und die Demonstranten klettern ungehindert über die Mauer der Botschaft. Kurze Zeit später weht al-Qaidas Fahne am Flaggenmast der Botschaft. »Es war unglaublich. Niemand stoppte die Demonstranten«, erzählt Eissam al-Din Azam, den ich eineinhalb Jahre zuvor bei der ersten großen Salafisten-Demonstration an gleicher Stelle kennengelernt hatte. Zeitgleich wird auch im libyschen

Bengasi das US-Konsulat angegriffen. Dort mischen sich bewaffnete Milizionäre unter die Demonstranten. US-Botschafter Christopher Stevens, der gerade zu Besuch in der zweitgrößten Stadt des Landes ist, und drei seiner Mitarbeiter werden getötet. Auch in Tunis und in Khartum kommt es zu Angriffen bewaffneter Islamisten.

Der Vorfall bringt Mohammed Mursi in eine schwierige Lage: Es stehen die Beziehungen zu den USA auf dem Spiel. Zugleich will er die radikalen Islamisten nicht gegen sich aufbringen. Sie mobilisieren ohnehin schon gegen ihn, weil er zu gelassen auf den Mohammed-Film reagiert habe. »Wir haben Mursi gewählt, weil er ein Islamist ist, einer von uns«, so Auni Mustafa von der Gamaat al-Islamia. Jetzt aber verrate Mursi die gemeinsame Sache: »Er trifft sich mit liberalen Intellektuellen und eben mit diesen Amerikanern, statt mit uns gegen die Ungläubigen zu protestieren«, schimpft er.

Statt die Radikalen nun in die Schranken zu weisen, bemüht sich Mohammed Mursi weiter, sie einzubinden. Dies geschieht erneut im sensiblen Sicherheitsbereich. Die Bevölkerung leidet unter der wachsenden Kriminalität, denn die Polizei arbeitet noch nicht wieder richtig. Daher setzen viele Ägypter auf private Wachfirmen, um sich zu schützen. Auf diesen Zug springt auch die ehemals militante Gamaat al-Islamia auf und gründet eine Art Miliz in Assiut. Bilder von Bärtigen mit neonfarbenen Westen, die auf schweren Motorrädern durch die Stadt brausen, erscheinen in den Zeitungen. Die selbsternannten Milizionäre sehen ihre Aufgabe nicht nur darin, Kriminalität zu bekämpfen. Sie fühlen sich dem islamischen Motto verpflichtet, auf das sich auch viele Dschihad-Gruppen berufen: Sie wollen »das Gute gebieten und das Verwerfliche unterbinden«. Die Regierung lässt sie gewähren, auch als Berichte von Übergriffen auf unverschleierte Frauen oder auf Liebespaare für Aufregung sorgen. So verliert die Regierung in der breiten Bevölkerung zunehmend an Unterstützung. Im Ausland findet Mohammed Mursi in den ersten Monaten seiner Amtszeit hingegen reichlich Zustimmung.

Mursis Erfolg auf der internationalen Bühne

Mitte November 2012 beginnt die israelische Luftwaffe, den Gaza-Streifen zu bombardieren, nachdem zuvor Raketen von dort auf israelisches Gebiet abgefeuert wurden. Das Bombardement fordert knapp 200 Tote, die überwiegende Mehrheit von ihnen sind palästinensische Zivilisten. Wie würde sich die neue ägyptische Regierung in dieser Situation verhalten? Galt doch die in Gaza regierende Hamas als Partnerorganisation der Muslimbruderschaft. Mursi ist jedoch sehr darauf bedacht, die USA und Europa nicht gegen sich aufzubringen, und bemüht sich, einen für beide Seiten fairen Waffenstillstand zu erreichen. Er nutzt die Beziehungen zur Hamas-Führung und drängt sie zum Einlenken. Zugleich holt er für die Hamas einen historischen Erfolg heraus: Mit dem Waffenstillstandsabkommen vom 21. November erkennt die israelische Regierung erstmals die Hamas als Verhandlungspartner an. Der größte Sieger dieses Waffengangs aber ist Mohammed Mursi. US-Außenministerin Hillary Clinton, die dafür eigens nach Kairo reist, dankt ihm persönlich. Mursi wird auf der außenpolitischen Bühne willkommen geheißen.

Noch während in Kairo alles für die Ankunft von Hillary Clinton vorbereitet wird, bricht am Tahrir-Platz eine neue Straßenschlacht aus. »Mohammed Mahmud 2« werden diese Auseinandersetzungen zwischen Polizei und Demonstranten später genannt. Sie beginnen, als einige Hundert Jugendliche in die Mohammed-Mahmud-Straße ziehen, um dort an die Demonstranten zu erinnern, die vor einem Jahr an gleicher Stelle bei den Ausschreitungen starben. Bei den Kämpfen schießt die Polizei einem 16-jährigen Aktivisten in den Kopf. Er ist Mitglied der Bewegung des 6. April. Jika, wie Gaber Salah von seinen Freunden genannt wird, stirbt kurz danach im Krankenhaus. Das Bild des Teenies, tausendmal als Graffiti an Wände gesprüht, wird zum Symbol des neuen Kampfes. »Wir haben Mursi unterstützt, und nun werden wir genauso von der Polizei erschossen wie unter der Militärregierung. Das kann ja wohl nicht sein«, protestiert ein Demonstrant. Er trägt Gasmaske, um sich gegen das Tränengas zu schützen.

Die Front verläuft jedoch nicht nur zwischen Demonstranten und Polizei. Bei uns im Viertel brennt eines Nachts das Büro der Muslimbruderschaft aus. »Zum Glück war keiner von uns dort«, erzählt Umm Yumna, die Leiterin der Frauengruppe, am nächsten Morgen am Telefon. In der Nacht hätten maskierte Männer die Tür aufgebrochen, das Mobiliar auf die Straße geworfen und dort angezündet: »Sie wollten wohl verhindern, dass das Feuer auf den Rest des Gebäudes übergreift, in dem ja Wohnungen untergebracht sind«, meint sie. Die Nachbarn hätten zugeschaut und nichts unternommen. Der Hass, der ihrer Organisation entgegenschlägt, trifft sie unerwartet. Die Fronten verhärten sich.

Mursi nutzt seinen internationalen Rückenwind und erlässt am Abend des 22. November ein Dekret, in dem er sich die Befugnisse, die der Militärrat dem Präsidenten vor der Amtseinführung im Juni 2012 entzogen hat, wieder zurückholt und zudem den Verfassungsgebungsprozess unter seine Aufsicht stellt. Damit hebt Mursi die Gewaltenteilung teilweise auf. Das Dekret wird von seinen Anhängern als überfälliger Befreiungsschlag gefeiert: Endlich setzt sich der Präsident durch. Bei allen anderen löst das Dekret einen Aufschrei der Empörung aus, und bereits am nächsten Tag ist der Tahrir-Platz so voll wie schon lange nicht mehr.

Der Tahrir-Platz wird wiederbelebt

Es folgen Tage des Aufstands: Abend für Abend füllt sich der Tahrir-Platz, am 27. November wird es besonders voll: »Wir sind mit dem ganzen Büro gekommen, alle Kollegen sind hier«, so Ingi Razek, eine Anwältin in einer internationalen Kanzlei. Sie hat sich auf dem Weg vom Büro hierher noch schnell umgezogen, ihr elegantes Kostüm gegen Jeans und Turnschuhe getauscht. Nun sitzt sie zufrieden lächelnd in einem Zelt und knabbert einen über dem Feuer gerösteten Maiskolben, den sie bei einem Straßenhändler gekauft hat. »Das habe ich zuletzt als Kind gegessen, wenn ich meine Großeltern auf dem Land besucht habe. Das hier ist das wahre Ägypten!«, schwärmt sie. An der Revolution 2011 hat sie sich nicht beteiligt. »Ich habe befürchtet, dass das passieren würde, was jetzt passiert ist: Die Islamisten haben unser Land gestohlen. Jetzt ist es an der Zeit, dass wir es zurückholen. Naja, und ich war natürlich auch immer neugierig und wollte einmal sehen, wie es in diesen Protestzelten auf dem Tahrir ist, die ich immer im Fernsehen gesehen habe«, sagt sie.

»Es ist fast wie 2011, nur die Zusammensetzung der Leute ist anders«, beschreibt Manar Abdallah, eine Universitätsdozentin, die Situation: »Man merkt, dass sich das Land in Lager gespalten hat: Die Islamisten, mit denen wir 2011 noch gemeinsam kämpften, sind jetzt unsere Feinde. Dafür erleben wir gerade deren große Versöhnung mit den Anhängern des alten Regimes.«

Trotz der guten Stimmung haben viele Angst davor, auf den Tahrir-Platz zu gehen. Das gilt insbesondere für Frauen. Mehrere Frauen werden bei den neuen Protesten von großen Männergruppen angegriffen, ihnen werden die Kleider vom Leib gerissen, und eine von ihnen wird sogar vergewaltigt – mitten auf dem Platz, auf dem Zigtausende demonstrieren. Das lässt viele zögern, sich an weiteren Protesten zu beteiligen. So geht es auch Soraya Bahgat, als sie am Abend des 27. November in ihrem Büro sitzt. Die 29-Jährige ist keine Revolutionärin und war 2011 nicht dabei. Nur am 11. Februar 2011, an dem Tag, an dem Expräsident Hosni Mubarak gestürzt wurde, ging sie mit ihrem Freund zum Tahrir. Bis dahin war der Tahrir-Platz für Frauen sicher. Sexuelle Belästigung, sonst alltäglich am Nil, gab es bei den Revolutionären nicht. Am Tag des Mubarak-Sturzes aber wurde Lara Logan, Reporterin eines US-Senders, das erste Opfer. Sie wurde misshandelt, während um sie herum Millionen den Sieg über die Diktatur feierten. Als sie darüber berichtete, glaubte ihr zunächst niemand. »Erst als es häufiger zu solchen Attacken kam, hörte man auf sie«, sagt Soraya Baghat.

Sie arbeitet als Chefin der Personalabteilung einer Immobilienfirma, ist für 450 Mitarbeiter zuständig. »Ich wollte an diesem Abend zum Tahrir-Platz, gegen Mursi demonstrieren, aber ich traute mich nicht«, erzählt sie und ärgert sich, denn Angst passt nicht zu ihrem Selbstbild: »Ich saß da und wünschte mir einen Bodyguard, einen Tahrir-Bodyguard.« Damit war der Name geboren,

Minuten später gab es einen Twitter-Account. Noch am gleichen Tag hatte sie 3000 Follower, und viele männliche Demonstranten boten sich an, die Frauen zu beschützen.

Schon bei der nächsten Demonstration waren die Tahrir-Bodyguards im Einsatz. Sie bauten Aussichtstürme am Rand des Platzes, um die Menschenmenge überblicken zu können. »Von oben sieht ein Übergriff wie ein kochender Ring aus, der sich um ein Zentrum dreht. Man könnte es für eine Schlägerei halten. Aber in der Mitte steckt eine Frau«, sagt Mark Bischara, 37, ein großer Mann mit blondem Bart und grünen Augen. »Wenn wir so etwas sehen, geht ein Team mit fünf Leuten hin. Es muss schnell gehen.« Etwa ein Dutzend Frauen rettet er in den ersten Wochen als Bodyguard.

Auf seinem Rücken trägt er stets seinen Not-Rucksack. Der wichtigste Gegenstand darin: ein Bettlaken. »Ich habe schon mehrfach Frauen gerettet, die nur noch ihre Unterhose anhatten oder weniger. Die wickle ich dann erst einmal in das Bettlaken. Das beruhigt die Situation.«

Eine der Frauen, die er gerettet hat, ist Dina Jakob. Die 29-jährige Tanzlehrerin war mit ihrer Freundin auf dem Tahrir-Platz unterwegs. Da spürte sie plötzlich die Hände. Sie waren überall: unter ihrem T-Shirt, am BH. Grobe, gierige Männerhände. Sie rissen am Bund der Jeans, eine Hand bohrte sich zwischen ihre Beine. »Diesen Händen ging es nicht darum, ihre Lust an mir zu befriedigen. Sie wollten mich verletzen. Im Innersten verletzen.« Was dann geschah, kommt Dina im Nachhinein wie die Szene aus einem Traum vor. »Es wurde gelb um mich herum, und ich sah das Gesicht eines Mannes. Er sagte: Du bist in Sicherheit.« Das war Mark Bischara.

Sexuelle Gewalt gegen die Opposition einzusetzen hat in Ägypten Tradition. Auch unter der Regierung von Hosni Mubarak wurden Frauen gezielt attackiert. Auf diese Weise sollten Familien dazu gebracht werden, ihren Töchtern politisches Engagement zu untersagen. Zugleich wurden die männlichen Demonstranten gedemütigt, waren sie doch offensichtlich unfähig, ihre Frauen zu schützen.

Soraya Bahgat glaubt aber nicht, dass alle Angreifer auf dem Tahrir-Platz gesteuert und bezahlt sind. Dafür ist sexuelle Belästigung auch im Alltag zu weit verbreitet. »Es gibt doch viele junge Männer, die sich toll fühlen, wenn sie Frauen erniedrigen können. Dann fühlen sie sich stark«, sagt sie. Studien haben ergeben, dass 98 Prozent der befragten Frauen in Ägypten schon einmal sexuelle Gewalt erlebt haben. Und über 80 Prozent der männlichen Befragten geben zu, schon einmal eine Frau belästigt zu haben. Bisher traut sich kaum eine Frau, die Täter anzuzeigen. Zu groß ist die Angst vor sozialer Ächtung.

Dina Jakob weiß, was es bedeutet, wenn ein Opfer nicht bereit ist, den Mund zu halten. 2012 wurde sie schon einmal Opfer einer sexuellen Attacke. Da führte sie als Fremdenführerin Touristen durch Kairo. »Ein Mann, der offensichtlich zur Muslimbruderschaft gehörte, begann, mich zu beschimpfen. Ich solle mich ordentlich anziehen«, erzählt sie. Dann schlug er ihr mit der Faust ins Gesicht. Viermal. »Es passierte genau vor der Polizeistation. Doch die Beamten haben angeblich nichts gesehen.« Sie geht an die Öffentlichkeit. »Geändert hat sich nichts, der Täter wurde auch nicht gefasst, aber dafür hat sich mein Verlobter verabschiedet. Wegen des Geredes«, sagt sie. Mit einer schnellen Handbewegung wehrt sie Mitleidsbekundungen ab: »Nee, ist eh besser so. Wozu brauche ich einen Verlobten? Ich habe doch jetzt eine neue Familie«, sagt sie und meint damit die Tahrir-Bodyguards.

Aus Soraya Bahgats spontaner Idee wird schnell eine große Bewegung. Es entstehen noch mehrere weitere Initiativen, die sich ebenfalls um das Thema sexuelle Belästigung kümmern. Auf Facebook entstehen Seiten, auf denen Bilder von Tätern veröffentlicht werden, es kommt sogar zu Fällen spontaner Selbstjustiz, wenn sie gefasst werden. Sexuelle Belästigung ist zu einem Thema geworden. Immerhin das hat die Entwicklung seit 2011 gebracht.

»Yuskut Hukum al-Murschid!« Es stürze die Herrschaft des Führers!

Aus Protest gegen das von Präsident Mursi am 22. November 2012 erlassene Dekret tun sich die ansonsten konkurrierenden Führer der Opposition zusammen. Die Nationale Rettungsfront wird gegründet. Traut vereint sitzen nun Mubaraks ehemaliger Außenminister Amr Mussa, der nasseristische Journalist Hamdin Sabachi und die Führer der anderen nichtislamistischen Parteien zusammen. Mohammed al-Baradei schließt sich an und tritt am 30. November auf dem Tahrir-Platz auf. Er wird mit tosendem Beifall begrüßt, als er auf die Bühne tritt. Nun endlich hat Ägypten eine starke Opposition: »Diese Verfassung ist unter falschem Vorzeichen entstanden. Sie repräsentiert nicht das ganze Ägypten«, erklärt Mohammed al-Baradei. Es gibt laute Zustimmung auf dem Platz.

Tatsächlich ist die Gründung der Rettungsfront ein großer Schritt. Offensichtlich haben die ehemaligen Präsidentschaftskandidaten aus ihren Fehlern gelernt. Allerdings gelingt es auch diesmal nicht, alle zu einen: Der Exmuslimbruder Abdel Moneim Abu Futuch will sich mit seiner Bewegung nicht anschließen. Er kritisiert, dass in der Rettungsfront zu viele Fulul, also Überbleibsel des alten Regimes, vertreten sind.

Gegen Mursi kämpft nicht nur die neue Front der Nicht-Islamisten, sondern auch das alte System, konkret die Justiz. Viele Richter und Anwälte sind gegen die Muslimbruderschaft. Der Prozess gegen Mubarak und Co. hat ihre Verbundenheit mit dem alten Regime gestärkt, und nun setzen sie alles daran, es der Regierung von Mohammed Mursi schwerzumachen. Regierungsentscheidungen werden gekippt, Polizisten, die während der Revolution 2011 brutal gegen Demonstranten vorgegangen sein sollen, werden freigesprochen. Mohammed Mursi erklärt daraufhin den Generalstaatsanwalt Abdel Meguid Mahmud für abgesetzt. Doch Mursi hat den mächtigen Verband der Richter unterschätzt. Der erzwingt, dass Mahmud im Amt bleibt. Nachdem Mursi darauf mit einem Dekret die Befugnisse der Justiz zur Selbstorganisation beschneidet, eskaliert der Konflikt weiter. Nun schaltet sich das Verfassungsgericht ein. Es will die Verfassungsmäßigkeit der neuen Verfassunggebenden Versammlung prüfen. Am Sonntag, dem 1. Dezember 2012, soll die Entscheidung fallen.

Für die Regierung wäre eine Auflösung der Versammlung ein harter Schlag. Ist der Verfassungstext doch endlich fast fertig. Zwar haben viele Mitglieder der Versammlung inzwischen ihren Rücktritt erklärt, weil ihnen die Tendenz des neuen Grundgesetzes zu islamistisch wurde, aber das macht die Einigung ja auch einfacher. Die Regierung stellt sich zunehmend auf den Standpunkt: Wir haben den Liberalen ihre Chance gegeben, wenn die sie nicht nutzen, können wir auch nichts dafür. Es ist also genau das Gegenteil von dem eingetreten, was viele vorhergesagt haben. Die Islamisten sind durch die Herausforderungen der Realpolitik nicht moderater und pragmatischer geworden, sondern zunehmend radikaler und ideologischer.

Am 29. November ist der Verfassungstext fertig. In einer 19-stündigen Marathonsitzung werden die Artikel einzeln von der Verfassungsversammlung angenommen. Die Live-Übertragung dieses Ereignisses, das eigentlich ein historischer Schritt sein sollte, gibt vielen Ägyptern den Rest. Sie sehen, wie schläfrig und gelangweilt die Abgeordneten sind, viele haben sogar den Saal verlassen. Wer soll solch ein Dokument respektieren?

Der Inhalt der Verfassung ist an vielen Stellen auch enttäuschend. Immer, wenn sich die Versammlung nicht einigen kann, fügt sie den Artikeln den Vermerk hinzu: »Das Weitere regeln Gesetze.« Dabei soll eine Verfassung ja gerade die Grundlage für die Gesetzgebung schaffen, damit nicht jede Regierung nach Belieben die Verfassung auslegen kann. Trotz schwammiger Formulierungen scheint insgesamt aber der islamistische Charakter eindeutig durch. Dabei ist es gar nicht so sehr der Artikel 2, der dies formal belegt. Er sieht vor, dass die Scharia Hauptquelle der Gesetzgebung ist, aber Ähnliches steht in fast allen Verfassungen der Region, auch in Ägypten war dies bereits seit 1971 der Fall; ohne große Auswirkungen. Ein Expertengremium überprüfte alle bestehenden und neu verabschiedeten Gesetze auf ihre Vereinbarkeit mit der Scharia, und in keinem Fall hatte dies zu einer Gesetzesänderung geführt. Was die Verfassung von 2012 allerdings von ihrer Vorgängerin und auch von anderen arabischen Verfassungen unterscheidet, ist Artikel 219. Darin ist festgelegt, dass die Scharia entsprechend den Prinzipien der sunnitischen Rechtsgelehrten zu verstehen sei. Das schränkt den Spielraum der Scharia-Interpretation durch die Politik erheblich ein.

Auch die Aktivisten der Revolution 2011 sind mit der Verfassung unzufrieden. Ihre wichtigste Forderung, den Einfluss des Militärs zu beschränken, wurde nicht erfüllt. Zwar wird der Präsident zu

Gunsten des Parlaments geschwächt, was eigentlich mehr Mitspracherecht für die Abgeordneten bedeutet, aber zugleich behält das Militär das letzte Wort. Der Verteidigungsminister bleibt Oberbefehlshaber der Armee und wird nicht vom Präsidenten, sondern vom Militär ausgesucht. Zudem sollen auch weiterhin Zivilisten vor Militärgerichte gestellt werden dürfen. Dies zu beenden war eine der wichtigsten Forderungen der Aktivisten.

Für den 15. Dezember wird das Referendum angekündigt, Straßenhändler beginnen mit dem Verkauf des Verfassungstextes. Doch der ist lang und nicht für jeden verständlich. Die meisten Wähler verlassen sich bei der Meinungsbildung daher auf das Fernsehen und Diskussionen mit Freunden und Bekannten. Dabei spielt die Zugehörigkeit zu einem der Lager die ausschlaggebende Rolle. Muslimbrüder und Anhänger der salafistischen Al-Nur-Partei wollen dafür stimmen. Liberale und linke Kräfte hingegen rufen zum Boykott des Referendums auf oder dazu, mit »Nein« zu stimmen. Auch viele Christen sind gegen die Verfassung, weil sie fürchten, dass die Islamisten darüber noch dominanter werden. Zu einem Nein fordert auch der salafistische Scheich Hazim Abu Ismael seine Anhänger auf. Ihm ist die Verfassung nicht islamisch genug, er hätte die Rolle der Scharia gern noch stärker betont gesehen.

Die Diskussion um die Verfassung lässt die Proteste eskalieren. Für den 5. Dezember ruft die Führung der Rettungsfront zu Protesten am Präsidentenpalast auf. Tausende Demonstranten versammeln sich. Es kommt zunächst zu einigen kleineren Auseinandersetzungen mit der Polizei, dann ziehen sich die Sicherheitskräfte überraschend zurück. »Plötzlich standen wir alleine dort, und da kamen einige natürlich auf die Idee, über die Mauer in den Palast zu klettern«, beschreibt der Student Ahmed Kamel, der an diesem Nachmittag dort war, die Situation.

Kurz darauf ruft die Muslimbruderschaft ihre Mitglieder zu Hilfe, um angeblich den geplanten Sturz Mursis zu verhindern. Im Fernsehen sind dann Horden langbärtiger Mursi-Anhänger zu sehen, die sich regelrecht auf die Mursi-Gegner stürzen. 14 Menschen sterben in den mehrere Tage andauernden Auseinandersetzungen, mehr als 700 Menschen werden verletzt. Was genau passiert, ist bis heute nicht sicher. Videoaufnahmen der Straßenschlachten zeigen, dass viele der Demonstranten Waffen tragen. Mehrere Mursi-Gegner werden verschleppt und berichten später, Mursi-Anhänger hätten sie gefoltert. Die Muslimbrüder präsentieren Schläger, die vor laufender Kamera zugeben, dass sie Geld bekommen hätten, um den Palast anzugreifen. Die Führung der Muslimbruderschaft beschreibt die Ereignisse als versuchten Putsch. »Sie wollten den Präsidenten festnehmen oder sogar töten«, so Ahmed Mekki, der damalige Justizminister, in einem Interview mit al-Dschasira. Da sich Polizei und Präsidentenwachen geweigert hätten, Mursi zu beschützen, habe die Führung der Muslimbruderschaft ihre Anhänger mobilisiert. Stimmt diese Lesart der Ereignisse? Es sind Zweifel angebracht.

Ab Ende 2013, nach dem Sturz Mohammed Mursis, werden die Ereignisse Gegenstand eines Prozesses gegen ihn. Die Anklage lautet auf Beteiligung am Mord an 14 Demonstranten. Anfang 2015 wird Mohammed Mursi dafür zu lebenslanger Haft verurteilt. Der Führung der Muslimbruderschaft wird die ganze Verantwortung zugeschoben. Wer diese Lesart der Ereignisse kritisiert, riskiert eine Klage wegen Beleidigung der Justiz. Natürlich macht dies die Beschreibung des Tathergangs nicht glaubwürdiger, zumindest nicht, was die Anhänger Mursis angeht. Sie sehen in der Serie von Prozessen, die gegen den gestürzten Präsidenten und seine Anhänger laufen, in erster Linie einen Rachefeldzug der Justiz. Das macht sie darin umso sicherer, dass es sich Anfang Dezember 2012 wirklich um einen versuchten Putsch gehandelt habe.

Ich selbst würde mir nicht anmaßen, genau zu beurteilen, was damals geschehen ist. Ich fand es nur sehr auffällig, dass viele der Demonstranten nicht aussahen wie Demonstranten. Natürlich, es sind auch bekannte Aktivisten dort, aber auch viele von diesen abgerissenen Gestalten, die sich gegen Bezahlung für alles Mögliche einsetzen lassen. Später kommt tatsächlich heraus, dass die Proteste gegen Mursi vor dem Palast eben nicht nur von frustrierten Bürgern und enttäuschten Aktivisten getragen wurden, sondern viele Parteigänger Mubaraks und Revolutionsgegner dort waren. Die eskalierenden Auseinandersetzungen können gezielt genutzt worden sein, um ein Eingreifen des Militärs zu rechtfertigen.

Wer regiert eigentlich Ägypten?

Wieso arbeitet die Polizei nur manchmal, wieso liegen viele Fa-
briken still? Weshalb werden auch in den zuständigen Ministerien
selten Entscheidungen getroffen? Und wenn sich doch einmal ein
Beamter oder Politiker traut, warum wird die Entscheidung dann
nicht umgesetzt?

Um diese Fragen zu beantworten, muss man in die Tiefe der ägyptischen Staatspyramide einsteigen, in die Schichten der Machtstruk-
tur. Im Ägyptischen Museum in Kairo finden sich in vielen Vitrinen
Statuen von Schreibern. Zumeist sind sie eher unscheinbar, aber es
sind viele, und sie sind in allen Epochen vertreten. Die bekannteste
stammt aus der 5. Dynastie und wurde in Sakkara gefunden. Sie zeigt
einen Mann im Schneidersitz, er hält Papyrusrolle und Schreibgerät
in der Hand. Schon im Jahre 2500 vor Christus waren es die Bürokraten, die am Nil den Staat lenkten. In den meisten Epochen der
Geschichte befolgten sie die Anweisungen der Regierungen, allerdings hat die Bürokratie auch ein Eigenleben. Es geht um Interessen
und da vor allem darum, wie Ämter vergeben werden. Es ist keine
Seltenheit, dass Posten in der Familie weitergereicht werden. Zwar
ist der Lohn in vielen dieser Positionen eher gering, aber oft bringen
sie andere Erwerbsquellen mit sich. Raschwa (Bestechung) ist eine
davon. Zwar ärgern sich die Ägypter darüber, dass sie für alles extra
zahlen müssen. Andererseits eröffnet es Möglichkeiten. Es gibt wenig, was sich nicht mit Bestechung erreichen lässt, und oft liegt es
im Ermessensspielraum des Beamten, wie entschieden wird. Eine
andere wichtige Einnahmequelle sind Bonusleistungen, die von der
Regierung gewährt werden.

Als 2011 auf dem Tahrir-Platz die Revolution begann, führte dies
bei vielen Beamten ganz automatisch zu dem Reflex der Ablehnung;
ganz besonders, weil zentrale Forderungen der Revolutionäre die
Bekämpfung der Korruption und eine Reform der Institutionen
sind. Die schärfste Waffe der Bürokraten ist das Nichtstun, weshalb
seit 2011 ein großer Teil Ägyptens lahmliegt.

»Es gab dazu keinen zentralen Befehl, es handelte sich vielmehr
um einen Konsens, der sich unter den Bürokraten durchsetzte«,

so der Sozialwissenschaftler Ahmed Said al-Masri. Die Angestellten der Bürokratie seien sehr empfänglich für die Stimmung in der Gesellschaft und passten ihr Handeln daran an. »Dafür spielt das Fernsehen eine große Rolle: Was sagen die Moderatoren, was ist die Haltung der Eliten?«, erklärt er. Als Mursi an die Macht kam und versuchte, seine eigenen Leute in der Bürokratie an verantwortlichen Stellen zu platzieren, schalteten viele Bürokraten um: vom Nichtstun auf offenen Widerstand.

Wichtiger Orientierungspunkt war und ist die Haltung der Armee. Sie gilt als wichtigste Institution des Staates, und die Bürokratie sieht in ihr nach dem Sturz Mubaraks die einzige Kraft, die Ägypten regieren kann. Umso entscheidender ist, wie sich die Generäle positionieren: Halten sie zu Mursi oder gehen sie auf Abstand? »Sowohl bei der Revolution 2011 als auch 2013 schauten die Menschen genau, was die Armee macht. Als sie sahen, dass die Generäle den Sturz Mubaraks wollten, kamen sie zum Tahrir. Als sie 2013 merkten, dass die Armee Mursi loswerden möchte, gingen sie in großer Zahl demonstrieren«, so der ehemalige »Al-Ahram«-Chefredakteur Abdelathim Hamad.

Wenn die Militärs so mächtig sind und gemeinsam mit der Bürokratie Ägypten ohnehin im Griff haben, warum ließen sie dann überhaupt zu, dass Mursi zum Präsidenten gewählt wurde? Wäre es nicht einfacher und aus ihrer Sicht logischer gewesen, sie hätten einfach weiterregiert? Fragt man Anhänger der Muslimbruderschaft und so manchen Aktivisten der Revolution, dann lautet die Antwort, dass es sich um einen ausgefeilten Plan der Generäle gehandelt habe. Sie haben ihre Macht für die nächsten Jahrzehnte zementieren und den Ägyptern deswegen ein für alle Mal die Lust auf Revolutionen nehmen wollen. 18 Monate Unsicherheit mit Kriminalität und endlosen Protesten und dann eine islamistische Regierung haben die Bürger überzeugt: Nur das Militär kann Ägypten sicher regieren. Diese These vom großen Masterplan der Generäle spiegelt eine enorme Hochachtung vor der Armee wider, aber vermutlich ist dies eine gründliche Überschätzung der Militärs. Sehr viel näherliegend ist, dass sie Schritt für Schritt je nach Situation gehandelt haben, dabei aber ein klares Ziel vor Augen hatten: Das ägyptische Militär und möglichst auch die anderen Institutionen des Staates sollten weitgehend unangetastet bleiben.

Dass sie es im Sommer 2012 zuließen, dass mit Mohammed Mursi ein ziviler Präsident an die Macht kam, noch dazu ein Islamist, liegt wohl zum großen Teil an der Erfahrung, die der Hohe Rat des Militärs in den 18 Monaten machte, die er in Ägypten regierte. Nachdem sie am 11. Februar 2011 als Retter der Nation aufgetreten waren und die Regierung übernommen hatten, mussten die Generäle schnell feststellen, dass sie überfordert waren. Ihnen gelang es nicht, die Proteste zu beenden und die Forderungen des Volkes zu befriedigen, das angestachelt von den 18 euphorischen Tagen auf dem Tahrir-Platz nun aufgewacht war. Die Generäle reagieren, wie sie es immer getan haben: knallhart. Doch nicht mehr alle Ägypter ließen sich einschüchtern. »Juskut Hukum al-Asker!« (Stürzt die Regierung der Junta!), dieser Schlachtruf auf den Straßen kränkte die Generäle persönlich.

Dass die Militärregierung so große Probleme hatte, liegt auch an der Konkurrenz zwischen Armee und Innenministerium. Hosni Mubarak war in den letzten Jahren seiner Amtszeit auf Abstand zur Armeeführung gegangen und hatte stattdessen das Innenministerium gestärkt. Dabei ging es nicht nur um die Führungsebene, sondern auch die Bürokraten, die vielen tausend Beamten, trugen zur Konfrontation bei. Die Ereignisse im Februar 2011 verstärkten die Kluft zwischen Innenministerium und Armeeführung, hatte sich doch die Armee als Retter der Nation präsentiert und die Polizeitruppen als Verräter dastehen lassen.

Als der Hohe Rat des Militärs die Macht übernahm, rächte sich die Polizei. Sie kehrte nicht auf ihren Posten zurück, führte die Befehle der neuen Regierung nur halb oder gar nicht aus. Die Militärregierung setzte daraufhin immer häufiger Militärpolizei ein, auch gegen Demonstranten. Dies führte nicht nur zu weiteren Spannungen zwischen Militär und Innenministerium, sondern brachte die Aktivisten zusätzlich gegen das Militär auf.

Um ihre Unfähigkeit zu verschleiern, verbreitete die Militärregierung zunehmend Verschwörungstheorien. So zum Beispiel nach dem sogenannten Massaker von Maspero, bei dem am 9. Oktober 2011 die Militärpolizei und islamistische Schlägertruppen auf christliche Demonstranten losgegangen waren und es mindestens 26 Tote gegeben hatte. In einer langen Pressekonferenz versuchten dann mehrere hochrangige Generäle die anwesenden Journalisten davon zu überzeugen, dass die Militärpolizei sich nichts vorzuwerfen habe: »Das waren keine Militärpolizisten, das waren bezahlte Kämpfer aus dem Ausland«, sagte einer der anwesenden Offiziere: »Sehen sie hier die Bilder von einem Mann, der mit einem Stein auf ein Auto einschlägt. Das ist kein Militärpolizist, und das ist auch kein Ägypter. Ägypter würden so etwas nicht tun!« Mit zunehmenden Problemen wurden diese Verschwörungstheorien vielfältiger und raffinierter. Die regierungsnahen TV-Stationen verbreiteten sie dann im ganzen Land.

2012 hatten viele in der Militärführung offenbar genug vom Regieren. Sie verstehen sich traditionell als Institution des Volkes und litten darunter, dass ihr Ansehen in der Bevölkerung durch die Machtausübung dahinschwand. »Es gibt Anzeichen, dass die Militärführung sich von den Regierungsaufgaben gern wieder zurückziehen möchte«, sagte damals der ehemalige »Al-Ahram«-Chefredakteur Abdelathim Hamad. »Die Generäle wissen, dass sie in der Verwaltung des Landes in den eineinhalb Jahren nach der Revolution viele Fehler gemacht haben, und deshalb haben sie kein Interesse mehr daran«, so auch der Sozialwissenschaftler Nabil Abdel Fattach. Er vermutet, dass dabei auch die Angst um den Verlust ihrer wirtschaftlichen Aktivitäten eine Rolle spielte. Sie befürchteten, dass beim Anhalten der Proteste die Aktivisten womöglich noch durchsetzen würden, die Armee unter parlamentarische Kontrolle zu setzen. Es war insofern im Interesse der Militärs, die Regierungsgeschäfte möglichst schnell an eine Regierung zu übergeben, die vom Volk und vom Ausland akzeptiert wird und den Generälen nicht in die Quere kommt, sie nicht kontrolliert und nicht womöglich noch an den Militärgerichten rüttelt.

Vor diesem Hintergrund wäre es näherliegend gewesen, dass 2012 der frühere Luftfahrtminister Ahmed Schafik Präsident wird. Warum ließen die Generäle Mohammed Mursi gewinnen? In dieser Frage klingt der Verdacht mit, dass die Generäle einen Einfluss auf das Wahlergebnis der Präsidentschaftswahl von 2012 hatten. Tatsächlich war es ein Kopf-an-Kopf-Rennen, und die lange Zeitspanne, die zwischen der Auszählung der Stimmen und Verkündung des Wahlergebnisses lag, gab viel Anlass für Diskussionen. Sicherlich stand Schafik der Militärführung näher als Mursi, schließlich ist er einer der ihren. Aber auch nicht so ganz: Ahmed Schafik gilt als Mann Mubaraks und stand 2012 für die Rückkehr des alten Regimes. Das wollten die Militärs verhindern, denn die Wirtschaftsclique um Gamal Mubarak wollten die Generäle nicht wiederbelebt sehen, hatten sie doch von deren Machtverlust profitiert.

Auch aus einem anderen Grund mag es den Generälen als strategisch günstiger erschienen sein, Mursi gewinnen zu lassen. Erstens drohten seine Anhänger mit Gewalt. Und wichtiger noch: Er galt als beeinflussbar. Schließlich hatte es seit 2011 viele Treffen und Vereinbarungen zwischen Muslimbrüdern und Militär gegeben, und die Muslimbrüder zeigten sich dabei sehr kooperativ. Zur Sicherheit beschnitt der Militärrat dann noch die Befugnisse des Präsidenten.

Und Mursi, spielte er mit? Als er am 12. August, also kurz nach seiner Wahl, die Pensionierung von Armeechef al-Tantawi bekannt gab, zogen viele Ägypter reflexhaft den Kopf ein. Auch ich schaltete sofort den Fernseher ein und erwartete, Bilder von auffahrenden Panzern zu sehen. So wird die Armeeführung doch nicht mit sich umspringen lassen! Doch nichts passierte. Abdelfattach al-Sisi wurde neuer Verteidigungsminister und Armeechef. Der Chef des Militärgeheimdienstes und Jüngste im Hohen Rat des Militärs war bis dahin eher unbekannt. So glaubten viele den aufgeregten Berichten von TV-Moderator Tawfik Okascha, der sogleich das Gerücht in die Welt setzte, dass Abdelfattach al-Sisi der geheime Vertreter der Muslimbruderschaft im Militärrat sei. Ist Mursi also ein Befreiungsschlag gelungen? Im Nachhinein heißt es, der Militärrat habe al-Sisi auf diesen Posten delegiert, und Muslimbruder ist er offensichtlich auch nicht.

Im November 2012, als Mohammed Mursi sich mit seinem Präsidentendekret die Befugnisse zurückholte, die ihm das Militär im Sommer genommen hatte, hielt das Militär still; zumindest äußerlich. Später kommt heraus, dass es fortan an der Absetzung Mursis arbeitete. In einem durchgesickerten Gespräch forderte die Militärführung die Mitglieder ihres Stabes auf, Kontakte zu Journalisten zu pflegen, um das Stimmungsbild zu verändern. So bekam auch Schahira Amin einen Anruf, die inzwischen wieder im Staatsfernsehen moderierte. »Mir wurde ein Sitz im nächsten Parlament angeboten, wenn ich bereit wäre, für die Sache zu arbeiten«, erzählt sie. Konkret wurde von ihr erwartet, in ihren Sendungen Mursi schlechtzumachen. Sie lehnte ab, aber viele andere nicht. Das erklärt, wieso die Hetze gegen die Regierung auf einmal so bissig wurde. Die Kampagne gegen Mursi nahm Fahrt auf.

Eine entscheidende Rolle spielten dabei die Geschäftsleute der alten Mubarak-Clique. Ahmed Schafik, der seit der verlorenen Wahl in Abu Dhabi lebt und wegen mehrerer Prozesse nicht nach Ägypten zurückkann, sammelte unter ägyptischen Exilanten Spenden für den Aufstand. Ab Januar 2013 tauchten scheinbar aus dem Nichts maskierte, bewaffnete Männer unter den Anti-Mursi-Demonstranten auf. Die Auseinandersetzungen bekamen durch sie eine neue Qualität. Das Semiramis-Hotel am Tahrir-Platz wurde gleich mehrfach geplündert, und immer waren die Vermummten ganz vorn dabei. Wieso gerade dieses Hotel angegriffen wurde und wer die Angreifer waren oder wer sie schickte, ist bis heute unklar.

Zum Jahrestag der Revolution Mitte Januar 2013 tauchte ein Video im Internet auf, in dem vermummte Aktivisten die Gründung eines Schwarzen Blocks bekanntgaben. Sie bekennen sich dort zum Anarchismus, tragen schwarze Kleidung, Gesichtsmasken und Sonnenbrillen und brüsten sich damit, mehrere Büros der Muslimbruderschaft und deren Partei angegriffen zu haben. Wo hört die Aktivistenszene auf, wo beginnt die bezahlte Konterrevolution? Seit dem Schulterschluss zwischen den Revolutionären von 2011 und den Kräften des alten Regimes verfließen die Grenzen. Alle eint das Ziel, Mursi zu stürzen und eine islamistische Diktatur zu verhindern.

Die Spaltung in ein islamistisches und ein nichtislamistisches Lager war vollbracht. Viele Aktivisten der Revolution haben sich hinreißen lassen, die islamistische Regierung so zu hassen, dass sie zu allem bereit waren, um sie zu stürzen. Sie verbündeten sich mit dem alten Regime und gaben dafür die Prinzipien der Revolution auf, für die sie bisher gekämpft hatten. Zeitgleich ging auch die Muslimbruderschaft auf Konfrontationskurs und handelte dabei gegen die eigenen Interessen: Statt alles dafür zu tun, die Regierung zum Erfolg zu führen, indem sie die Lebensbedingungen der Menschen verbessert und versucht, die Bevölkerung zu beteiligen und die Bürokratie auf ihre Seite zu ziehen, konzentrierte sie sich auf die Sicherung ihrer Macht, schmeichelte radikalislamistischen Gruppen und suchte die Konfrontation mit der Opposition.

Rückblickend zeigt sich deutlich, dass diese Konfrontation von dritter Seite provoziert und gefördert wurde: Der Hass, der von den TV-Moderatoren im Dienst der alten Eliten und des Militärrates verbreitet wurde, schürte die Polarisierung. Die Verbreitung von immer neuen Gerüchten und Verschwörungstheorien in Kombination mit ständigen Krisen und Katastrophen führte zu einer allgemeinen Orientierungslosigkeit, die auch die politischen Akteure erfasste. Was waren echte Ereignisse, was wurde von der sogenannten »versteckten Hand« provoziert, von der jetzt so viel die Rede war? Der Einsatz von Waffen führte zu einer ständigen Eskalation der Gewalt. Berichte über brutale Verbrechen und Kriminalität zermürbten die Menschen zusätzlich.

Auf dem Weg zur zweiten Revolution

Port Said, die Hafenstadt an der Mündung des Suezkanals, war schon öfter Ausgangspunkt von großen Umbrüchen. Seit den Kriegen gegen die Armeen Israels, Großbritanniens und Frankreichs 1956 und gegen Israel 1973, als die Bevölkerung von Port Said die Armee bei der Verteidigung des Landes unterstützte, gilt die Stadt als Hort des Widerstands. 2013 ist sie die erste Stadt, die sich gegen die Regierung von Mursi erhebt, mit aller Gewalt. Es beginnt am 26. Januar mit dem Urteil im Fall des Fußball-Massakers von 2012, bei dem nach einem Spiel im Stadion von Port Said eine Massenpanik ausgebrochen war und 74 Menschen starben. Der Richter verurteilt gleich 21 der Angeklagten zum Tode. Manche von ihnen sind noch nicht volljährig, und auch bei anderen ist die Schuld alles andere als erwiesen. Dem Urteil voraus gingen massive Proteste der Fans von al-Ahli, sie forderten harte Strafen für die Verantwortlichen und deren Hintermänner. Die Ultras von al-Ahli legten die U-Bahn in Kairo lahm und drohten mit Chaos, sollte das Urteil nicht ihren Vorstellungen entsprechen. Das 21-fache Todesurteil sorgt an dieser Front für Ruhe. In Port Said hingegen explodiert die Stimmung: »In diesem Land läuft so viel schief, und um davon abzulenken, inszeniert die Regierung nun dieses Schauspiel. Das war aber kein Verfahren, sondern ein Puppentheater«, meint der Onkel eines der Verurteilten. Es kommt zu Protesten, die Polizei reagiert gewaltsam, 40 Menschen sterben. Es kommt zu wochenlangen Ausschreitungen, die auf die anderen Städte am Suezkanal übergreifen. Dass sich die Proteste zugleich gegen Mursi und die Muslimbruderschaft richten, hat auch mit Berichten über ein neues Megaprojekt am Suezkanal zu tun. Der Kanal soll ausgebaut werden, so dass auch moderne Riesentanker die Wasserstraße passieren können, und angeblich will Katar das Projekt finanzieren. Gerüchte machen die Runde: Mursi habe Katar im Gegenzug die Betreibung des Kanals angeboten und zugestimmt, dass ein Teil des Sinais zur Ansiedlung von Palästinensern aus Gaza bereitgestellt wird. Das sind gleich zwei Tabubrüche auf einmal, so sehen es zumindest die Demonstranten. Die Regierung verhängt den Ausnahmezustand.

Am 30. Januar 2013 reist Mohammed Mursi nach Berlin. Statt wie geplant seinen Ruf als weltgewandter Staatsmann zu unterstreichen, macht sich der Präsident zum Gespött. Wie er bei der Pressekonferenz unbeholfen neben Bundeskanzlerin Angela Merkel steht und dabei ständig auf die Uhr schaut, als hätte er noch etwas Besseres vor, ist nur der Anfang. Dann sein hilfloser Versuch, frühere antisemitische Bemerkungen – er hatte 2010 in einer Rede Israelis als Affen und Schweine bezeichnet – herunterzuspielen. Schließlich sein berühmter Satz bei einem Vortrag: »Gas and alcohol don't mix.« Eigentlich wollte er darauf hinaus, dass es auch in Deutschland Grenzen der Freiheit gibt, dass es etwa verboten ist, betrunken Auto zu fahren. Da sei es doch normal, dass auch in Ägypten nicht alles erlaubt ist. Welch eine Vorlage für Bassem Jussef, den Superstar unter den ägyptischen TV-Satirikern. »Gas and drive don't mix, liebe Zuschauer, und Englisch und Arabisch don't mix, ebenso wenig wie Politik und Religion gemixt werden sollen. Und ungültig gewählte Präsidenten haben eh in der Politik nichts verloren«, sagt er. Bassem Jussef ist eigentlich Herzchirurg. Nach der Revolution von 2011 begann er, in seinem Wohnzimmer Videos aufzunehmen. Die Ägypter lachen gern, und der schwarze Humor von Bassem Jussef kommt an. Richtig in Fahrt kommt er, als Mohammed Mursi Ende 2012 immer mehr politische Fehler macht und zugleich die radikalen Islamisten immer kämpferischer auftreten. Was gibt es Lustigeres als Langbärte? Die verquasten Hetzreden des radikalen Al-Qaida-Islamisten Mohammed al-Sawahiri, in denen er alle Andersdenkenden zu Freiwild erklärt – zum Wegschmeißen! Wenn man darüber lachen kann, wirken sie auch nicht ganz so bedrohlich.

Die Regierung sieht Bassem Jussef zunehmend als Gefahr. Im April 2013 ordnet der Generalstaatsanwalt seine Verhaftung an: Präsidentenbeleidigung und Verhöhnung des Islam lautet der Vorwurf. Doch die Empörung über seine Verhaftung wird so heftig, dass Bassem Jussef gegen Kaution wieder freikommt. Kurz darauf ist er wieder auf Sendung. Von Einschüchterung kann nicht die Rede sein. Allerdings tritt er nicht allein auf: Ein bärtiger Mann hält ihn im Schwitzkasten und flüsterte ihm Anweisungen ins Ohr. »Ich werde – nach allem, was geschehen ist – nicht mehr über unseren Präsidenten Scherze machen«, verkündet Bassem Jussef dann: »Ich werde mich stattdessen dem Generalstaatsanwalt widmen.« Das Publikum johlt. Denn natürlich geht es gleich wieder um Mursi. Der hat schließlich die Unabhängigkeit der Justiz ausgehebelt, und überhaupt ist es praktisch unmöglich, über den Generalstaatsanwalt zu sprechen, ohne Mursi zu erwähnen. Bassem Jussef zeigt Ausschnitte einer Rede, die Mursi beim Gipfel der Arabischen Liga in Katar gehalten hat. Mit erhobenem Zeigefinger warnt Mursi vor Einmischung anderer Länder in ägyptische Angelegenheiten. Statt den Ausschnitt zu kommentieren, schaut Jussef einfach nur in die Kamera. Mit versteinerter Miene. Das Publikum liegt ihm zu Füßen. Damit hat er die perfekte Überleitung zu seinem nächsten Thema:

Katar. Nicht nur für den Suezkanal, auch ansonsten ist Ägypten von Finanzhilfen aus dem reichen Emirat abhängig. Jussef begrüßt zwei Männer im Publikum. Ihre Turbane lassen sie eindeutig als Kataris erkennen: »Willkommen in Ägypten!«, sagt der Moderator, und sie antworten: »Ja, Bruder, herzlich willkommen!« Darauf fragt Jussef verwundert: »Wieso heißt ihr mich willkommen? Wir sind doch in meinem Land und nicht in eurem.« Daraufhin schweigen die Kataris höflich, haben sie doch längst Ägypten gekauft. Auch dieser Hieb gegen Mursi sitzt. »Dies war die Nacht, in der Bassem Jussef über die Muslimbrüder und ihren Präsidenten Mursi gesiegt hat«, zu diesem Schluss kommt Diana Mukalled in einem Kommentar für die Website des Senders al-Arabia.

Die Auseinandersetzung zwischen dem Präsidenten und den Medien wird zunehmend ein eigenes Schlachtfeld. Zahlreiche Journalisten werden angeklagt. Mit Hani Schukrallah, dem Chef der englischsprachigen Internetseite von »Al-Ahram«, wird im Februar ein besonders angesehener Journalist seines Postens enthoben. Offiziell wird er in den Ruhestand geschickt, aber klar ist, dass man den kritischen Kommentator gern loswerden möchte. In anderen Fällen setzt die Regierung auf direkte Einschüchterung. So beginnen ab März 2013 salafistische Gruppen, das große Studiogelände der Media-Production-City, in der viele private Sender ihre Büros haben, zu belagern. Offiziell handelt es sich um ein Protest-Sit-In gegen die Unmoral, die durch die Sender verbreitet werde. Im Namen der Meinungsfreiheit dürfen die Demonstranten dort wochenlang campieren. Für die Moderatoren und Journalisten der Sender bedeutet dies tägliches Spießrutenlaufen. Es kommt zu Übergriffen und Beschimpfungen.

Es gibt aber auch noch eine andere Art der Einflussnahme: Man könnte sie Große-Bruder-Technik nennen. So ist Walid Barakat eigentlich Pressesprecher der Partei für Freiheit und Gerechtigkeit, doch es wird zunehmend schwierig, ihn in der Parteizentrale anzutreffen. Stattdessen bestellt er mich in die Redaktion der neugegründeten Zeitung »Al-Wadi«. Dort habe er zu tun, und wenn ich etwas von ihm wolle – es geht einmal mehr um ein Interview mit einem der Führer der Partei –, solle ich dort hinkommen. Während ich in der Redaktion auf ihn warte, komme ich mit den Redakteuren ins Gespräch. Zunächst sind sie sehr verschlossen. Nach und nach kommt heraus, dass es sich eigentlich um eine linke Zeitung handelt und Walid Barakat dort den Aufpasser gibt. Kein Wunder, dass sie mit einer Ausländerin, die behauptet, mit ihm verabredet zu sein, nichts zu tun haben wollen. Richtig frostig wird die Stimmung, als Walid Barakat schließlich erscheint. Er schickt den Chefredakteur aus seinem Büro und setzt sich dann selbst hinter den mächtigen Schreibtisch, um sich an einem standesgemäßen Ort mit seinem Besuch unterhalten zu können: »Nein, ich bin kein Zensor. Wir Muslimbrüder sind doch für die Pressefreiheit«, sagt er. »Doch den Redakteuren fehlt die Erfahrung, und ich schaue deswegen über manche Texte drüber, bevor sie erscheinen«, erklärt er. Statt allerdings wie versprochen ein Interview für mich zu organisieren, will er zunächst, dass ich etwas für ihn tue. Er führt mich in einen Raum, dessen Wände mit Monitoren gepflastert sind. »Wir müssen wissen, was im Ausland über uns berichtet wird, da brauchen wir Leute, die Sprachen können«, sagt er. Als ich ablehne, versucht er es mit einem anderen Angebot: »Wie Sie wissen, haben wir ein Problem mit destruktivem Journalismus von Leuten wie Bassem Jussef. Wir können aber nicht gerichtlich gegen sie vorgehen, weil sie dann nur noch mehr hetzen. Wir müssen sie daher mit ihren eigenen Waffen schlagen«, erklärt er. So solle schon ab kommendem Monat eine Satireshow auf Sendung gehen, eine wie Bassem Jussefs al-Barnameg (Das Programm), nur dass sie vor allem Leute wie Mohammed al-Baradei und Amr Mussa auf die Schippe nehmen solle. Mich wolle er gerne als Gag-Schreiberin einstellen. Zum Glück kann ich ihn überzeugen, dass ich als humorfreie Deutsche dazu ungeeignet bin. Aus seiner Show wird nichts, aber andere aus seinem Umfeld versuchen sich in Satire. Sie ist mindestens ebenso bissig wie das Original, nur gar nicht lustig.

Im Nachhinein kommt heraus, dass es im Februar 2013 ein Treffen zwischen Mohammed Mursi und Abdelafattach al-Sisi gegeben hat. Der Verteidigungsminister warnt darin seinen Präsidenten, dass er sich keine weiteren Fehler erlauben dürfe. Mohammed Mursi bemüht sich um Schadensbegrenzung und kündigt an, baldmöglichst

Parlamentswahlen abzuhalten. Er geht damit ein hohes Risiko ein: Seit den Wahlen 2011 hat sich die Stimmung sehr gewandelt. Die Muslimbrüder müssen damit rechnen, kräftig zu verlieren.

Ortstermin in Abu Schweich in der Halboase Fayyum. Hier hat Mursi bei den Präsidentschaftswahlen den höchsten Stimmenanteil erzielt. »Kommen Sie, ich zeige Ihnen jetzt einmal das richtige Ägypten«, sagt Scheich Omar. Der 55-jährige drahtige Mann mit dem langen Bart geht voran. Eine steile Treppe führt hinauf. Sein knöchellanges Gewand raschelt beim Treppensteigen. An der unverputzten Wand klebt ein Aufkleber mit dem Bild von Präsident Mursi. Darauf angesprochen, erklärt er: »Im Wahlkampf habe ich ihn zu 150 Prozent unterstützt! Doch leider ist Mursi eine Nullnummer, hat komplett versagt. Er hat uns keinen islamischen Staat gebracht und hat auch unsere Probleme nicht gelöst.« Oben angekommen, tut sich der Blick über das Dorf auf: Die Häuser, mehrstöckige Backsteinbauten, stehen dicht gedrängt. Dazwischen staubige Gassen. Im Hintergrund die Felder. So wie hier lebt die Mehrheit der Ägypter. Sie sind arm, oft gering gebildet, und die Regierung ist weit weg.

Scheich Omar gehört zu den Gründern der salafistischen Bewegung, seit Jahrzehnten hilft sie den Menschen, mit dem Wenigen über die Runden zu kommen. Jetzt ist für ihn die Zeit gekommen, die Früchte seiner Arbeit zu ernten. Er will bei den geplanten Wahlen kandidieren, für die neugegründete salafistische Al-Watan-Partei (Vaterlandspartei) ins Parlament einziehen. In letzter Zeit hat Scheich Omar deswegen in seinen Predigten den Präsidenten scharf kritisiert. Er sei nicht islamisch genug. Auch in Abu Schweich sinkt Mursis Stern. Sogar von einem Ende der Ära der Muslimbrüder ist die Rede, doch was kommt dann? Scheich Omar reibt sich die Hände: Er sieht gute Zeiten für die salafistische Bewegung.

Amina Hassan ist eine von denen, die sich wegen Scheich Omar für den Gesichtsschleier entschieden haben. »Gott sei Dank habe ich die Kraft und den Glauben gefunden, ihn zu tragen«, sagt die 16-Jährige. Mohammed, ihr Ehemann – er ist immerhin 22 – nickt zustimmend: »Das Wichtigste ist, die Gebote der Religion zu befolgen.« Viel mehr als Frömmigkeit bleibt dem jungen Paar auch nicht.

Scheich Omar in Abu Schweich vor seinem Taubenschlag, 2013.

Schon beim Betreten des Hauses am Ende der Straße merkt man die Not. Bröckelige Mauern und ein paar magere Hühner, die im Flur umherlaufen. Mohammed hat gerade seinen Militärdienst hinter sich, jetzt hilft er im Schreinerbetrieb des Vaters mit. Doch es gibt nichts zu helfen. »Hier hat keiner Geld, etwas bauen zu lassen. Die Menschen waren schon immer arm, aber bisher gab es zumeist noch ein paar, die im Tourismus waren und gut verdient haben. Jetzt nicht mehr«, sagt er. Auch deswegen ist es gut, dass Amina oft in die Moschee geht. Dort findet sich immer jemand, der ihr etwas zusteckt.

Fast schon beleidigt reagieren die beiden auf die Frage, wen sie wählen werden: »Sie denken wohl, dass wir keine Ahnung haben. Die Städter schauen auf uns herab, wir würden unsere Stimme für eine Flasche Öl und ein Kilo Zucker verkaufen!« Der Schleier vor Aminas Gesicht flattert vor Empörung. Mohammed strafft die Schultern und erklärt dann, sachlich und ruhig, seine politischen

Abwägungen: »Wenn es um Dienstleistungen geht, dann sind die Muslimbrüder am stärksten«, erklärt er. Die fromme Bruderschaft unterhält mobile Krankenstationen, Kindergärten und Schulen. Samstags schwärmen die Handwerkertrupps der Bruderschaft aus und sehen zu, ob sie den Ärmsten der Armen irgendwie unter die Arme greifen können. Sie reparieren Wasserhähne, verlegen Stromkabel und verbreiten dabei die Botschaft der Bruderschaft. Insofern müssen wir für die Muslimbrüder stimmen. Allerdings hat die Bruderschaft an der Regierung unsere Lebensbedingungen nicht grundlegend verbessert«, sagt er. Also werde er bei den Parlamentswahlen auf jeden Fall für die Salafisten stimmen. Und warum nicht für die Liberalen oder Linken? Mohammed schaut verwundert: »Aber wir haben hier noch nie einen Vertreter dieser Parteien gesehen. Ich kenne Leute wie Mohammed al-Baradei nur aus dem Fernsehen«, sagt er. »In der Moschee nennen sie ihn einen Verräter. Für den will ich nicht stimmen!«, meldet sich dann seine Frau zu Wort.

Scheich Omar will später gern darüber sprechen, wie dumm die nichtislamistische Opposition ist und weshalb sie sich nicht zu wundern braucht, dass sie bei den geplanten Wahlen auch wieder verlieren wird, schließlich könne man Wahlen nicht gewinnen, wenn man sich zu fein ist, mit den Menschen, den ganz normalen Menschen zu sprechen. Das andere Thema hingegen, das mit den Predigten in der Moschee, würde er lieber aussparen. Erst kürzlich hat einer seiner Kollegen, Mohammed Schaaban, im Fernsehen die säkulare Opposition als Feinde des Volkes bezeichnet und zur Ermordung ihrer Führer aufgerufen. Kein gutes Thema. Der Scheich deutet stattdessen auf den vollbeladenen Esstisch: »Nun greifen Sie doch zu!« Seine Frau hat Krautwickel gemacht. Mittagessen im Wohnzimmer der Familie. Plüschsessel und bunte Wachstuchdecke. Nach einigen Minuten des Nachdenkens äußert er sich dann doch zu den Mordaufrufen gegen die nichtislamistische Opposition: »Der Aufruf war falsch. Ganz falsch. Schließlich sind wir nicht mehr nur eine Bewegung in den Moscheen, wir spielen eine politische Rolle, und da darf man nicht dazu aufrufen, den politischen Gegner zu töten«, sagt er. Wer Politiker werden will, muss schließlich pragmatisch denken.

Der Gebetsruf ertönt, schnell erhebt sich der Scheich. Er muss los. In die Moschee. Nach dem Gebet gibt es dort noch eine politische Versammlung. Er ist zwar der bekannteste der salafistischen Prediger in Abu Schweich, aber längst nicht der einzige, und auch unter den frommen Männern wird hart um jede Stimme gekämpft. »Nicht dass Sie das falsch verstehen, ich will keine Macht. Ich diene nur der Sache, es geht um Ägyptens Zukunft.«

Sein Sohn Abdelrahman blickt ihm nach. Kaum ist der Scheich aus der Tür, kommt Leben in den 24-Jährigen. Es ist nicht zu übersehen, dass er ein Problem mit seinem Vater hat: »Vom Sohn eines Scheichs erwarten natürlich alle, dass ich auch so fromm bin und auch einen ungestutzten Bart trage, aber mir gefällt es so nun einmal besser.« Er streicht sich über den fein ausrasierten Dreitagebart. »Ich bin mir sicher, dass mein Vater gewählt wird. Aber ich fände es besser, wenn im Parlament jüngere Abgeordnete sitzen würden und welche, die wirklich etwas für die Revolution getan haben«, sagt er. Abdelrahman ist vor Jahren zu Hause ausgezogen, hat in Kairo studiert und sich jetzt als Seifenpulververtreter selbständig gemacht. Bei der Revolution 2011 war er von Anfang an dabei; im Gegensatz zu seinem Vater und den anderen salafistischen Predigern. Dass sie trotzdem im neuen Ägypten eine so große Rolle spielen, liege vor allem am Versagen der anderen politischen Kräfte. »Wir Revolutionäre haben es nicht geschafft, uns politisch zu organisieren. Männer wie mein Vater profitieren davon«, sagt er. Im Moment wohnt Abdelrahman wieder zu Hause, der Vater hat es angeordnet. Abdelrahman wurde ihm zu kritisch, und außerdem braucht er ihn für den Wahlkampf: »Ich mache, was Vater sagt. So ist das nun einmal. Aber irgendwann wird sich auch das ändern«, verkündet er. Seine Mutter kommt gerade aus der Küche und bringt ein Tablett mit Tee. Sie lächelt und überhört die Ungeheuerlichkeiten. Dass ein Sohn seinen Vater kritisiert, das geht nun wirklich nicht, und dann auch noch vor einer Ausländerin! Für mich allerdings ist diese kleine Bemerkung am Rande die beste Nachricht des Tages. Es hat sich in den letzten Jahren am Nil doch viel bewegt.

Im April 2013 greifen radikale Islamisten die Kathedrale von Kairo an. Es ist einmal mehr eine Kette von Ereignissen, die zu diesem Ausbruch der Gewalt geführt hat. Angeblich hatten christliche Kinder Kreuze auf die Mauer einer muslimischen Schule in Kairo gemalt. Bei den folgenden Straßenschlachten gab es mehrere Tote. Als diese nach der Totenmesse aus der Kathedrale getragen werden, fliegen plötzlich Steine und Brandbomben. Kurz darauf sind Schüsse zu hören. Am Ende der Nacht gibt es wieder zwei Tote und mindestens 90 Verletzte. »Bei den Angreifern handelte es sich um bezahlte Schläger, und dann beteiligten sich auch die Anwohner«, sagt Emad al-Erian. Er gehört zur Vereinigung Jugend von Maspero. Und wer steckt dahinter? Er zieht die Schultern hoch. »Alles was wir wissen, ist, dass Präsident Mohammed Mursi verantwortlich ist, dass es solche Angriffe geben kann.« Während sich die Kirche offiziell mit solchen Aussagen zurückhält, fordert die Vereinigung Jugend von Maspero ebenso wie andere christliche Organisationen den Rücktritt Mursis. »Wer stattdessen Präsident sein soll? Keine Ahnung. Jeder andere wäre besser«, so Emad al-Erian. Unter christlichen Aktivisten ist derweil ein heftiger Streit ausgebrochen: Sollen sie sich den Stimmen manch anderer Oppositionsgruppen anschließen, die eine Militärregierung fordern? Gerade die Jugend von Maspero zählt bisher zu den Kritikern der Generäle. Schließlich machen sie die Generäle für das Massaker von Maspero, bei dem im Oktober 2011 27 christliche Demonstranten getötet wurden, verantwortlich.

Die Straßenschlacht rund um die Kathedrale markiert eine neue Stufe der Gewalt gegen Christen am Nil. Auch früher hat es Gewalt gegen die Minderheit gegeben. Zehn Prozent der rund 85 Millionen Ägypter sind Christen. Bisher waren die Angriffe auf Kirchen zumeist auf arme Gebiete beschränkt, und die Kathedrale im Zentrum von Kairo galt als weitgehend sicher. Kein Wunder also, dass viele Christen mit großer Sorge in die Zukunft schauen. Sie werden zu einer treibenden Kraft des Aufstands gegen Mohammed Mursi.

Ende April tauchen an den Hausmauern, am U-Bahn-Eingang und an vielen anderen Stellen, plötzlich Graffitis auf. »Tamarod«

steht da: Rebellion. Das ist der Name einer neuen Bewegung. »Es war eine spontane Idee. Wir saßen zusammen und waren frustriert über die schlechte Lage unserer Revolution, da haben wir beschlossen, dass« wir eine neue Revolution machen müssen«, sagt Mai Wahba. Die Mittezwanzigjährige mit dem getupften Kopftuch sitzt an einem Schreibtisch gleich am Eingang des Büros, das für die Bewegung angemietet wurde. Der Erfolg der »Rebellen« ist durchschlagend, ständig kommen neue Leute, die sich beteiligen wollen. »Es geht darum, bis zum ersten Jahrestag von Mursis Amtsübernahme mehr als 30 Millionen Unterschriften gegen ihn zu sammeln. Das sind mehr als er Stimmen bei der Wahl bekommen hat, und damit ist er dann quasi abgewählt«, sagt sie. Die Unterschriftensammlung sei ein Weg, mit den Menschen einzeln ins Gespräch zu kommen und ihnen die Ziele der Bewegung zu erklären. »Es ist phänomenal, denn im ganzen Land sind Aktivisten unterwegs, sie gehen von Tür zu Tür.« Gerade kommt ein junger Mann herein. Eine vollgepackte Sporttasche unter dem Arm. »Bitte schön. Da hätten wir noch einmal 9218 Unterschriften«, sagt er und lässt die Tasche fallen. Said Ramadan und drei seiner Mitstreiter sind aus der Provinz Scharqia nach Kairo gekommen, um im Hauptquartier der Kampagne die Unterschriften abzugeben.

Es ist eine bunte Mischung von Menschen, die sich an diesem Vormittag im Tamarod-Büro versammelt haben. Es sind Leute wie Said Ramadan: »Ich war immer gegen die Revolution. Hosni Mubarak war kein schlechter Präsident, jetzt geht es uns doch deutlich schlechter als zu seiner Zeit«, sagt der Klimaanlagentechniker. Er hofft, dass die Armee Mursi absetzt und ein erfahrener Politiker aus der alten Garde die Regierung übernimmt. Die Aktivistin Mai Wahba schüttelt den Kopf: »Es sind aber keinesfalls nur Mubarak-Anhänger, die bei uns unterschreiben. Ich zum Beispiel war von Anfang an bei der Revolution dabei und habe bei den Wahlen im vergangenen Jahr für Mursi gestimmt. Ich sah ihn als das kleinere Übel an«, erzählt sie: »Leider ist Herr Mursi aber unfähig, unser Land zu regieren, deswegen wollen wir Neuwahlen. Wir brauchen dringend einen besseren Präsidenten.« Wer das sein könnte, kann sie allerdings nicht sagen – und genau hier liegt die Schwäche der

Tamarod: Das nichtislamistische Lager, das sich zum Teil zur Nationalen Rettungsfront zusammengeschlossen hat, kann sich noch nicht auf einen gemeinsamen Präsidentschaftskandidaten einigen. Das lässt die Rufe nach einer Militärregierung laut werden.

Anders als 2011, als die Mobilisierung zum Aufstand weitgehend auf Kairo, Alexandria und die anderen Städte beschränkt war, ist jetzt ganz Ägypten beteiligt. Der große Unbekannte ist zu dieser Zeit die salafistische Bewegung. Viele von ihnen kritisieren zwar die Regierung der Muslimbrüder, aber mit der Rettungsfront wollen sie auch nicht zusammengehen. Einige Salafisten-Scheichs, die vor Kurzem noch gegen Mursi agitierten, haben nun sogar eine Pro-Mursi-Unterschriftenkampagne gestartet, um den erstarkenden weltlichen Kräften entgegenzureten. Es wird zu einem Lagerkampf.

Sogar in Luxor, wo bisher fast nie demonstriert wurde – schließlich lebt man hier vom Tourismus und will die Gäste nicht verschrecken –, bereiten sich die Menschen auf den nächsten großen Knall vor. Abdelrahim, Said und einige andere Souvenirhändler lungern im Schatten auf dem Parkplatz und warten auf Beute. Die Souvenirhändler von Luxor sind berüchtigt. Mit viel Charme verkaufen sie ihren Kunden Ramsch und das zu einem viel zu hohen Preis. Der Parkplatz vor den Memnonkolossen ist ein besonders guter Jagdgrund. Die beiden gigantischen grauen Statuen sind für die meisten Touristen eine der ersten Besichtigungen im Luxor-Programm. Die Gäste sind noch frisch und kaufbereit. Ein Kleinbus mit dem Sonnen-Logo eines Reiseveranstalters gleitet auf den Parkplatz. Abdelrahim lädt sich einen Stapel Schals auf den Arm. Said greift eine kleine Kiste mit verschiedenen Pharaonenskulpturen. Die Türen des Busses gehen auf, und schwupp, sind die Touristen umstellt: »Schauen Sie hier, meine Dame, echte Mumien und ganz günstig«, bietet Said seine Waren feil: »Schauen Sie. Nur schauen, sie müssen nichts kaufen«, drängelt sich ein Teenager dazwischen und präsentiert seine Postkarten. Abdelrahim gibt ihm einen Tritt: »Zieh Leine, das sind meine!«, zischt er. Der Junge zieht eine Grimasse, steuert dann auf ein Paar in Shorts zu, das sich von der Reisegruppe gelöst hat.

Die meisten Touristen würdigen die Händler keines Blickes. Eine ältere Dame bleibt stehen. Streicht nachdenklich über die weichen gestreiften Schals, und Abdelrahim strahlt hoffnungsvoll. Sie wird dann aber von ihrem Ehemann weitergezogen. »Die wollen dich nur betrügen, komm weiter«, sagt er. Abdelrahim, Said und die anderen Männer vom Parkplatz schauen der Gruppe nach. Das strahlende Verkäuferlächeln ist aus ihren Gesichtern verschwunden. Von Gerissenheit keine Spur. Verzweiflung pur. »Früher hat es mir nichts ausgemacht, wenn ich nichts verkauft habe. Was war schon ein Touristenbus? Wir wussten, dass andere kommen würden. Aber jetzt? Für heute war das womöglich der einzige Bus«, sagt Said. »Wieder ein Tag, an dem wir kein Geld nach Hause bringen.« Seine Stimme klingt nicht traurig, sie ist wutgeladen. Für ihn ist es gar keine Frage, wer Schuld an seiner Misere hat: »Es wird Zeit, dass wir ihn absetzen!« Seine Kollegen nicken zustimmend. »Nur noch ein paar Tage, und dann kommt er weg!«

Mit dem Tourismus in Ägypten ist nicht viel los. In den Hotels am Roten Meer geht es noch einigermaßen: Mit Billigangeboten locken Sie Gäste, die einfach nur Strand wollen. Die meisten verlassen ihre Hotelanlagen nicht, und nach Luxor oder Kairo, wo es die Altertümer der Pharaonenzeit zu besichtigen gibt, kommen derzeit nur sehr wenige. »Die Menschen trauen sich nicht. Sie sehen die Bilder der Demonstrationen in Kairo und denken, dass es in ganz Ägypten so aussieht«, sagt Said. »Dabei haben wir uns so bemüht, dass bei uns alles ruhig bleibt, und wir hatten gehofft, dass auch in Kairo Normalität einzieht, wenn wir erst einmal einen gewählten Präsidenten haben. Jetzt ist Mursi schon seit einem Jahr dran und: Nichts ist!«, mischt sich Azab Mohammed ins Gespräch. Der Schnauzbärtige ist der dienstälteste Händler am Parkplatz; 35 Jahre Berufserfahrung. Er hat schon eine Menge Krisen erlebt: die Kriege im Irak, der Terrorismus in den 90er Jahren und ganz besonders das Massaker am Tempel der Hatschepsut 1997, bei dem knapp 60 Touristen von einer Splittergruppe der Gamaat al-Islamia ermordet wurden. »Doch selbst danach dauerte es nur ein paar Monate, und die Touristen kamen zurück. Jetzt aber geht es schon so lange, es ist kein Ende in Sicht«, sagt er. Nachdenklich stapelt er seine

Waren. Er verkauft Sonnenhüte mit lustigen Kamelmotiven. Nach einer Pause fügt er hinzu: »Ich wünschte, Mubarak würde wieder zurückkommen«, sagt er. Wie bitte? Das sind erstaunliche Worte aus seinem Mund, denn er gehört nicht nur zu denen, die ganz besonders unter der Krise zu leiden haben. Er hat auch allen Grund, die alte Regierung zu hassen, denn er stammt aus Gurna, dem weltberühmten Dorf am Eingang zum Tal der Könige.

Von außen sieht das Haus von Azabs Familie klein aus, eine unscheinbare Hütte aus grauen Steinen. Ein struppiger Esel ist an einem Pflock vor der Tür angebunden. Doch ist man einmal eingetreten, nehmen die Zimmer kein Ende: Küche und Empfangsraum sind in der Hütte untergebracht, das Schlafzimmer ist schon halb in den Fels gebaut. Daran schließt sich eine geräumige unterirdische Halle an. Deutlich erkennbar sind die Grabnischen und Auswölbungen. Hier standen vor Jahrtausenden wohl Sarkophage, heute ist es der Vorratsraum.

Archäologen und auch die Regierung wollten die Bewohner der Gräber schon lange loswerden. Es gab jahrzehntelang Versuche, sie umzusiedeln. Zum Schluss kamen einfach die Bulldozer. Das war kurz vor der Revolution von 2011. »An dieser Aktion zeigte sich die ganze Brutalität und Korruptheit der alten Regierung«, schimpft Azab: »Klar, sie haben uns neue Häuser gebaut. Dafür haben sie ja auch fettes Geld von der UNESCO bekommen. Aber die Häuser sind viel zu klein«, schimpft er. So zog nur ein Teil seiner Familie in die Siedlung, der Rest blieb in der Grabkammer. »Wir konnten deswegen genau beobachten, wie anschließend die Grabschätze ausgeplündert wurden. Ich würde mich nicht wundern, wenn das die Leute waren, die etwas mit der Regierung zu tun haben«, ergänzt er. Kein gutes Haar lässt er an der alten Zeit. Dennoch wünscht er sich jetzt, dass Mubarak zurückkommt. »Wir haben ihn doch neulich mal im Fernsehen gesehen, als der Prozess gegen ihn wieder aufgerollt wurde. Da sah er doch eigentlich ganz fit aus. Aber, in Ordnung, wenn er zu alt ist, dann soll halt das Militär einspringen«, sagt Azab. Inzwischen haben noch ein paar Nachbarn und Freunde auf den Sitzkissen im Wohnzimmer Platz genommen. Auch sie lassen Dampf ab.

Gerade erst hat Mursi neue Gouverneure ernannt. Für Luxor hatte er Adel Assad al-Khiat ausgewählt. Ausgerechnet. Al-Khiat gehört zur radikalen Gamaat al-Islamia, einer der wenigen Gruppen, die Mursi noch uneingeschränkt die Treue halten. Seine Ernennung führte zu heftigen Protesten, und dann sah auch die Regierung ein, dass es keinen guten Eindruck macht, wenn in Luxor ein Mann Gouverneur wird, dessen Kampfgefährten dort ein Massaker verübt haben. Die Ernennung wurde zurückgenommen. Dennoch: Azab, Majid und die anderen bleiben dabei, Mursi muss weg. Am 30. Juni soll es so weit sein. »Klar, die Muslimbrüder werden sich nicht einfach von der Macht vertreiben lassen. Es wird ein schlimmes Blutbad geben, aber es ist unsere einzige Chance. Wie sollen wir sonst überleben?«

Inzwischen ist Hamam hinzugekommen, ein wettergegärbter Felukkenkapitän. Seit seiner Jugend schippert er mit Touristen auf dem Nil herum. »Ich hatte immer zu tun und war nie mehr als zwei Nächte zu Hause«, erzählt er. In seinem Dorf, einige Kilometer nilaufwärts, hat das Nichtstun die Männer auf besonders dumme Gedanken gebracht. »Eine alte Familienfehde ist wieder ausgebrochen«, berichtet er: »Zuerst wurde mein Cousin umgebracht, und die Familie des Täters weigerte sich, uns um Verzeihung zu bitten. Also haben wir vergangene Woche einen der ihren erschossen. Jetzt warten wir.« Natürlich sei Mursi nicht direkt schuld, dass die Blutfehde wieder ausgebrochen ist. »Aber er ist verantwortlich, dass wir nichts zu tun haben, und dafür, dass die Polizei nichts unternimmt«, meint er. Wie sonst könne es angehen, dass es so viele Waffen gibt? »Wir haben allein fünf Maschinenpistolen. Die stammen aus Libyen. Wir haben sie von Schmugglern gekauft.« Natürlich will auch er am 30. Juni auf die Straße gehen. »Wir Touristenführer sind eigentlich die natürlichen Feinde von Demonstrationen, und wir haben in den letzten Monaten alles getan, damit es ruhig bleibt und sich die Gäste zurücktrauen, aber jetzt müssen wir etwas tun. Wir müssen an die Zukunft denken!«, erklärt er.

»Ihr wollt eine Alternative? Wir haben sie!«, so der Titel einer Veranstaltung, zu der der nasseristische Journalist Hamdin Sabachi, der ehemalige Präsidentschaftskandidat, einlädt. Es ist seine Reaktion auf die zunehmende Kritik daran, dass die Rettungsfront keinen Plan anbiete, was auf Mursi folgen soll. Dutzende von Experten sind geladen. Wie kann die Wirtschaft wieder in die Spur kommen? Wie löst man die Bildungsmisere, und was bringt Christen mit Muslimen zusammen? Eine richtige Initiative zur richtigen Zeit, sollte man denken. Richtig voll wird es im Vortragssaal allerdings trotzdem nicht. Und was ist das? Während am Rednerpult eine junge Professorin der Kairoer Universität ihre Studie zur Arbeitsmarktlage vorstellt, sacken den beiden Herren neben mir die Köpfe auf die Brust. Sie schlafen. Drei Reihen vor mir sitzt Hamdin Sabachi, auch er ist längst eingenickt. Ganz offensichtlich glaubt nicht einmal er daran, dass er oder ein anderer Führer der Heilsfront in nächster Zeit Regierungsverantwortung übernehmen wird. Sollte es tatsächlich gelingen, Mohammed Mursi am 30. Juni aus dem Amt zu vertreiben, wird das Militär die Regierung wieder übernehmen. Dies scheint eine ausgemachte Sache zu sein.

»Nein, nein, das ist das Allerletzte, was wir wollen«, so Mohammed Adel von der Bewegung des 6. April. Er und seine Mitstreiter spielen bei der Organisation des Tamarod-Aufstands eine große Rolle, bringen ihre Revolutionserfahrung von 2011 ein. »Aber diesmal ist es anders. Wir haben mehr Unterstützung aus der Bevölkerung, und zwar aus ganz unterschiedlichen Schichten. Das ist gut, aber das macht es auch schwierig, denn abgesehen von dem gemeinsamen Ziel, Mursi abzusetzen, fehlt es an einem gemeinsamen Programm«, so Mohammed Adel. Während viele andere das Militär als Retter sehen, will er keinesfalls, dass die Generäle an die Regierung zurückkehren. »Stattdessen wollen wir eine Regierung der nationalen Einheit und schnelle Neuwahlen«, sagt Mohammed Adel. Als Übergangspräsident sei der Chef des Verfassungsgerichts im Gespräch, und die Führer der Rettungsfront seien bereit, sich an einer Regierungsbildung zu beteiligen. Das Allerwichtigste sei, dass die Demonstrationen am 30. Juni friedlich bleiben. Dabei geht es ihm um mehr als nur um Pazifismus. Tatsächlich gibt es unter den Kräften, die zu den Protesten mobilisieren, viele, die auf Gewalt setzen. Dahinter steckt eine Strategie: Wenn das Blut erst einmal in Strömen fließt, bleibt der Armee nichts mehr anderes übrig, als einzugreifen.

Kurz vor dem 30. Juni treffe ich Amr Hamzawi zum Interview. Der ehemalige Parlamentsabgeordnete hat sich der Rettungsfront angeschlossen und unterstützt den Aufruf zum Sturz Mursis. In diesen Tagen ist er ein gefragter Gesprächspartner, seine Assistentin vergibt Interviewtermine bis spät in die Nacht. Meiner ist um 23.30 Uhr. In Khaki-Shorts und T-Shirt sitzt Amr Hamzawi auf seiner Küchenbank. Im Nachbarzimmer schlafen seine Kinder. Er macht sich Sorgen, das ist ihm anzumerken. Sorgen darüber, was passiert, wenn es zu massenhaften Protesten am 30. Juni kommt und diese dann zum Eskalieren gebracht werden, damit die Armee eingreifen kann. »Das sind beängstigende, richtiggehend faschistische Positionen. Ich habe versucht, in der Rettungsfront dafür zu werben, dass wir eine Strategie erarbeiten, was wir machen, wenn Mursi nicht gleich abtritt. Werden wir verhandeln? Leider ist die Mehrheit der Meinung, man solle es abwarten. Dann stehen wir aber am Ende ohne Alternative da, und dann wird das Militär schon deswegen eingreifen.« Amr Hamzawi macht sich aber auch Sorgen, was passiert, wenn der Aufstand nicht gelingt: Es kursieren Listen mit Namen von Oppositionspolitikern und kritischen Intellektuellen, die angeblich in den nächsten Tagen verhaftet werden sollen. »Man kann nicht sicher sein, ob es diese Listen wirklich gibt, aber zuzutrauen ist es ihnen.«

Der 30. Juni kommt und übertrifft alle Erwartungen, zumindest was die Zahl der Demonstranten angeht. Von 20 Millionen ist die Rede, andere sprechen sogar von 40 Millionen. Später einigen sich Politiker und Kommentatoren auf 30 Millionen. »Es gibt keinen Zweifel, dies ist eine Revolution!«, so die Aktivistin Esraa Abdel Fattach. Sie macht inzwischen die Pressearbeit für die Rettungsfront und ist ganz heiser. So viele Interviews hat sie schon gegeben. »Der Vorwurf, dass wir uns nicht an die demokratischen Spielregeln halten, ist Quatsch: Mohammed Mursi wurde zwar zum Präsidenten gewählt, aber er ist für den Posten nicht geeignet. Sollen wir jetzt vier Jahre zuschauen, wie unser Land den Bach runtergeht, bis wir den Fehler korrigieren können? Ist das Demokratie? Es waren 30 Millionen Demonstranten gegen ihn auf der Straße«, sagt sie. Die Frage, was nun geplant sei, will sie nicht mehr beantworten: »Tut mir leid, ich muss ans andere Telefon. Ich habe so viele Anfragen«, sagt sie und legt auf.

Bekommt Ägypten eine dritte Chance?

Es sind Tage, die an den Nerven zerren. Ich kann die Nervosität der Demonstranten spüren, die in einem Zeltlager vor dem Präsidentenpalast campieren und aus dem Augenwinkel die Polizisten am Eingang des Palastes beobachten: Werden sie den Protest auflösen? Oder droht die Gefahr eher von den Anhängern Mursis, die inzwischen ebenfalls ein Protestlager errichtet haben und die Straßenkreuzung vor der Moschee al-Raba al-Adawia besetzt halten. Dass mit denen nicht zu spaßen ist, wird schon klar, wenn man sich den Barrikaden am Rande des Camps nähert. Aggressiv treten sie mir entgegen: Wenn ich Fragen habe, solle ich im Präsidentenpalast anrufen. Punkt. Es folgt ein langer Blick, voll gebündelter Verachtung. Ich könnte platzen vor Aufregung, als am 1. Juli Verteidigungsminister al-Sisi ein 48-Stunden-Ultimatum verhängt: Entweder lenkt Mursi ein oder er wird abgesetzt. Als am 3. Juli dann das Ultimatum abläuft und al-Sisi vor die Kamera tritt, kann ich die unbändige Freude eines Großteils der Ägypter verstehen. Schließlich steht der General nicht allein dort. Neben ihm sitzen Scheich al-Azhar als Vertreter der Muslime und Papst Tawadros II., um die Unterstützung der Christen zu demonstrieren. Auch die Führer der Rettungsfront sind gekommen, Aktivisten der Revolution, Mohammed al-Baradei. Sie alle stehen dafür, dass Ägypten es dieses Mal schafft. Mursi ist offiziell abgesetzt, eine Übergangsregierung mit dem Vorsitzenden des Verfassungsgerichts Adli Mansur an der Spitze soll das Land führen. Ein detaillierter Fahrplan wird vorgestellt: Zunächst soll eine neue Verfassung erarbeitet, dann ein Parlament und schließlich ein Präsident gewählt werden. Was für ein Erfolg! Die Party auf dem Tahrir-Platz ist überschwänglich und dauert mehrere Tage.

Zugleich sind die Warnsignale nicht zu übersehen. Während al-Sisi seine Rede zur Absetzung von Mohammed Mursi im Fernsehen hält, stürmen Sicherheitskräfte die Redaktionsräume islamistischer Medien. »Sie zerschlugen oder stahlen die Ausrüstung und nahmen alle Kollegen mit, die anwesend waren«, erzählt Mohammed al-Adli, Reporter des Senders Amgad, am nächsten Tag. Er hatte frei und wurde deswegen nicht verhaftet. Da er nun keinen Job mehr und nichts vorhat, sitzt er im Protestlager der Mursi-Anhänger in al-Raba al-Adawia vor dem Pressezelt. Die Absetzung Mursis hat dem Protestcamp enormen Zulauf gebracht. Viele Muslimbrüder, aber auch andere Oppositionelle, die gegen das Eingreifen von al-Sisi sind, haben sich den Demonstranten angeschlossen. Im Medienzentrum herrscht Hochbetrieb.

Nur wenige hundert Meter vom Protestcamp entfernt werden gigantische Poster mit dem Porträt al-Sisis aufgehängt: »Dank dem Retter Ägyptens«, steht darunter. Noch ein Warnsignal. Hat al-Sisi nicht gerade erst versprochen, dass er in der Übergangsregierung nur einen Ministerposten, nicht aber die Führung übernehmen will? Esraa Abdel Fattach, die ich nach diesen Postern frage, wiegelt ab: Die Bilder seien von Fans aufgehängt worden, gegen den Willen des Verteidigungsministers. »Das ist nicht sein Stil, und er hat doch noch einmal betont, dass er keine politische Rolle spielen wird«, so die Aktivistin. Warum er dann die Poster nicht abnehmen lässt, den Personenkult unterbindet? »Das verstehen Sie nicht: Die einfachen Ägypter wünschen sich einen starken Mann an der Spitze. Er will den Leuten diese Freude nicht verderben«, meint sie.

»Das verstehen Sie nicht!«, ist ein Satz, den ich in diesen Tagen oft höre. Die Stimmung unter meinen ägyptischen Freunden ist euphorisch, viele reagieren geradezu allergisch auf die Kritik an der Absetzung Mursis. Besonders ärgert sie, dass ausländische Medien häufig den Begriff Putsch statt Revolution verwenden. Allerdings, das muss der Fairness halber betont werden, ist zu diesem Zeitpunkt noch nicht sicher, dass sich Ägypten in Richtung eines autoritären Militärstaates bewegt. Oft wird das Bild der Reset-Taste benutzt. Die ägyptische Revolution von 2011 sei in die falsche Richtung gelaufen, und nun bekomme Ägypten eine neue Chance. Die Vorstellung der Regierungsmannschaft macht Mut. Übergangspräsident wird der Präsident des Verfassungsgerichts Adli Mansur, und mit Hazem Beblawi wird einer der Gründer der Sozialdemokratischen Partei Premier. Mohammed al-Baradei akzeptiert das Amt des Vizepräsidenten. Auch hat die sehr angesehene Umweltaktivistin Leila Iskander den Posten der Umweltministerin angenommen. Sie sei schon mehrfach in der Vergangenheit gefragt worden, ob sie ein Regierungsamt übernehmen wolle, erklärt sie in einem Interview wenige Tage nach ihrer Ernennung, aber sie habe nie eine Chance gesehen, ihre Ideen umzusetzen: »Jetzt habe ich das Gefühl, dass Ägypten wirklich bereit ist, und ich möchte Verantwortung für diesen Neuanfang übernehmen«, sagt sie. Die Kritik an der neuen Regierung, dass sie durch einen Putsch an die Macht gekommen sei, will sie nicht gelten lassen: »Ich verstehe einfach nicht, wie die Politiker in Washington und Europa auf so etwas kommen. Ich denke, wir sind in einer Situation, in der man uns helfen und nicht den Neuanfang noch zusätzlich erschweren sollte.« Leider sei damit zu rechnen, dass die Gewalt noch eine Weile andauere. »Ich hasse es, wenn Menschen sterben. Aber ich hoffe, dass diese Unterstützung der Armee ein für alle Mal klarmachen wird, dass die Ägypter nun mit ihrem Leben weitermachen wollen. Die Spaltung der Gesellschaft in zwei Lager ist natürlich kein idealer Start für eine neue Zeit. Da müssen wir beten, dass es gut geht«, sagt sie.

Bereits am 8. Juli kommt es zu den ersten blutigen Zusammenstößen. Am Abend ziehen Tausende zu den Baracken der Präsidentengarde. Hier soll Mursi seit seiner Absetzung gefangen gehalten werden. 51 Menschen sterben, als die Sicherheitskräfte das Feuer eröffnen. Später heißt es, die Wachen hätten nur aus Notwehr geschossen, als die Demonstranten versuchten, das Gebäude zu erstürmen. Der Vorfall ist einer von vielen dieser Art in jenen Tagen, und die Regierung, die aus einem Kabinett mit zum Teil sehr angesehenen Politikern besteht, sich aber unter Führung des Militärs befindet, nutzt ihn, um die Bevölkerung zu einer Großdemonstration gegen den Terrorismus zu mobilisieren. Am 26. Juli kommen

Hunderttausende auf den Tahrir-Platz. Sie tragen ägyptische Fahnen und Poster von Abdelfattach al-Sisi. Manche halten auch alte Bilder von Präsident Gamal Abdel Nasser hoch. Die Demonstration wird als Zustimmung gesehen, mit aller Härte gegen die Anhänger des gestürzten Präsidenten vorzugehen.

Diese haben inzwischen noch ein zweites Protestcamp in der Nähe der Universität errichtet. Am Al-Nahda-Platz ist ebenso wie vor der Moschee al-Raba al-Adawia eine Zeltstadt entstanden, viele Demonstranten haben sogar Holzhütten gebaut. In al-Raba al-Adawia gibt es eine große Bühne, auf der politische Reden gehalten werden, auf dem Platz davor versammeln sich die Demonstranten zum gemeinsamen Gebet, es gibt Küchenzelte, ein Krankenhaus, Zelte, in denen Künstler Workshops anbieten, und natürlich auch einen Friseur. »Es ist wie in den Tagen 2011 auf dem Tahrir-Platz, nur besser organisiert«, so Jussra Kamal. Die Studentin ist mit ihrer ganzen Familie hergekommen. In einem Zelt hinter der Bühne übernachten und kochen sie. »Die Stimmung ist gigantisch. Es gibt viele spannende Diskussionen über Politik, aber zugleich ist es sehr spirituell«, sagt sie. Eine Art Woodstock-Festival für Islamisten. Ein paar Zelte weiter treffe ich einen alten Bekannten: Eissam al-Din Azam, der ehemalige politische Gefangene, hat sich hier mit seinen Mitstreitern von der Gamaat al-Islamia eingerichtet. »Es ist eine sehr wichtige Zeit für uns und unsere Bewegung, es wird beraten, wie es weitergehen soll, wie wir die Regierung zurückerobern können«, sagt er. Dann bemerkt er meinen fragenden Blick: »Nein, nein! Wir werden nicht zum bewaffneten Kampf zurückkehren. Ich habe ihm ein für alle Mal abgeschworen und werde nicht wieder rückfällig«, sagt er. Mit einer ausladenden Geste lädt er mich ein, sein Zelt anzuschauen: »Sie können überall hineinschauen, sich überzeugen: Das Gerede in den Medien der Konterrevolution, dass wir hier Waffen lagern und Kämpfer zusammenziehen, ist ganz großer Quatsch«, beteuert er. Tatsächlich tauchen immer mehr Berichte auf, dass in al-Raba al-Adawia und al-Nahda Waffen gesammelt werden und sich die Demonstranten auf gewaltsame Auseinandersetzungen vorbereiten.[2] Beides ist richtig, allerdings in einem sehr viel geringeren Umfang, als von den regierungsnahen Medien behauptet wird. Dafür wird aber ordentlich gehetzt: »Mohammed al-Baradei ist ein Verräter, ein Feind des ägyptischen Volkes!« wettert Mohammed al-Beltagi von der Muslimbruderschaft. »Weiter, weiter, wir werden nicht nachlassen, bis Ägypten islamisch ist!«, skandieren die Zuhörer vor der großen Bühne. »Ich rufe euch zu, oh Jugend Ägyptens: Dies ist nicht die Zeit, über vergangene Fehler nachzudenken. Es geht darum, die Revolution zu vollenden!«, ruft danach Eissam al-Erian. Auf der Bühne treten in diesen Tagen viele bekannte Muslimbrüder auf: »Es ist die Zeit gekommen, in der sich genau abzeichnet, welche Gruppen für uns sind und welche gegen uns«, fügt er dann drohend hinzu, und klar ist, dass er nicht nur die Armee, die Politiker der Rettungsfront, sondern vor allem die ägyptischen Christen als Feinde sieht.[3] »Muslimun aham!«, skandiert das Publikum: »Die Muslime sind am wichtigsten!« Die große Mehrheit der Christen steht hinter der Absetzung Mursis, und viele haben sich an den Demonstrationen vom 30. Juni beteiligt. Eissam al-Erian hebt dies besonders hervor und stellt sie damit als eigentliche Drahtzieher des Umsturzes dar. Die Absicht ist offensichtlich.

Die extreme Polarisierung und die Gewalt bestimmen nicht nur die Politik, Hass und Misstrauen kriechen auch in die Gesellschaft, entzweien Freunde, spalten ganze Familien, zum Beispiel die Familie Schedid. Sie wohnt in einem Mehrfamilienhaus in der Kairoer Innenstadt, und oben auf der Dachterrasse steht ein großer Esstisch. Hier sitzen die Schedids gern zusammen, essen, schwatzen und lachen. Derzeit allerdings bleibt der Tisch zumeist leer. Bei den Schedids verläuft die Front mitten durch die Familie. Man geht sich aus dem Weg. Dabei ist jetzt Ramadan, und das abendliche Fastenbrechen ist traditionell eine Familienangelegenheit.

»Ich mache mir wirklich Sorgen, was noch kommt«, sagt Abdel Kawi al-Schedid. Der 67-Jährige mit dem gestutzten grauen Bart betreibt ein Antiquitätengeschäft im Erdgeschoss. Von hier sieht er, wer kommt und wer geht. Zehn Wohnungen gibt es im Haus. In allen wohnen Familienmitglieder. Politisch steht Abdel Kawi in der Mitte, wie er selbst sagt. Er war gegen Hosni Mubarak, aber auch gegen die Muslimbruderschaft und hat sich gefreut, als diese von

Abdelfattach al-Sisi aus dem Amt befördert wurde. »Es ist Quatsch, von einem Militärputsch zu sprechen! Wäre dies ein Putsch, dann würde al-Sisi jetzt selbst regieren. Es ist vielmehr so, dass unsere Armee die Rolle des Vaters hat, der durchgreift, wenn in der Familie jemand aus der Reihe tanzt und zu viel Unsinn macht«, erklärt er. Die Regierung von Präsident Mohammed Mursi sei unfähig gewesen, und Mursi habe nicht auf die Warnsignale reagiert. Statt Reformen einzuleiten, als die Menschen begannen, gegen ihn zu demonstrieren, habe er auf stur geschaltet: »Wie in der Familie braucht man auch in der Politik jemanden, der auf die Finger haut, wenn es ganz schiefläuft«, meint er. »Wer hätte das machen sollen, wenn nicht die Armee?«, so Abdel Kawi al-Schedid.

Er schaut auf die Straße und winkt einen Mann heran: »Na, der kommt uns ja wie gerufen«, sagt er: »Da können Sie einmal sehen, wie weit das Meinungsspektrum in unserer Familie geht. Neffe Mahmud ist unser Hardliner.« Der 53-jährige Finanzdirektor eines mittelgroßen Unternehmens kommt herein. Aktentasche unter dem Arm, hellblau gestreiftes Hemd und ein Bart, der ihm bis zur Brust wuchert. Man merkt ihm an, dass er lieber weitergehen würde, doch wenn sein Onkel ihn ruft, da kann er nichts machen. Betont freundlich begrüßen sich die beiden. »Ja, ja, wir sind eine Familie mit vielen unterschiedlichen Meinungen«, sagt Mahmud. »Ein Abbild der ägyptischen Gesellschaft«, ergänzt Abdel Kawi. Höflichkeitsfloskeln. Es dauert nur wenige Minuten, bis die beiden aneinandergeraten. Es geht um Armeechef al-Sisi und seinen Aufruf an alle Ägypter, die Armee in ihrem Kampf gegen den Terrorismus zu unterstützen. Ein Schritt in die richtige Richtung oder der Anfang eines Bürgerkrieges? Und überhaupt: War die Absetzung Mursis durch die Armee am 3. Juli die Verwirklichung des Willens des Volkes oder doch ein von langer Hand geplanter Militärputsch? Gerade wollen sich die beiden Männer richtig ineinander verbeißen, da besinnen sie sich. Schließlich ist Besuch da.

Mahmud Schedid hat schon als Schüler begonnen, Bart zu tragen, betete viel und in ganz bestimmten Moscheen. Er wurde wie viele Islamisten von der Staatssicherheit drangsaliert. Für ihn war die Wahl Mursis zum Präsidenten eine Befreiung: »Seit der Revolution ist es auch vorbei mit dieser widernatürlichen Trennung zwischen Religion und Politik«, erklärt er. »Wir sind ein gläubiges Volk, und der Islam ist eine umfassende Religion.« Wann immer er Zeit hat, geht er in diesen Tagen zum Protestcamp von al-Raba al-Adawia. Hier kursieren Berichte von Übergriffen auf verschleierte Frauen. Hinzu kommen die Angriffe durch bewaffnete Schlägertrupps und auch durch die Militärpolizei auf die Islamisten. Die Angst lässt die Menschen enger zusammenrücken. Auch auf der anderen Seite kennt man Angst. Viele Nichtislamisten erinnern sich noch zu gut an die Berichte, dass unverschleierte Frauen angegriffen wurden, und immer wieder heißt es, dass Muslimbrüder Jagd auf Mursi-Gegner machen. Es ist ein Kreislauf aus Angst, Rache und Hass. Wie lässt er sich durchbrechen?

»Wie kann es Versöhnung geben, wenn Ungerechtigkeit und Willkür herrschen? Wie können wir mit denen reden, wenn sie unseren gewählten Präsidenten abgesetzt und gekidnappt haben. Ohne Anklage sitzt Mursi in Haft. Keiner weiß, wo!«, schimpft Mahmud. Bevor es wieder zum Schlagabtausch mit dem Onkel kommt, schaut er auf die Uhr: Er muss los. Nein, zum gemeinsamen Fastenbrechen werde er heute nicht kommen können. Leider. »Du weißt ja, Onkel, Verpflichtungen«, sagt er. Höflichkeit auf beiden Seiten. Kaum ist die Ladentür hinter Mahmud ins Schloss geschnappt, fällt die freundliche Maske von Abdel Kawi ab: »So ein Schauspieler! Jetzt hat er so moderat getan. Sie hätten ihn heute Morgen einmal hören sollen. Das größte Problem an Leuten wie ihm ist, dass sie die ganze Zeit von Werten sprechen, aber dann kein Problem haben, einen älteren Onkel auf offener Straße zu beschimpfen. Einen Lügner hat er mich genannt, einen Ungläubigen sogar!«, empört sich Abdel Kawi: »Kommen Sie, jetzt zeige ich Ihnen die andere Seite«, sagt er.

Im dritten Stock des Hauses wohnt Nichte Hanan mit ihrem Mann Ihab und den beiden Kindern. »Sie werden sehen, Ihab ist auch ein Radikaler. Er ist ultraliberal. Für meinen Geschmack gehen seine Ansichten wirklich zu weit«, warnt Abdel Kawi und drückt dann auf den Klingelknopf. Der 58-jährige Reisebürobesitzer trägt Shorts. An den Wänden des Wohnzimmers hängen Degas-Kopien. Ballettmädchen im Goldrahmen. »Ägypten war so ein schönes Land, bis diese da auftauchten«, schimpft Ihab los und deutet diffus in Richtung Wohnungstür. Gleich nebenan wohnt Cousin Mahmud: »Fragen Sie doch nur einmal einen dieser Islamisten, was sie von Ballett halten. Das Einzige, was ihnen dazu einfällt, ist, dass da auf offener Bühne Männer Frauen von unten hochheben. Das zeigt doch schon das eingeschränkte Weltbild«, sagt er. Mit ihm über Versöhnung und Kompromiss zu sprechen, darüber also, wie die ägyptische Gesellschaft wieder zusammengekittet werden kann, ist ebenso unergiebig wie zuvor das Gespräch mit Cousin Mahmud. Er will die Islamisten am liebsten aus dem politischen Leben ganz verbannen. Für ihn sind allerdings nicht nur die Radikalen ein Problem. »Im Grunde muss man sagen, dass der Faschismus bereits im Islam angelegt ist. Schließlich gibt es da Koranverse, die man als Aufruf zum Töten Andersdenkender verstehen kann. So wird es immer Radikale geben, die dies aufgreifen«, sagt er. Kein Wunder also, dass Mahmud und seine Familie immer seltener zum Essen kommen. »Das ist mir aber auch ganz recht. Wenn ich schon sehe, wie deren Frauen mit ihrem Gesichtsschleier sich über die Teller beugen, wird mir ganz anders«, sagt er. »Das ist aber dein Problem«, mischt sich seine Frau ins Gespräch: »Die Frauen haben kein Problem, sie sind es gewohnt und haben es sich ausgesucht, mit dem Schleier zu essen.«

Die 55-Jährige ist Bibliothekarin. Sie bedauert es, dass die Gemeinsamkeiten in der Familie immer weniger werden und der Tisch auf der Dachterrasse nur noch selten benutzt wird. Manchmal klappt es noch. »Da wir nicht über Politik reden können, bemühen wir uns um andere Themen: harmlose Alltagsgeschäfte, was die Kinder so machen«, sagt sie. Dabei ist ausgerechnet das gar kein so harmloses Thema, zumindest nicht für Abdel Kawi. Seine Tochter Ebtihal ist in der liberalen Revolutionsszene unterwegs. Die Anfangdreißigjährige trägt eine kräftige Lockenmähne, Jeans und Turnschuhe, Nahil, ihre ältere Schwester, hingegen Gesichtsschleier und bodenlanges Gewand.

Keine der Töchter wohnt noch in der Safia-Zaghlul-Straße. Ebtihal lebt in den USA und Nahil mit Mann und Kindern in einer Satellitenstadt am Rande Kairos. Im Kontakt sind sie trotzdem, und zwar ständig: »Wir reden viel über Facebook«, erklärt Nahil. Sie ist gekommen, ihren Vater zu besuchen. Nahil sieht sich und ihre Schwester als gutes Beispiel, wie es mit dem Zusammenleben in Ägypten doch noch klappen könnte. »Ich bin nicht einverstanden mit ihrer Art zu leben, aber ich muss zugeben, dass wir beide etwas für unser Land tun wollen«, sagt sie. Eine wichtige Rolle spiele die Einsicht, dass Ebtihal ihre Schwester ist und es auch immer bleiben wird. Sie müsse sich also arrangieren. Und dann ist da noch etwas: »Es hat große Vorteile, wenn man über Facebook kommuniziert. Da kann man sich auch mal ignorieren. Wenn ich mich über eine Bemerkung meiner Schwester oder einer Cousine zu sehr ärgere, dann klicke ich sie weg«, sagt sie. Das kann man als Konfliktvermeidung belächeln, aber immerhin ist es ein Anfang. Die lähmende Polarisierung der Gesellschaft kann nur überwunden werden, wenn beide Seiten lernen, den anderen zu akzeptieren, wie er ist, und aufhören, sich zu provozieren und provozieren zu lassen.

In der Politik ist dies nicht so einfach: Alle Versuche, durch Verhandlungen einen Ausgleich zwischen Regierung und Mursi-Anhängern zu erreichen, scheitern. Die Führung der Muslimbruderschaft will von Kompromissen nichts wissen. Abend für Abend geben sie im Pressezelt von al-Raba al-Adawia Pressekonferenzen und Interviews. Auf die Frage, ob die Mursi-Regierung Fehler gemacht habe, reagiert Exkulturminister Alaa Abdel Aziz gereizt: »Wir haben uns nichts vorzuwerfen«, sagt er. Dabei hat er als Kulturminister den wachsenden Zorn der Bevölkerung gegen die Mursi-Regierung hautnah erlebt. Wochenlang hatten Künstler, Journalisten und Filmemacher sein Ministerbüro besetzt. »So wie die angeblichen Demonstrationen vom 30. Juni war das auch nur eine Inszenierung. Das ist die Konterrevolution. Es gibt keinen Grund, uns für unsere Arbeit oder unsere Politik zu entschuldigen«, sagt er. Im Pressezelt treffe ich auch Ahmed Akil wieder und freue mich. Der junge Muslimbruder wird sicherlich eine differenziertere Meinung haben. Ahmed Akil sieht bleich aus, gehetzt. Was mich aber am meisten erschüttert: Er redet genau wie die anderen Führer der Bruderschaft, wiederholt Wort für Wort die starrköpfigen Positionen. »Wir werden nicht nachgeben. Warum sollten wir? Erst wenn Mursi wieder Präsident ist, können wir über alles Weitere sprechen«, sagt er.

In den Zeitungen und im Fernsehen – es gibt ja seit der Schließung der islamistischen Medien nun quasi nur noch Pro-Regie-
rungssender – werden derweil Strategien diskutiert, wie die Protestlager am besten zu räumen seien. Je brutaler, desto besser! Das
spiegelt sich auch im Alltag wider. »Ich würde gerne Mursis Kopf in
meiner Hand halten«, sagt eine Freundin zu mir. Sie ist Anwältin
und keineswegs radikal. »Ich wünschte, ich hätte seinen abgeschla-
genen Kopf, und das Blut soll zwischen meinen Fingern herunter-
tropfen«, sagt sie. Auf meinen Einwand, dass man doch nicht alle
Muslimbrüder und Mursi-Anhänger umbringen könne, schaut sie
mich verständnislos an: »Warum nicht? Den Rest kann man dann
ins Gefängnis stecken. Da, wo sie hergekommen sind!«, sagt sie. Der
angesehene Menschenrechtler und Professor an der Amerikanischen Universität Saad Eddin Ibrahim denkt in diesen Tagen sogar
laut über Konzentrationslager nach.

Am 18. August morgens um sechs beginnen die Sicherheitskräfte mit der Räumung der Protestlager. Mit Bulldozern und später mit
Scharfschützen geht die Polizei vor. Augenzeugen beschreiben, dass
die Polizei es ganz offensichtlich darauf abgesehen hat, möglichst viele Menschen zu töten. Ich bin an diesem Tag nicht in Kairo, sondern
in der jemenitischen Hauptstadt Sanaʾa und verfolge die Ereignisse im
Fernsehen. Am nächsten Morgen fahre ich vom Kairoer Flughafen
direkt zu dem Platz vor der Moschee von al-Raba al-Adawia. Zer-
fetzte Zeltplanen, zerbrochene Holzlatten, dunkle Flecken auf dem
Boden. Ist das Blut? An der Stelle, wo das Zelt von Jussra Kamal
stand, sind nur noch die verkohlten Überreste von Plastik zu sehen.
Ein Kinderschuh liegt da. Ob das der Schuh ihres kleinen Bruders
war? »Es war so schrecklich«, erzählt sie mir später am Telefon. Sie
sei aufgewacht, als die Männer im Protestcamp aufgeregt begannen,
die Verteidigung zu organisieren. »Ich wollte mit meiner Mutter und
meinem kleinen Bruder schnell weg, aber das ganze Gebiet war abge-
riegelt. Erst Stunden später fanden wir einen Weg. Das Tränengas, die
vielen Toten. Meine Freundin wurde erschossen«, sagt sie, und ihre
Stimme ist nur noch schwach zu hören: »Dies ist das Ende.«

Am Abend rufe ich Mohammed al-Adli an. Den Journalisten,
dessen Sender geschlossen wurde. Auch er ist kaum zu verstehen:

»Ich bin in der Moschee. Hier sind die Toten. Es sind Hunderte. Ich sitze hier neben meinen Freunden. Sie sind auch ...«, der Rest des Satzes geht in Schluchzern unter. Eigentlich will ich mich mit eigenen Augen davon überzeugen, dass es wirklich so viele Tote sind und sie tatsächlich Schussverletzungen haben. In diesen Tagen kann man nur glauben, was man sieht: »Du kannst kommen, aber pass auf! Vor der Moschee sind Schlägertrupps«, sagt er. Im Endergebnis ist es ein Anruf meiner Mutter, der mich abhält zu gehen: »Schau dir das nicht an. Du wirst dieses Bild und diesen Geruch nie mehr aus deinen Gedanken bekommen.«

Mohammed al-Adli wird Tage nach der Räumung verhaftet, als er gemeinsam mit mehreren anderen Journalisten Mohammed Sultan interviewt. Er ist einer der wenigen hochrangigen Muslimbrüder, die noch auf freiem Fuß sind. Mohammed al-Adli hat Pech. Sein Fall wird in den sogenannten Kontrollraum-Prozess eingeschlossen, und er wird später mit den Funktionären der Muslimbruderschaft, die die Protestlager und die Demonstrationen der Muslimbruderschaft organisierten, zu 15 Jahren Haft verurteilt. Im Gefängnis trifft Mohammed al-Adli auch Schawkan alias Mahmud Abu Zeid wieder. Mit ihm hatte ich Anfang Juli eine Reportage über die Absetzung von Mursi gemacht, und seinetwegen hätten wir fast die Deadline für den Andruck der Geschichte verpasst. Schawkan war so glücklich über die Ereignisse und hat so heftig gefeiert, dass er am Tag danach zu nichts zu gebrauchen war. Ausgerechnet er wird beschuldigt, die Muslimbrüder zu unterstützen, und sitzt deswegen im Gefängnis.

»Er lebt für seine Fotografie. Immer muss er ganz vorn dabei sein«, erzählt sein Bruder: »Als er hörte, dass die Räumung in al-Raba al-Adawia begonnen hat, ist er gleich hingefahren, um seiner Arbeit als Fotograf nachzugehen«, sagt er. Die ganze Familie sitzt in dem kleinen Wohnzimmer der Neubauwohnung in Feisal, einem Stadtteil der unteren Mittelschicht. Schawkans Vater trägt Pyjama und ein wärmendes Tuch auf dem Kopf, seine Mutter ein langes Gewand. Ihnen ist ihre Herkunft aus einem Dorf in Oberägypten noch deutlich anzusehen. Vor 25 Jahren sind sie nach Kairo gekommen, damit ihre beiden Söhne es einmal besser haben. »Das ist die Abschlussarbeit, die Mahmud an der Kunstschule gemacht hat«, sagt seine Mutter und

Der Fotograf Schawkan alias Mahmud Abu Zeid im Juli 2013 in Kairo.

zeigt mir eine Mappe mit Großaufnahmen einer alten Frau. »Alltag, Armut und Ungerechtigkeit, das waren seine Themen«, ergänzt sein Vater. Mahmud Abu Zeid wird bei der Räumung von al-Raba al-Adawia verhaftet und zunächst mit Zehntausenden anderen in ein großes Stadion gebracht. Während aber die meisten Journalisten nach ein paar Stunden freikommen, wird Mahmud Abu Zeid in einen Gefangenentransporter verfrachtet. »Wir waren mit mehr als 20 Leuten eingepfercht, und es war unerträglich heiß. Als die Gefangenen im Wagen nebenan protestierten, warf die Polizei eine Tränengasgranate in den Gefangenentransporter. Die Leute erstickten. Das mitanzuhören war das Schrecklichste, was ich je gehört habe«, schreibt er in einem offenen Brief, den er Monate später verschickt. Bis jetzt sitzt Mahmud Abu Zeid im Gefängnis. Er ist eines von vielen Opfern der neuen Zeit.

Während in Kairo die beiden Protestlager geräumt werden, wird es auch in Oberägypten blutig. Nach dem Mittagsgebet ziehen große Gruppen von extrem gewaltbereiten Männern durch die Straßen. Sie wollen Rache für die Räumungen in Kairo. Aus ihrer Sicht ist klar, wer verantwortlich ist, und so gehen an diesem Nachmittag neben einigen Polizeistationen mindestens 100 Kirchen und kirchliche Einrichtungen in Flammen auf. »Sie kamen, skandierten: ›Christen Verräter!‹ und ›Nieder mit den Ungläubigen‹, stahlen Schalen vom Altar, und dann warfen sie Molotow-Cocktails«, erzählt eine Frau, die ich in der Woche danach in einer Kirche in Assiut treffe. Der Altarraum ist schwarz verkohlt. Trotzdem findet die Sonntagsschule statt. Dutzende Kinder sind gekommen: »Sie sollen es sehen, denn das ist Teil unseres Alltags«, sagt die Frau. Papst Tawadros II. hat sich direkt nach den Angriffen an die Christen gewandt. Anders als von vielen erwartet, bittet er nicht um internationale Unterstützung für die Christen am Nil, sondern betont die nationale Einheit: »Wir sind Ägypter und stolz darauf. Wir lehnen ausländische Einmischung in unsere inneren Angelegenheiten ab. Gottes Hand wird uns schützen und lenken«, sagt er. Kirchen könne man wieder aufbauen, eine geteilte Nation wieder zusammenzubringen, sei viel schwieriger. »Die Mursi-Anhänger wollten uns in die Falle locken. Hätten wir international um Hilfe gebeten oder uns auch nur ordentlich gewehrt und unsere Leute mobilisiert, dann hätte das leicht einen Bürgerkrieg auslösen können«, so Jussef Sidhom, Herausgeber der christlichen Zeitung »Watani« (Mein Vaterland). »Die weise Entscheidung unseres Papstes hat das verhindert!«

Mit welcher brutalen Strategie die Muslimbruderschaft vorgeht, zeigt sich auch am Freitag nach der Räumung. Vor der Al-Fatih-Moschee versammeln sich die Mursi-Anhänger zum Gebet. Es sind Tausende. »Schau, ich habe mir die Nummer meines Personalausweises auf den Arm geschrieben. Wir alle rechnen damit, dass es heute Tote geben wird, und so kann man uns später leichter identifizieren. Ich bete darum, dass Gott mich auserwählt«, sagt er. Wie bitte? Er geht zu der Demonstration in der Hoffnung, zu sterben? Die Führung der Muslimbruderschaft hat den Protest so organisiert, Zeit und Ort so gewählt, dass es Tote geben muss. Je mehr, desto besser, ist offenbar ihre Logik – und die Rechnung geht auf: 95 Tote. Die meisten sterben, als die Polizei das Feuer eröffnet. Der Platz vor der Moschee ist umgeben von hohen Häusern, es gibt wenig Deckung. Eine Gruppe von mehreren Dutzend Mursi-Anhängern flieht in die Moschee, verschanzt sich dort. Während bei al-Dschasira die Aktivisten über

Skype von ihrer Angst berichten und die Zuschauer nachempfinden können, wie es sich anfühlt, wenn man darauf wartet, verhaftet zu werden, stellen die ägyptischen TV-Sender die Moscheebesetzer als Terroristen dar, gegen die nur eines hilft: Gewalt!

Wellen des Hasses

Mohammed al-Baradei tritt von seinem Posten als Vizepräsident zurück. Er hatte sich bis zum letzten Moment um eine politische Lösung bemüht, ist damit aber gescheitert und will nun offensichtlich nicht weiter mit seinem Namen der Regierung internationales Ansehen verleihen. »Die Regierung hat mit dieser Räumung unverantwortlich gehandelt«, erklärt auch Ahmed Maher, der Mitbegründer der Bewegung des 6. April, in einem langen Telefongespräch. Er zeichnet ein düsteres Szenario für die Zukunft Ägyptens: »Gewalt führt zu Gegengewalt. Ich befürchte, dass es zu einer Welle von Anschlägen und Übergriffen nach dem Muster der Angriffe auf die Kirchen kommt. Das ist erschreckend!«

Am Tag darauf treffe ich Amal Scharaf, die ja ebenso wie Ahmed Maher zur Bewegung des 6. April gehört, die Dinge aber ganz anders sieht als er. Lange haben wir uns nicht gesehen, aber statt Wiedersehensfreude ist ihr Misstrauen ins Gesicht geschrieben: »Ich bin entsetzt, wie wenig ausländische Medien von dem verstehen, was hier passiert«, beginnt sie das Gespräch. Sie sitzt auf der Kante des Stuhles, raucht eine Zigarette nach der anderen. »Eure Parteinahme für die Muslimbruderschaft ist falsch und unverantwortlich«, erklärt sie. Gegen Mohammed Mursi und seine Anhänger helfe nur Gewalt. »Das ist die einzige Sprache, die sie verstehen«, sagt sie. Ich bin völlig verdattert: Wie kann es sein, dass sie, die so viel Polizeigewalt erlebt hat, so redet? »Aber Ahmed Maher hat die Räumung doch verurteilt und Mohammed al-Baradei auch«, wende ich ein. Amal Scharaf schaut mich wütend an: »Weißt du, wen ich im Moment am meisten hasse: Mohammed al-Baradei. Er hat uns verraten. Mal wieder. Immer, wenn es darum geht, Entscheidungen zu treffen und Verantwortung zu übernehmen, macht er sich davon«, sagt sie. Sie ist mit dieser Einschätzung nicht allein. Im Internet ist ein Sturm der Verachtung gegen ihn losgebrochen.

Viele Ägypter teilen ihre vernichtende Meinung über ausländische Medien und kritisieren, dass diese zu viel über die Gewalt und zu wenig über die Chancen des Neuanfangs berichten. Geschäftsleute, die viel mit Tourismus zu tun haben, wenden sich mit einem offenen Brief an ausländische Medien und auch direkt an die Bundesregierung: Als Deutsche müssten wir doch Verständnis haben, schließlich sei die Regierung von Mohammed Mursi mit der von Adolf Hitler vergleichbar. Anders als die Deutschen haben die Ägypter nicht abgewartet, bis es zur Katastrophe kommt, und haben frühzeitig die Notbremse gezogen.

Es folgen wieder Angriffe auf Journalisten: Mehrere Journalisten werden verprügelt, und auch ich bekomme Drohanrufe. Panik macht sich breit; ganz besonders, als kurz darauf der langjährige »Spiegel«-Korrespondent und Vorsitzende der Foreign Press Association Volkard Windfuhr in einer Talkshow sagt, dass die Kritik an der ausländischen Berichterstattung berechtigt ist. Auch wenn diese Einschätzung partiell zutreffen mag, in der konkreten Situation gibt er uns mit dieser Bemerkung regelrecht zum Abschuss frei.

Das Gute in Ägypten ist, dass solche Stimmungen kommen und gehen. Auf den Hass folgt Entspannung, zumindest, was die Arbeitssituation angeht. Im Privatleben bleibt es schwierig, und in diesem Herbst fühle ich mich zu ersten Mal ein bisschen einsam in Kairo. Eine Reihe von Freunden und Bekannten beantwortet meine Anrufe nicht mehr. Eine große Distanz ist zwischen uns getreten, sie sehen in mir vor allem die ausländische Journalistin, die ihr Land schlechtmacht. Dabei geben sie sich noch nicht einmal die Mühe, meine Texte zu lesen. Mit manchen, mit denen ich enger in Kontakt bin bin, kann die Freundschaft gerettet werden. Solange wir nicht über Politik reden, ist alles in Ordnung. Leicht ist das nicht, denn in den aufregenden letzten Jahren drehten sich die meisten Gespräche um nichts anderes. Jetzt geht es plötzlich um uns, unsere privaten Interessen, und wir lernen uns von einer neuen Seite kennen.

Der 6. Oktober 1973 ist in die ägyptische Geschichte als Tag des Sieges über Israel eingegangen. An diesem Tag überquerten ägyptische Soldaten den Suezkanal, und die israelische Armee – überrascht von dem Angriff – zog sich zurück; zumindest vorübergehend. Damit endet die offizielle ägyptische Geschichtsschreibung, und weder im Oktober-Krieg-Museum noch in Schulbüchern wird beschrieben, wie die israelischen Streitkräfte mit großer Härte zurückschlugen und Port Said, Suez und sogar Kairo eingenommen hätten, wenn die USA sie nicht gestoppt hätten. Was eigentlich zählt, und deswegen wird der 6. Oktober bis heute gefeiert, ist das, was danach kam. Durch den Friedensschluss von Camp David bekam Ägypten den Sinai wieder zurück, der beim Krieg 1967 an Israel verlorengegangen war. Die Feier zum 40. Jahrestag des Krieges auf dem Tahrir-Platz wird daher zur Jubelfeier für die Armee und zu einer Art inoffizieller Ernennung Abdelfattach al-Sisis zum Präsidenten Ägyptens. Viele tragen Poster mit dem Bild von al-Sisi, der immer noch Verteidigungsminister ist. Gern wird sein Porträt auch mit dem eines Löwen oder dem von Gamal Abdel Nasser kombiniert. So will man ihn dazu bringen, doch zur Wahl anzutreten. Die Anhänger Mursis, die sich jetzt zur Anti-Coup-Allianz zusammengeschlossen haben, mobilisieren ebenfalls. Ein Sternmarsch soll zum Tahrir-Platz führen. Das kann nicht gut gehen – und tatsächlich gibt es wieder 53 Tote.

Im November 2013 erlässt die Regierung ein Demonstrationsgesetz. Die ständigen Proteste gehen vielen Ägyptern inzwischen tatsächlich auf die Nerven. Nie weiß man, ob man einen Termin am anderen Ende der Stadt einhalten kann oder ob wieder einmal die Schulen geschlossen bleiben, weil zu Großdemonstrationen mobilisiert wird. Es gibt also durchaus Zustimmung in der Bevölkerung, Proteste einzudämmen, allerdings geht das Demonstrationsgesetz weit darüber hinaus. Es sieht vor, dass Protestaktionen drei Tage im Voraus angemeldet und genehmigt werden müssen, sonst drohen hohe Strafen. Die Regierung, die sich darauf beruft, durch eine Revolution an die Macht gekommen zu sein, verbietet nun Demonstrationen. Natürlich führt das zu neuen Protesten. Tausende ziehen in die Innenstadt, unter ihnen zahlreiche prominente Aktivisten der

Revolution wie Ahmed Maher von der Bewegung 6. April und der bekannte Blogger Alaa Abdelfattach. Viele von ihnen werden verhaftet, und man macht ihnen kurz danach den Prozess. Für Aktivisten, die bisher die Regierung unterstützten, ist dies der Moment, an dem sie wieder in die Opposition gehen.

»Für mich war die Verhaftung von Ahmed Maher der Punkt, an dem ich plötzlich alles anders gesehen habe«, sagt Amal Scharaf, als wir uns kurz darauf treffen: »Es tut mir leid, was ich da nach der Räumung von al-Raba al-Adawia gesagt habe. Ich wusste nicht, was da wirklich passiert ist. Ich bin zwar immer noch gegen die Muslimbruderschaft, aber man darf nicht so mit Menschen umgehen«, sagt sie. Wir treffen uns in einem kleinen Café in der Innenstadt, und ihr ist die Angst anzumerken. Angst, auch verhaftet zu werden, Angst vor Gewalt, die ihr bei der Verhaftung angetan werden könnte, Angst, die sie bisher nicht kannte.

Am 4. November beginnt der Prozess gegen Mohammed Mursi. Es geht um die gewaltsamen Ausschreitungen vor dem Präsidentenpalast im Dezember 2012. Dies ist das erste Wiedersehen der Ägypter mit dem gestürzten Präsidenten. Aufrecht steht er da, hinter dem Gitter des Angeklagtenkäfigs in der Polizeiakademie: »Ich bin Mohammed Mursi, Präsident der Republik!«, antwortet er mit lauter Stimme, als der Richter seinen Namen aufruft, und schon setzt er zu einer politischen Rede an: »Dies ist ein Unrechtsgericht, und die Richter hier werden sich am Tag des Jüngsten Gerichts vor Gott verantworten müssen.« Seine Stimme dröhnt wie immer, er trägt auch den gleichen Anzug wie früher. Hinterher heißt es, der Sitzungsbeginn an diesem Morgen habe sich so lange herauszögert, weil die Wärter vergeblich versuchten haben, Mohammed Mursi die weiße Angeklagtenkleidung anzuziehen. »Wir fordern das Todesurteil!«, schreit eine Journalistin aus dem Gerichtssaal. Die Anhänger der Verteidigung hingegen jubeln Mursi zu, und dann geht die Sitzung in Tumulten unter.

Ernüchterung

Diesmal soll, so wie es die nichtislamistischen Aktivisten 2011 gefordert hatten, als Erstes die Verfassung geschrieben werden, und erst dann sind Wahlen geplant. So wird eine 50-köpfige Versammlung einberufen, die einen Text erarbeiten soll. Es sind angesehene Leute dabei: Intellektuelle, Künstler, Menschenrechtler. Auch Mohammed Abla, der Maler, der 2011 auf dem Tahrir-Platz Kunst-Workshops gegeben hat, gehört dazu. Allerdings hat die Versammlung ebenso wie die vorherige Verfassunggebende Versammlung eine enorme Schlagseite, nur diesmal in die andere Richtung: Abgesehen von zwei Islamisten, einer von ihnen ein ausgetretener Muslimbruder und scharfer Kritiker von Mohammed Mursi, bleiben die Nicht-Islamisten unter sich. »Ich weiß nicht, was das Problem ist: Wir wollen eine Verfassung für ein modernes Land. Natürlich muss sie von einem liberalen Geist geprägt sein«, so Mohammed Abla. Wir sitzen in seinem Atelier. Er malt großflächig in Öl: Straßenszenen, Menschen auf dem Land. Gerade wurde der fertige Text der Verfassung vorgestellt. Er sei sehr zufrieden mit dem, was in der neuen Verfassung verankert wurde. »98 Prozent sind so, wie ich mir das vorgestellt habe.« Und der Rest? In den Debatten habe sich klar abgezeichnet, dass es Tabuthemen gab. »Das zeigte sich immer, wenn das Thema auf Militärgerichte für Zivilisten oder die parlamentarische Kontrolle des Militärs und seines Budgets kam. Da war absolut nichts zu machen.« Die Verfassung tritt nach einem Referendum im Januar 2014 in Kraft. Als nächster Schritt auf dem Fahrplan stehen Wahlen. Allerdings soll nun, anders als ursprünglich geplant, doch zunächst der Präsident und dann erst ein neues Parlament gewählt werden. Die Gründe dafür liegen auf der Hand, aber noch hat Abdelfattach al-Sisi nicht bekanntgegeben, dass er antritt. So wird die Feier zum Jahrestag der Revolution am 25. Januar auf dem Tahrir-Platz eine gigantische »Bitte sagt ja!«-Veranstaltung.

In den Nebenstraßen, die zum Platz hinführen, kommt es zu kleineren Protestzügen. Mursi-Anhänger und Aktivisten der Revolution haben mobilisiert. Unter den Nicht-Islamisten ist diese Demonstration umstritten. Erstens, weil absehbar ist, dass es zu vielen Verhaf-

Der zeitgenössische ägyptische Maler Mohammed Abla in seinem Atelier auf einer Insel im Nil unweit von Kairo, 2015.

tungen und Toten kommen wird, zudem haben sie Angst, von der Muslimbruderschaft vereinnahmt und dann mit ihnen gemeinsam von der Polizei bekämpft zu werden.

»Es ist totaler Schwachsinn, zum Jahrestag demonstrieren zu gehen. Das gibt nur Verwicklungen und bringt gar nichts«, sagt Esraa Abdel Fattach. Immerhin redet sie wieder mit mir, aber an ihrer Haltung hat sich nur wenig geändert. Sie ist immer noch weitgehend auf Regierungskurs: »Ich bin dagegen, dass man alles kritisiert und kaputtredet. Man muss auch mal sehen, was wir schon alles erreicht haben, statt nur immer alles schlechtzumachen«, sagt sie. Es gebe auch ein paar Details, die nicht so gut liefen, das Demonstrationsverbot etwa. Sie habe selbst mit dem Interimspräsidenten Adli Mansur gesprochen, und der habe versprochen, sich der Sache anzunehmen. »Wir müssen unsere Prioritäten ganz klar im Kopf behalten. Das Wichtigste ist, dass das Innenministerium reformiert wird. Die Verhaftungen der Aktivisten hat es doch nur gegeben, weil die Polizei nicht versteht, dass wir in einer neuen Zeit leben.

Doch bevor wir die Reform angehen können, müssen wir den Terror besiegen. Kein Mensch kann das Innenministerium reformieren, solange der Krieg gegen den Terror andauert. Insofern ist es in unserem Interesse, den Terror möglichst schnell zu bekämpfen«, sagt sie: »Was Abdelfattach al-Sisi angeht, bin ich froh, dass die Ägypter in ihm endlich jemanden gefunden haben, den sie lieben können. Aus genau diesem Grund bin ich auch dagegen, dass er kandidiert. Wir haben ja gesehen, wie mit Mubarak umgesprungen wurde oder mit Mursi. Einmal an der Macht, würde auch al-Sisi schnell seinen Glanz verlieren. Das gilt es zu verhindern«, sagt sie. Natürlich ist Esraa Abdel Fattach mit dieser Haltung in der Aktivistenszene nicht gerade beliebt. »Viele halten mich für eine Verräterin. Aber ich bin das gewohnt, die Mubarak-Leute haben mich auch immer angefeindet. Und wir dürfen uns nichts vormachen: Scheitert diese Regierung, stehen die alten Mubarak-Leute schon bereit, das Land wieder zu übernehmen«, meint sie.

Auch Amal Scharaf treffe ich in diesen Tagen rund um den Jahrestag der Revolution. Sie ist mit gepackter Handtasche unterwegs: »Wir müssen weiter demonstrieren, auch wenn es gefährlich ist«, sagt sie. »Guck, ich habe alles Notwendige dabei: Zahnpasta, Zahnbürste und so.« Sie habe eigentlich keine Angst, zumindest nicht davor, verhaftet zu werden. »Im Moment habe ich Angst, dass man mich tötet«, sagt sie: »Meine Tochter weint jeden Tag, und meine Mutter steht kurz vor einem Herzanfall. Manchmal weine auch ich, aber vor allem, weil es den hetzerischen Medien gelungen ist, ein so schlechtes Bild von uns zu zeichnen, dass die Menschen uns hassen. Ich tröste mich dann damit, dass sie uns bestimmt irgendwann dankbar sein werden.« Dass sie weitermacht, ist für sie keine Frage. »Keines der Ziele unserer Revolution wurde umgesetzt. Die Verfassung taugt nichts, denn weiterhin können Zivilisten vors Militärgericht gestellt werden, so eine Verfassung brauchen wir nicht«, erklärt sie. Der Zustand Ägyptens sei nun schlechter als 2011. Es gebe mehr Verhaftungen, und die Polizei sei brutaler als zuvor: »Dennoch war es kein Fehler, dass wir uns an dem Aufstand gegen Mursi beteiligt haben. Wir wurden von der Militärführung benutzt, aber der Fehler lag nicht darin, dass er abgesetzt wurde, der Fehler lag darin, dass wir nicht ausreichend auf die Zeit nach Mursi vorbereitet waren.« Doch statt zu jammern, gelte es jetzt, die Kräfte zu bündeln und an die nächste Phase des Kampfes zu gehen. Sich dafür mit den Mursi-Anhängern zusammenzutun, lehnt sie allerdings ab: »Die Muslimbrüder haben uns 2011 ausgebootet, den Fehler, mit ihnen zusammenzuarbeiten, machen wir nicht noch einmal. Wir haben ein Prinzip: Wir marschieren nicht hinter Postern von Präsidenten, die wir gestürzt haben«, sagt sie.

Die Mursi-Anhänger bringen aber weit mehr Leute auf die Straßen als die Aktivisten der Revolution – und das Freitag für Freitag, in manchen Gegenden sogar öfter. Bei uns im Stadtteil gibt es fast jeden Abend Protestzüge. Die Demonstranten tragen gelbe Fahnen und zeigen vier Finger ihrer Hand. Der Vierte heißt auf Arabisch al-Raba und so steht das Handzeichen für das Andenken an die Toten der Räumung von al-Raba al-Adawia. Die Demonstrationen, die zunächst auch auf Hauptstraßen stattfinden, werden durch die Polizeieinsätze immer weiter in kleine Gassen und in die Armenviertel abgedrängt, und es wird immer gefährlicher, über diese Proteste zu berichten. Es droht Verhaftung, aber neuerdings gibt es auch Mob-Angriffe. So komme ich an einem Vormittag im Januar an eine Straßenkreuzung, an der soeben eine Demonstration von Mursi-Anhängern aufgelöst worden war. Ein ausgebranntes Autowrack schwelt noch, und in der Luft liegt Tränengas. »Was war denn hier los?«, frage ich einen Anwohner. Er fängt gerade an, mir zu erzählen, da geht eine Frau dazwischen: »Rede nicht mit Ausländern!«, schreit sie ihn an: »Weißt du nicht, dass sie uns nur aushorchen, um unser Land zu zerstören?« Zunächst stellen sich einige Männer schützend vor mich, dann empfehlen sie mir, doch lieber weiterzugehen. Doch die Frau kommt hinter mir her und hat Verstärkung mitgebracht. Hassverzerrte Gesichter, Schubsen und Drängeln. Später erzählt mir mein Fahrer, der die Szene von weitem beobachtet hat, dass die aggressive Frau von Polizisten losgeschickt worden sei, um mich zu vertreiben. Als die Polizei bemerkt habe, dass er mich warnen wollte, habe sie seine Personalien aufgenommen. Viele Journalisten erleben ähnliche Szenen. Es wird zunehmend gefährlicher, sich in größeren Menschenmengen zu bewegen.

Kurz zuvor, Mitte Dezember 2013, wird die Muslimbruderschaft zur Terrororganisation erklärt, der Staatliche Informationsdienst (SIS) verschickt Briefe an alle ausländische Journalisten, dass ab sofort Interviews mit Terroristen, sprich Vertretern der Muslimbruderschaft, zu unterbleiben haben. Dass dies ernstgemeint ist, daran besteht seit der Verhaftung der drei Al-Dschasira-Reporter Peter Greste, Mohammed Fahmi und Baher Mohammed Ende Dezember kein Zweifel mehr.

Ähnlich wie zwei Jahre zuvor bei der Kampagne gegen die ausländischen Stiftungen wird auch den drei verhafteten Journalisten ein ganzes Sammelsurium von Delikten vorgeworfen. Tatsächlich haben sie aus Ägypten berichtet und auch ihre Berichte über Satellit gesendet, ohne eine Akkreditierung oder eine Sendegenehmigung zu haben. Dieser Vorwurf spielt in dem folgenden Prozess aber nur am Rande eine Rolle. Der eigentliche Vorwurf ist, dass sie angeblich die Muslimbruderschaft unterstützt hätten. Viele Journalisten verstehen den Prozess als Warnung, vor allem, weil in der Anklageschrift auch eine niederländische Korrespondentin erwähnt wird, die sich einmal mit Mohammed Fahmi zum Kaffee getroffen hat. Wenn es sie trifft, ist niemand mehr sicher.

Der Prozess zeigt deutlich, wie wenig Ägypten auf internationalen Druck reagiert. Natürlich gibt es eine große Solidaritätskampagne für die drei Journalisten. »Wir sorgen dafür, dass unsere drei Kollegen ständig in den internationalen Medien präsent sind. Kein ägyptischer Politiker soll ins Ausland reisen können, ohne dass er auf den Fall angesprochen wird«, so Hassan Patel, der die Kampagne #FreeAJStaff organisiert. Auch die australische und die kanadische Regierung bemühen sich intensiv, schließlich ist Peter Greste Australier, und Mohammed Fahmi hat außer seiner ägyptischen auch noch die kanadische Staatsbürgerschaft. Doch der Druck läuft ins Leere. Im Juni 2014 werden sie zu sieben und zehn Jahren Gefängnis verurteilt. Ganz offensichtlich ist es der ägyptischen Regierung wichtiger, ihre Drohung gegen Journalisten und Oppositionelle aufrechtzuerhalten, als die Beziehungen zum Ausland zu verbessern.

Der Prozess zeigt aber noch etwas. Es findet eine Art Rachefeldzug eines Teils der Richterschaft statt, deren Position sich ja, wie bereits beschrieben, seit 2011 radikalisiert hat. Sie wollen mit ihren harten Urteilen verhindern, dass die Regierung einen moderateren Kurs einschlägt. So fällt im März 2014 in Minia das erste Urteil in einem der vielen Massenprozesse. Es geht um die Gewaltwelle, die in Oberägypten am Tag der Räumung der Protestlager in Kairo losbrach. Der Richter spricht fast alle Angeklagte schuldig, an diesem Tag in der Kleinstadt Matai gemeinschaftlich die Polizeiwache angegriffen und einen Polizeioffizier gelyncht zu haben. 529 Personen werden zum Tode verurteilt. Natürlich ist der Aufschrei des Entsetzens und der Entrüstung enorm. Im Ausland, aber auch in Ägypten. Die ägyptische Regierung bemüht sich um Schadensbegrenzung: In einer Presseerklärung, verschickt von den ägyptischen Botschaften im Ausland, wird das ägyptische Justizsystem erklärt. Die Botschaft: alles halb so schlimm. Die Strafen seien nur vorläufig und würden sicherlich in den üblichen Revisionsverfahren abgemildert. Der Richter wird auch von seinen Kollegen kritisiert. Sie werfen ihm vor, dem Ansehen der ägyptischen Justiz zu schaden, da er entgegen der Verfahrensordnung nach nur einem Verhandlungstag geurteilt hat. Doch Richter Saad Jussef Mohammed lässt sich nicht beirren. Nur eine Woche später schlägt er wieder zu. Diesmal sind es 680 Todesurteile; unter den Verurteilten ist auch Mohammed Badia, der Führer der Muslimbruderschaft, den er als Anstifter der Gewalt schuldig spricht. Der Richter nimmt in Kauf, die Regierung in Erklärungsnot zu bringen. Es geht ihm offenbar darum, Fakten zu schaffen: Eine Versöhnung mit der Muslimbruderschaft soll es nicht geben. Punkt.

Noch deutlicher wird dieser Machtkampf zwischen Präsidentschaft und Justiz ein halbes Jahr später. Abdelfattach al-Sisi, inzwischen gewählter Präsident, erlässt ein Dekret, wonach in Ägypten verurteilte Ausländer in ihre Heimatländer abgeschoben werden können. Peter Greste darf daraufhin Anfang Januar 2015 Ägypten verlassen, und auch im Fall Mohammed Fahmi laufen Verhandlungen: »Ich bekam einen Anruf von einer sehr hohen Stelle, und man sagte mir, es gäbe großes Interesse, meinen Fall aus der Welt zu schaffen«, berichtet der kanadisch-ägyptische Journalist: »Ich solle deswegen meine ägyptische Staatsbürgerschaft abgeben, und dann würde man mich nach Kanada ausreisen lassen.« Er gibt seinen ägyptischen Pass ab und wartet und wartet und wartet. Nichts passiert. Offenbar weigert sich der zuständige Richter, seinen Entlassungsschein zu unterschreiben. Mohammed Fahmi bleibt im Gefängnis und wird erst Ende Januar 2015 gemeinsam mit Baher Mohammed auf Kaution freigelassen. Kurz darauf beginnt das Revisionsverfahren gegen die Journalisten. Drei Jahre Gefängnis lautet das Urteil, das acht Monate später verhängt wird. Erst im Herbst 2015 werden sie begnadigt. Nach einer solchen Erfahrung, wer soll da der Regierung noch vertrauen?

Der neue Pharao

Am 26. März 2014 ist es endlich so weit: Abdelfattach al-Sisi wendet sich mit einer Fernsehansprache ans Volk. In Kampfuniform sitzt er vor der Kamera und erklärt, dass er bei den Wahlen, die am 23. und 24. Mai stattfinden sollen, kandidieren werde: »Heute trete ich das letzte Mal in dieser Uniform vor euch. Ich erinnere mich genau, wie ich sie als 15-Jähriger angezogen habe. Damals war mein Wunsch, mein geliebtes Land zu verteidigen«, sagt er: »Aus dem gleichen Grund ziehe ich sie jetzt wieder aus.« Er ist bekannt für seine emotionalen Ansprachen. Oft treten ihm Tränen in die Augen, man glaubt ihm, dass er es gut meint. Er verspricht faire Wahlen. Es wird aber ersichtlich, dass er sich eigentlich schon als gewählt betrachtet.

So gibt es zwar überall im Land Wahlkampfveranstaltungen, doch ohne den Kandidaten. Angst vor Anschlägen spielt dabei wohl eine Rolle, aber es scheint auch nicht notwendig zu sein: Nach Angaben des Meinungsforschungsinstituts Basira wollen sowieso 70 Prozent der Befragten für ihn stimmen. Um sein Programm zu präsentieren, stellt sich Abdelfattach al-Sisi den Fragen zweier Talkmaster: Lamis al-Hadidi und Ibrahim Eissa ist allerdings bereits zu Anfang der Sendung anzusehen, dass sie vor Ehrfurcht kaum den Mund aufbekommen. Zu Recht. Als Ibrahim Eissa der Begriff al-Asker he-

Ibrahim Eissa, einer der einflussreichsten TV-Moderatoren Ägyptens in seinem Büro, 2015.

rausrutscht, was eine abfällige Bezeichnung für Militärführung ist, fährt ihm Abdelfattach al-Sisi über den Mund: »Dieses Wort möchte ich in Zukunft nicht mehr hören.« Er stellt dann einen ehrgeizigen Plan vor, Ägypten umzugestalten. Die Gouvernements sollen neu eingeteilt werden, so dass jedes einen Zugang zu Wasser und Bodenschätzen bekommt. Als Erstes aber will er darangehen, den Suezkanal auszubauen. Der Schifffahrtsweg soll erweitert und drumherum eine Wirtschaftszone eingerichtet werden. Interessant an diesem Interview ist zugleich, dass Abdelfattach al-Sisi zum ersten Mal ein wenig über sich selbst erzählt. Von seiner Jugend in den Gassen der islamischen Altstadt und dass sein Erfolg auf harter Arbeit, Fleiß und Loyalität beruhe.

Abdelfattach al-Sisis einziger Gegenkandidat ist der Nasserist Hamdin Sabachi. Dieser hat zwar keine Chance, aber das hindert ihn nicht daran, mit Leib und Seele Wahlkampf zu machen. Er geht dahin, wo die Menschen am unzufriedensten sind. Zum Beispiel in die Industriestadt Mahalla. »Ihr habt Besseres verdient! Wir haben 2011 zusammen die Revolution gemacht, aber unsere Ziele wurden nicht erfüllt. Soziale Gerechtigkeit. Wo ist sie?«, ruft Sabachi ihnen zu. Mit seiner Reibeisenstimme und seinem Humor kommt der linke Nasserist bei den Menschen an. »Er ist einer von uns«, steht auf dem Rednerpult. Tatsächlich kommt der 59-jährige Sabachi aus einer armen Familie vom Land, ergatterte später einen Studienplatz. Er wurde Studentenführer und wanderte immer wieder ins Gefängnis. Er gründete die Karama-Partei, arbeitete als Journalist. 2011 wurde er zu einem der Führer der Revolution, und 2012 verfehlte er den zweiten Wahlgang der Präsidentschaftswahl um nur 700 000 Stimmen und wäre also fast gegen Mohammed Mursi ins Rennen gegangen. Womöglich hätte er diese Wahl sogar gewonnen.

Jetzt allerdings dienen seine Kandidatur und auch der Wahlkampf in erster Linie dazu, der Wahl von Abdelfattach al-Sisi einen Hauch von Legitimität zu geben. Bei seinen Veranstaltungen können die Unzufriedenen Dampf ablassen. Warum gibt sich Sabachi dazu her? Wird er dafür bezahlt? Menschen, die ihn kennen, halten dies für ausgeschlossen. Er verfolge vielmehr eine Strategie, die typisch sei für Oppositionsarbeit in autoritären Systemen: Freiräume, die sich bieten, muss man ausreizen, sonst geht es nie voran. Tatsächlich hat Hamdin Sabachi ein Wahlprogramm vorgelegt, das sich sehen lassen kann. Knapp 100 Seiten zu Armutsbekämpfung, dem Krieg gegen den Terror und dazu, wie Ägypten zur führenden Solarstrom-Nation werden soll. Dazu hat er Experten um sich geschart, andere Parteien einbezogen. Das, was von der nichtislamistischen Opposition noch übrig ist, hat jetzt ein Programm. Immerhin. Allerdings hat dies keine nachhaltigen Folgen. Nach der Wahl verschwindet Hamdin Sabachi für längere Zeit von der politischen Bühne.

Insgesamt finden Beobachter an den Präsidentschaftswahlen, die am 23. und 24. Mai stattfinden und dann noch um einen Tag verlängert werden, um die Wahlbeteiligung ein wenig in die Höhe zu treiben, formal wenig auszusetzen. So seien weder am Wahltag Geld an Wähler bezahlt noch Urnen ausgetauscht worden. Auch das Einschüchtern von Wählern durch bezahlte Schlägertrupps war nicht notwendig. Doch selbst wenn am Wahltag nicht geschummelt wurde, kann von freien Wahlen keine Rede sein, denn ein wichtiger Teil der Opposition wurde verfolgt, und die Medien konnten nur im Sinne der Regierung berichten. Als Konsequenz aus dieser Erfahrung haben viele Organisationen, die als Wahlbeobachter tätig waren, beschlossen, dass sie dafür nicht mehr zur Verfügung stehen. Sie wollen der Regierung nicht wieder ein gutes Zeugnis ausstellen müssen.

Allerdings besteht auch wenig Zweifel daran, dass die große Mehrheit der Ägypter aus Überzeugung Abdelfattach al-Sisi zu ihrem Präsidenten wählte. Viele, wie etwa die Zeitungsverkäuferin in unserem Viertel, lieben und verehren ihn, weil er als starker Mann mit einem guten Herzen gilt. Andere, wie meine Freundin Dina Murad, stimmten für ihn, weil es keine andere Wahl gab: »Ich bin mir nicht so sicher, ob er ein guter Präsident ist. Eigentlich gefällt mir Hamdin Sabachi sogar besser. Aber nach unserer Erfahrung macht es keinen Sinn, für einen Präsidenten zu stimmen, den das System nicht haben will. Der würde nichts umgesetzt bekommen. Wir müssen aber endlich beginnen, unser Land wieder in die Spur zu bringen. Also wähle ich den, den das System unterstützt«, sagt sie, und es klingt nach Resignation. Eine grundlegende Veränderung ist unter diesen Bedingungen unmöglich.

Am 8. Juni wird Abdelfattach al-Sisi als neuer Präsident Ägyptens vereidigt. Am Abend steigt eine riesige Party auf dem Tahrir-Platz.

Altes System oder neues System?

Für einen Teil der Ägypter ist jetzt die Welt wieder in Ordnung, für all die nämlich, die der Revolution von 2011 und ihren Folgen skeptisch gegenüberstanden. Sie hoffen auf die Rückkehr der guten alten Zeiten. Während des Präsidentschaftswahlkampfes gab es 1001 Versuche, Abdelfattach al-Sisi mit Gamal Abdel Nasser zu vergleichen, und Abdelfattach al-Sisi bemüht sich, diese Erwartung zu erfüllen: Er betont seine Herkunft aus einfachen Verhältnissen. Er will Ägypten

Ägyptens Präsident Abdelfattach al-Sisi im Kreis seiner Generäle, 2015.

wieder zu seiner Stärke und seinem Einfluss verhelfen. Er setzt dazu auf mehr Unabhängigkeit von den bisherigen Bündnispartnern und sucht die Nähe zu Russland und China. Er gibt sich betont nationalistisch und setzt zudem in der Wirtschaftspolitik auf Großprojekte.

Seine erste Reise nach Amtsantritt gilt dem Suezkanal. Dort lässt er sich das Projekt zur Erweiterung des Schifffahrtsweges vorstellen, eine zweite Spur soll gebaut und der Kanal insgesamt vertieft werden, so dass ihn mehr und größere Schiffe passieren können. Diese Modernisierung stand seit Jahren an, um den Suezkanal konkurrenzfähig zu halten. Nach der Präsentation des Projektes fragt der Präsident nach der voraussichtlichen Bauzeit. »36 Monate«, sagt daraufhin Mohab Mamisch, der Direktor des Kanals. »Nein, ich gebe Ihnen ein Jahr. Nicht länger«, korrigiert der Präsident. Mamisch schlägt daraufhin die Hacken zusammen: »Jawohl, Herr Präsident!« Das Video dieses Gesprächs sorgte dafür, dass al-Sisis Ruf als Macher gefestigt wurde und sich die Volksanleihe zur Finanzierung des Kanals noch besser verkaufte. Auch dies ist eine Parallele zu Gamal Abdel Nasser, dessen Ziel es ja auch war, die einfachen Leute am Fortschritt Ägyptens teilhaben zu lassen. Gamal Abdel Nasser ordnete eine umfassende Land- und Bildungsreform an, al-Sisi finanziert die Modernisierung des Kanals, indem er Anleihen auflegt, die sich auch Kleinstanleger leisten können. Innerhalb weniger Tage sind die Anteile verkauft und sogar noch mehr als geplant. Es handelt sich um ein rein nationales Projekt. Nur Ägypter dürfen sich am Bau des Suezkanals beteiligen. 7,5 Milliarden Euro fließen in die Staatskasse.

Natürlich drängt sich noch eine Parallele auf: Auch die harte Repression gegen die Opposition erinnert an die Nasser-Zeit. Vielleicht lässt sich al-Sisi deswegen so gern mit Nasser vergleichen, weil man ihm dann die harte Hand eher nachsieht. Nach dem Motto: Nasser hat das auch gemacht, und damals war Ägypten eine große Nation. Also ist es richtig.

Um ein neuer Nasser zu sein, fehlt Abdelfattach al-Sisi allerdings die große gesellschaftliche Vision. Aber die gesellschaftlichen und wirtschaftlichen Probleme 2015 sind auch deutlich komplexer als die Situation 1952. Weder die Reform der Gouvernements noch der Bau des neuen Suezkanals werden so große Verbesserungen des Lebensstandards bringen wie die Nasser-Reformen in den 50er Jahren. Das liegt auch daran, dass viele der neuen Projekte die Handschrift der Mubarak-Clique tragen. Sie sind so angelegt, dass sie vor allem für Investoren aus den Golfstaaten attraktiv sind. Viele der neugeplanten Stadtteile richten sich zudem an die wohlhabende Mittelschicht Ägyptens. Darüber können auch nicht die hastig aufgelegten Programme für junge Familien aus ärmeren Schichten hinwegtäuschen.

Ist al-Sisi also ein Wiedergänger Mubaraks? Die Antwort ist eindeutig: Nein. Viele der vor 2011 einflussreichen Geschäftsleute und Politiker spielen zwar wieder eine Rolle, aber längst nicht alle und auch nicht im gleichen Maße wie früher. Alte Mächtige, gerade aus der Wirtschaft, beklagen sich, dass sie nicht zum Zuge kommen. Bei vielen Wirtschaftsprojekten übernimmt die Armee die Führung, etwa beim Ausbau des Suezkanals. Auch werden viele Großaufträge direkt von der Armee vergeben und gehen an Firmen, die nicht zur bisherigen Elite gehören.

Bei all den Vergleichen mit seinen Vorgängern ist aber klar, dass al-Sisi vor ganz anderen Herausforderungen steht. Die zu Regierenden haben sich verändert. Die Menschen haben erlebt, dass Proteste etwas bewirken können, und wissen jetzt, wie es sich anfühlt, wenn man frei seine politische Meinung äußern kann. Die neue Regierung muss also sehr viel stärker auf die Stimmungen und die Bedürfnisse der Menschen eingehen. Da sie nicht in der Lage ist, kurzfristig die Lebensbedingungen zu verbessern, setzt die Regierung auf Populismus, Propaganda und Verschwörungstheorien.

Ägypten und seine Geldgeber

Bereits unter der Regierung von Hosni Mubarak hieß es oft, Ägypten stehe kurz vor der Pleite, ein wirtschaftlicher Kollaps und damit verbundene soziale Unruhen seien unabwendbar. Doch immer tauchte im letzten Moment eine rettende Hand auf: Ägypten lebt bereits seit Jahrzehnten von der sogenannten politischen Rente. Als strategisch gelegenes und bevölkerungsreichstes Land der Region ist es für Europa und auch die USA einfach zu wichtig, und das zahlt sich aus. Neben Israel ist es das Land in Nahost, das die meiste US-Hilfe erhält; immerhin umgerechnet rund 1,1 Milliarden Euro für das Militär und noch einmal 300 Millionen Wirtschaftshilfe. Auch aus Europa fließen jährlich 600 Millionen Euro. Die Revolution 2011 hat dazu geführt, dass die Europäer die Hilfe kräftig aufgestockt haben: So gab etwa die deutsche Bundesregierung jährlich zwölf Millionen Euro für die Finanzierung der Transformationspartnerschaft aus, die Meinungsfreiheit und die Entwicklung der Zivilgesellschaft fördern soll. Auch andere europäische Staaten und die USA unterstützen Projekte in diesem Bereich. Diese Hilfe wurde in Ägypten allerdings nur mit Zähneknirschen angenommen: Zum einen sieht Kairo darin zu Recht eine Einmischung in innere Angelegenheiten. Zudem sind die Hilfsgelder aus Europa und den USA an viele Bedingungen geknüpft, und ständig wird gedroht, sie wieder abzuziehen.

2013 froren viele westliche Geber ihre Hilfen ein, doch zunehmend wird Ägypten als wichtiger Partner im Kampf gegen den Terror und letzter Hort der Stabilität in der ansonsten chaotischen

Region gesehen. Das lässt die USA und Europa wieder großzügiger über Finanzhilfen nachdenken und über Menschenrechtsverletzungen eher hinwegsehen. Mehrere europäische Regierungen geben 2015 ihre Bedenken auf und laden den ägyptischen Präsidenten zum Staatsbesuch ein. Hierbei spielen auch Wirtschaftsprojekte eine Rolle. Al-Sisi bekommt damit die angestrebte Legitimation. Das nützt ihm auch im eigenen Land.

Auch die Bundesrepublik muss sich die Frage gefallen lassen, ob sie mit der Einladung an Abdelfattach al-Sisi nicht ihre Prinzipien verraten habe. Doch was wäre die Alternative gewesen? Geostrategisch ist Ägypten ein zu wichtiges Land, Beziehungen sind deswegen unabdingbar und in den Zeiten der Bedrohung durch den Terror sowieso.

Insgesamt macht die Finanzhilfe aus den genannten Ländern zusammengenommen allerdings nur einen geringen Teil dessen aus, was Ägypten in den vergangenen Jahren aus dem Ausland bekommen hat. Zunehmend spielen Russland und China eine Rolle. Viel wichtiger noch sind aber die Geldgeber aus den reichen Golfstaaten. Gerne werden diese Gelder von der ägyptischen Regierung besonders willkommen geheißen, weil sie nicht wie die Gelder aus dem Westen an bestimmte Auflagen oder Reformvorhaben geknüpft sind. Bei genauerer Betrachtung sind es jedoch genau diese Gelder, die Ägyptens Politik und Gesellschaft entscheidend beeinflusst haben. Nicht unbedingt zum Guten.

Wie Saudi-Arabien, die Vereinigten Arabischen Emirate und Katar die Polarisierung gefördert haben

Der Umsturz in Ägypten und in den anderen Ländern der Region hat den alten Konkurrenzkampf zwischen Katar und Saudi-Arabien wieder aufflammen lassen. Der Konflikt eskalierte sogar, und die Auswirkungen sind nicht nur in Ägypten, sondern in der ganzen Region zu spüren. Das eine Lager, mit Katar und der Türkei an der Spitze, unterstützte die moderat islamistische Regierung der Muslimbruderschaft in Ägypten und die Koalitionsregierung unter Al-Nahda-Führung in Tunesien. »Es handelte sich um eine weitgehend pragmatische Entscheidung der katarischen Regierung. Der Emir sah in den Muslimbrüdern und der al-Nahda die größte und stabilste politische Kraft in den jeweiligen Ländern und die einzige, der man zutraute, schnell Stabilität und Kontinuität herzustellen.« Das sagt Jamal Abdullah, Katar-Experte beim Al-Dschasira-Zentrum für strategische Studien. Katar zeigt sich großzügig. 6,4 Milliarden Euro überweist Doha 2012 an die ägyptische Staatsbank, um dem neu gewählten Mohammed Mursi unter die Arme zu greifen. Dies war allerdings kein Geschenk, sondern eine zeitweilige Einlage zur Währungsstabilisierung, die später wieder abgezogen wurde.

Das andere Lager, in dem Saudi-Arabien und die Vereinigten Arabischen Emirate den Ton angeben, stellte sich von Anfang an gegen den Umsturz am Nil, weil sie ein Übergreifen auf die Golfregion fürchteten. Das Erstarken der Muslimbruderschaft empfanden sie als Bedrohung, weil man bangte, die Opposition im eigenen Land könnte gestärkt werden. Mehr noch geht es aber um die Konkurrenz zu Katar. Also unterstützte das Saudi-Arabien-VAE-Lager zunächst die Kräfte des alten Regimes und auch die Salafisten als Gegengewicht zur Muslimbruderschaft. Später unterstützten sie massiv die Tamarod-Bewegung. Direkt nach Mursis Absetzung sorgten sie mit etwa einer Milliarde Euro als Soforthilfe und noch einmal knapp zwei Milliarden als Kredit dafür, dass die Übergangsregierung Handlungsspielraum hatte. 30 000 Tonnen Diesel schickten die VAE. Auf diese Weise konnte die neue Regierung punkten: Der Strom fiel unter ihnen deutlich seltener aus als unter den Islamisten.

Der Konkurrenzkampf zwischen den beiden Lagern ist alt. Er dreht sich darum, wer in der Golfregion das Sagen hat und wer in der Region insgesamt den Ton angibt. Katar, das in ständiger Angst vor dem übermächtigen Nachbarn Saudi-Arabien lebt, setzt auf eine sehr aktive Rolle, bietet sich in Konflikten als Vermittler an und mischt überall mit. Ab 2011 ergriff Doha ganz direkt Partei, förderte die Arabellion und begann, die Muslimbruderschaft und al-Nahda sowie andere moderat islamistische Gruppen zu unterstützen, so dass diese die Regierung in ihren Staaten übernehmen konnten. Mit dem Sturz von Mohammed Mursi 2013 brach die wichtigste Säule dieser Außenpolitik zusammen. Kurz zuvor hatte Emir Hamad bin Khalifa al-Thani seinen Sohn Tamim zu seinem Nachfolger ernannt. Der 33-Jährige übernahm einen Scherbenhaufen. Aus Protest gegen die einseitige Politik von Katar zogen kurz darauf die Golfstaaten, mit Ausnahme von Oman, ihre Botschafter aus Katar ab. »Der junge Emir hat einige Zeit gebraucht, um die Lage zu analysieren und seine Politik anzupassen. Nach und nach sind jetzt Veränderungen zu bemerken«, so Jamal Abdullah vom Al-Dschasira-Zentrum. Tatsächlich kühlte Katar die Beziehungen zur Muslimbruderschaft deutlich ab, einige Führer der Bruderschaft, die in Katar im Exil lebten, mussten ausreisen, und auch sonst sucht man die Nähe zur neuen Regierung in Kairo. Katar beteiligt sich zudem in der US-geführten Anti-IS-Allianz, was zu einer Wiederannäherung an Saudi-Arabien und die VAE führte. Der Krieg im Jemen brachte weitere Nähe ebenso wie die gemeinsame Sorge um die Zukunft der Region, nachdem der engste Verbündete, die USA, mit ihrem größten Feind, dem Iran, ein Atomabkommen geschlossen hat. Die Allianzen verschieben sich. Aus der Sicht von Saudi-Arabien und den VAE schwindet die Notwendigkeit, die Regierung in Kairo zu unterstützen, um damit Katar zu schwächen. Zudem ist in Saudi-Arabien 2015 ein neuer König an die Macht gekommen, der wiederum seinen ehrgeizigen Sohn zum Verteidigungsminister gemacht hat. Auch das führte zu einem Kurswechsel. In Kairo beobachtet man die Entwicklung mit großer Sorge. Was wird, wenn die Milliarden der alten Unterstützer ausbleiben?

Wo kommt der Terror her und wie lässt er sich bekämpfen?

Der Erfolg von Abdelfattach al-Sisis Präsidentschaft hängt an der Unterstützung aus dem Ausland, ist aber auch eng daran gebunden, dass al-Sisi die Wirtschaftskrise überwindet und den Terror besiegt. Wobei die drei Themen eng miteinander verknüpft sind. So benutzt die neue Regierung den zunehmenden Terrorismus als Entschuldigung dafür, dass die Wirtschaft immer noch schwächelt. Viele Ägypter sind bereit, Einschränkungen in den Menschenrechten vorübergehend hinzunehmen, damit der Terror bekämpft und so die Wirtschaft endlich zum Laufen gebracht werden kann. Aber wie lange wird die Geduld anhalten? Zumal die Gewalt nicht weniger wird, sondern der Kampf immer weiter eskaliert.

Zunächst richteten sich die Anschläge und Angriffe ganz gezielt auf Einrichtungen der Polizei und Armee, einzelne Offiziere wurden getötet. Einige von ihnen waren persönlich an Planung und Durchführung der Räumung der Protestlager beteiligt. Dann kam es zu Anschlägen auf Strommasten, Brücken und immer öfter auch in den Innenstädten. Im Sommer 2015 explodierte eine Bombe vor dem italienischen Konsulat in Kairo. Ein IS-Kommando bekannte sich dazu, und kurz darauf wurde ein kroatischer Ölingenieur vom IS hingerichtet. Parallel dazu verschärften sich die Kämpfe auf dem Sinai. Dort ging die Armee extrem hart vor, viele Bewohner der Grenzstadt Rafah wurden zwangsumgesiedelt, ihre Häuser gesprengt, weil die Armee einen Sicherheitsstreifen einrichten will, um den Schmuggel zu bekämpfen. Sogar Talkmaster Ibrahim Eissa, der gern seine guten Beziehungen zu al-Sisi betont, kritisiert daraufhin das Vorgehen der Armee: »Auf diese Weise verlieren wir die Jugend des Sinai. Sie sehen das Unrecht und unterstützen dann die Militanten. Wir müssen ihnen das Gefühl geben, dass wir sie als Bürger schätzen«, sagt er.

Der Terrorismus in Ägypten ist weitgehend ein selbstgemachtes Problem. Das extrem harte Vorgehen der Regierung gegen die Anhänger der Muslimbruderschaft und alle anderen Sympathisanten der gestürzten Regierung, die drastischen Urteile in den Prozessen gegen sie und vor allem die Gleichsetzung von Islamisten und Terroristen lassen den Zorn auf die Regierung wachsen. Besonders an den Universitäten. Da Proteste auf der Straße immer gefährlicher geworden sind, entwickelten sich die Unis bald zu Zentren des Widerstands gegen die neue Regierung: »Viele von uns sind gar keine Anhänger von Mursi, wir sehen einfach, dass unsere Revolution verlorengeht. Außerdem wurden sehr viele Studenten verhaftet, und das allein ist Grund genug zu protestieren«, sagt Mohammed Amr von der Ain-Schams-Universität in Kairo. In den Medien werden diese Studenten als Terroristen beschrieben, entsprechend hart geht die Polizei gegen sie vor. Auch dies bringt den Militanten Unterstützung.

Zunehmend räumt auch die Regierung ein, dass sich der Terrorismus nicht allein militärisch bekämpfen lässt. Statt allerdings daraus den Schluss zu ziehen, die Repression gegen die Opposition zu mildern oder gar die Zukunftsperspektiven für die Jugend spürbar zu verbessern – ein zugegebenermaßen aufwendiges Unterfangen –, nimmt al-Sisi ein anderes Projekt in Angriff: die Reform des islamischen Diskurses im Land. Dadurch solle dem IS die ideologische Grundlage entzogen werden. Anfang 2015 ruft al-Sisi in einer Rede vor den Gelehrten der al-Azhar zu einer »Revolution des Islam« auf. Die al-Azhar ist sowohl Universität als auch ein Gremium von Gelehrten und versteht sich als höchste Autorität des sunnitischen Islam. Allerdings hat sie außerhalb Ägyptens an Ansehen verloren, weil die Gelehrten zunehmend unter Kontrolle der ägyptischen Regierung gerieten. In seiner Rede fordert al-Sisi eine Erneuerung des islamischen Diskurses in den Moscheen, eine Überarbeitung der Lehrpläne an den Schulen und Universitäten und eine grundlegende Veränderung der Ausbildung islamischer Prediger. Damit werden die sozialen Ursachen des erstarkenden Islamismus zwar nicht bekämpft, aber al-Sisi greift mit seiner »Revolution« eine seit Langem vorgetragene Kritik der nichtislamistischen Opposition auf, dass in der staatlichen Schule und in den ebenfalls staatlich kontrollierten Moscheen eine Lesart des Islam vertreten werde, die Gewalt verherrlicht und zu Intoleranz und Hass gegenüber Andersgläubigen erziehe.

Kurz nach al-Sisis Rede treten Expertengruppen zusammen und beginnen mit der Reform der Schulbücher. Dabei werden insbesondere Passagen entfernt, die Krieg und Gewalt im Zusammenhang mit dem Islam erwähnen. So verschwinden die Eroberungszüge von General Uqba Ibn Nafi aus den Geschichtsbüchern, der um 670 die Maghreb-Staaten für das islamische Reich eroberte und dabei zum Teil sehr brutal vorging, und auch Teile der Taten von Saladdin und seines Kampfes gegen die Kreuzritter werden gestrichen. Dabei handelt es sich um zwei zentrale Figuren der islamischen Geschichte, die eben nicht nur brutale Kriegsherren waren, sondern auch zur

Entstehung des islamischen Kultur- und Geisteslebens beigetrugen. Das führt natürlich zu Kritik. Gefordert wird stattdessen, mit den Widersprüchen der eigenen Geschichte umzugehen.

Richtig in Fahrt kommt die Diskussion im April 2015. Ausgelöst wird sie von Bothaina Kischk, einer Unterstaatssekretärin im Bildungsministerium. Auf dem Schulhof einer Privatschule verbrennt sie Bücher, die sie zuvor aus der Schulbibliothek konfisziert hat. »Es ist ein gutes Gefühl, dass ich auf diese Art dafür gesorgt habe, dass die Gehirne der Kinder nicht mehr mit diesen radikalen Gedanken verseucht werden können«, sagt sie anschließend in einem Interview. Es handelte sich um Bücher, die nicht auf der Liste der vom Ministerium zugelassenen Bücher standen. Darunter sollen Bücher von Muslimbrüdern gewesen sein, aber es waren auch andere dabei. Natürlich führt die Bücherverbrennung zu einem Aufschrei der Empörung. Was unterscheidet das Vorgehen von dem der IS-Kämpfer, die Museen und Tempel zerschlagen? Der bekannte Islamwissenschaftler und Spezialist für politischen Islam Khalil al-Anani kritisiert die Auswahl der verbrannten Bücher, unter ihnen Schriften von Scheich Ali Abdel Rasik und dem Gelehrten Abdel Rassak al-Sanhuri. »Es war sehr ironisch, dass manche der verbrannten Bücher sich für ›Aufklärung‹ starkmachen und damit die von al-Sisi ausgerufene Reform des islamischen Diskurses unterstützt hätten«, schreibt Khalil al-Anani in einem Kommentar für die Zeitung »Al-Arabi al-Gedid«.[4] Die Verbrennung von Büchern erinnere stark an das europäische Mittelalter und die Verbrennung von Millionen von Büchern bei der Eroberung des damals muslimischen Granadas 1492. »Ich frage mich, wie unser neuzeitliches Mittelalter wohl in die Geschichtsbücher eingehen wird, wenn nicht als ›falsche Aufklärung‹«, so Khalil al-Anani.

Dies ist umso dramatischer, weil al-Sisis so auf Abwege geratenes Projekt einer »Revolution des Islam« den Ruf nach einer Reform des Islam insgesamt in Verruf bringt, hat doch der Siegeszug des IS unter muslimischen Intellektuellen eine breite Debatte ausgelöst. Sie wird in den Feuilletons der Zeitungen und auf den Fluren der islamischen Fakultäten ausgetragen. Dabei geht es um die Frage, ob der IS mit seinen brutalen Methoden so gegen die Prinzipien des Islam verstoßen habe, dass die IS-Kämpfer nicht mehr als Muslime angesehen werden müssen. Während dies von den meisten staatsnahen Gelehrten von al-Azhar und auch aus Saudi-Arabien so gesehen wird, plädieren unabhängigere Intellektuelle dafür, sich damit auseinanderzusetzen, dass es in den religiösen Quellen des Islam durchaus Passagen gibt, die Gewalt verherrlichen. Es gelte daher die Religion als Gesamtheit zu sehen, die nicht nur aus einem Text besteht, aus dem sich beliebige Zitate herauspicken lassen, sondern eben auch eine Tradition der Interpretation und eine gesellschaftliche Vereinbarung darüber, wie der Islam gelebt wird. Diese Tradition gab es bis zum 19. Jahrhundert. Sie wurde durch die vom Westen mit veranlasste und von lokalen Machthabern umgesetzte Modernisierung und damit verbundene »Säkularisierung von oben« zerstört – dazu gehört das Kopftuchverbot in Tunesien ebenso wie die Entmachtung und Quasi-Verstaatlichung der al Azhar in Ägypten.

Wie geht es weiter in Ägypten?

Die Revolution ist erst einmal gescheitert, oder sollte man lieber sagen, sie macht eine Pause? Doch auch, wenn vieles zum Erliegen gekommen ist, das Leben geht natürlich weiter. Auch das von Amal Scharaf, Ahmed Maher, Iman Mohammed und den anderen, die in den vorangegangenen Kapiteln immer wieder zu Wort gekommen sind. Was ist aus ihnen geworden?

Einige meiner wichtigsten Gesprächspartner konnte ich leider nicht noch einmal treffen, wurden doch Ahmed Maher und Mohammed Adel, die beiden Mitbegründer der Bewegung des 6. April, im November 2013 verhaftet und kurz darauf zu drei Jahren Haft verurteilt. Ende September 2015 werden 100 der inhaftierten Aktivisten von Präsident al-Sisi begnadigt, doch die beiden sind nicht darunter. Sie bleiben in Haft, jeder für sich in getrennten Gefängnissen. »Der Regierung geht es ganz offensichtlich darum, dass wir keinerlei Austausch haben, keine neuen Ideen entwickeln, ja, ganz und gar von den aktuellen Entwicklungen des Landes abgeschnitten werden«, so Ahmed Maher in einem Interview mit der arabischen

Ausgabe der »Huffington Post«[5], das er heimlich aus dem Gefängnis heraus gegeben hat. Im Gegensatz zu den Islamisten, die mit ihm im gleichen Gefängnis sitzen, werde er nicht körperlich misshandelt: »Ich leide jedoch sehr unter dem Druck auf meine Psyche. Vor allem, weil ich von der Welt abgeschnitten bin. Mir werden immer wieder meine persönlichen Gegenstände weggenommen, und ich darf zuweilen nicht einmal mit meinen Angehörigen kommunizieren«, so Ahmed Maher. Er verbringt viel Zeit mit Fehleranalyse. »Ich würde nicht sagen, dass die Revolution gescheitert ist. Wir sind gerade erst am Anfang der Veränderungen. Ich vergleiche diese Zeit mit den Entwicklungen in Europa, die dem Zeitalter der Aufklärung vorangingen und dann in die Französische Revolution mündeten«, erklärt er. Sobald die Ideen der Demokratie sich verbreitet hätten, würden die Menschen sich mit Macht erheben, um sie zu verwirklichen. Aus seiner Sicht wäre es also falsch, von einem verpassten Frühling zu sprechen. Der Aufstand von 2011 sei vielmehr als ein Schritt in Richtung Freiheit zu sehen. Die Menschen haben gespürt, wie sich Freiheit anfühlt, und würden sich bei Gelegenheit daran erinnern. Mindestens ebenso wichtig sei, dass die Aktivisten auf diese Art Erfahrungen sammeln konnten. Nun gelte es, daraus zu lernen: für das nächste Mal. »Hätte ich die Chance, würde ich einiges anders machen. So war es doch naiv, dem Militär und den Muslimbrüdern zu vertrauen. Man hätte erkennen müssen, dass sie nur an ihre eigenen Interessen dachten«, befindet Ahmed Maher. Die Aktivisten der Revolution müssen sich den Vorwurf gefallen lassen, dass sie eine Revolution anzettelten, ohne vorher Alternativen geschaffen zu haben. »So kamen wir in die Katastrophe, in der es nun nur die Wahl zwischen religiösem Faschismus und der Rückkehr zur Diktatur gibt.«

Grundsätzlich hält Ahmed Maher die Herangehensweise der Aktivisten, friedlich gegen die Regierung zu demonstrieren, jedoch nach wie vor für richtig. Manche seiner früheren Mitstreiter sehen das inzwischen anders und kritisieren, dass die Revolutionäre 2011 nicht radikaler und auch mit Gewalt ihre Ziele gegen den Militärrat und die Muslimbruderschaft durchgesetzt haben. Die Gewaltdiskussion unter Aktivisten ist nicht neu, seit 2011 hat es immer wieder

Gruppen gegeben, die sich – wie etwa der Schwarze Block 2013 – für die Anwendung von Gewalt entschieden haben, und auch 2015 sehen manche Aktivisten im bewaffneten Kampf den einzigen Ausweg aus der verfahrenen politischen Situation. Ahmed Maher allerdings hält ihn für falsch und das nicht nur, weil die Situation in Syrien und Libyen allzu deutlich zeigt, dass bei einer Militarisierung des Konfliktes die demokratische Opposition auf der Strecke bleibt. »Gewalt ist nicht die Lösung«, sagt Ahmed Maher: »Wenn ich die Geschichte früherer Revolutionen lese, dann sind es nicht militärische Siege, sondern vielmehr Vereinbarungen, Abkommen und die Einigung auf friedliche Übergangslösungen, die den Weg geebnet haben.«

Noch sei die Zeit jedoch nicht gekommen, und das gelte auch für ein Zugehen auf die Muslimbrüder. Schließlich treffe er im Gefängnis auf viele Führer der Bruderschaft: »Sie wollen immer noch nicht eingestehen, dass in der Zeit der Regierung von Mohammed Mursi Fehler begangen wurden und dass die Proteste um den 30. Juni 2013 auch auf ehrlichen Zorn des Volkes zurückgingen«, sagt er. »Sie sehen vielmehr eine Verschwörung westlicher Kreuzritter gegen den Islam im Allgemeinen und die Muslimbrüder im Besonderen.« Unter diesen Bedingungen sei ein Bündnis zwischen Aktivisten und Muslimbrüdern, so wie es von manchen Aktivisten und vielen Muslimbrüdern derzeit gefordert wird, undenkbar: »Wenn die Jugend der Revolution eines gelernt hat, dann, dass sie nicht für einen religiösen Staat kämpfen wird. Ebenso wenig wird sie noch einmal mit dem Militär zusammengehen«, sagt er. Auch die Ideen der Nasseristen seien bei den Aktivisten in Verruf geraten. Ohne Namen zu nennen, kritisiert er Oppositionspolitiker, denen er vertraut habe, die aber später die gemeinsame Sache verraten und sogar die Aktivisten der Revolution öffentlich in den Dreck gezogen hätten. Damit kann er eigentlich nur Hamdin Sabachi meinen.

»Ahmed fehlt mir so unglaublich«, sagt Amal Scharaf. Die zierliche Frau mit den langen roten Haaren, die ebenfalls zum Führungsrat der Bewegung des 6. April gehört, sitzt in sich zusammengesunken auf einem Sofa im Café. Nervös knibbelt sie das Etikett von ihrer Zigarettenpackung. Tränen stehen ihr in den Augen. Ein Ausdruck tiefer Verzweiflung. »Ahmed Maher ist so ein guter Mensch, und er ist einer den wenigen, der tatsächlich Menschen einen kann und sie dazu bringen kann, gemeinsam in eine Richtung zu gehen«, sagt sie. »Kein Wunder, dass die Regierung ihn und die anderen Aktivisten wegsperrt. Sie wissen, dass sie große Macht haben.« Ab und zu geht sie ihn im Gefängnis besuchen, doch nicht immer wird sie vorgelassen. »Wir leben in einer schlimmen Zeit, und ich weiß nicht so recht, was wir machen können, um wieder herauszukommen. Wir können demonstrieren, aber das ist inzwischen so gefährlich geworden, dass es eigentlich nicht zu verantworten ist, zu Protesten aufzurufen. Aber wenn wir aufgeben, dann stirbt die Hoffnung«, so Amal Scharaf. Sie freut sich, als ich sie nach Monaten wieder anrufe und um ein Treffen bitte. Früher konnte sie sich nicht retten vor Interviewanfragen, heute gibt es nicht mehr viele Journalisten, die sich mit ihr unterhalten wollen. Manchen ist es zu gefährlich, denn gewiss ist: Amal Scharaf wird überwacht, und im Sommer 2015 wird sogar ein französischer Forscher verhaftet, der an einer Doktorarbeit über die Bewegung des 6. April arbeitet. Allerdings gibt es auch noch einen anderen Grund für das nachlassende Interesse: Viele halten die Aktivisten der Revolution für nicht mehr relevant. Was können die Revolutionäre von 2011 heute noch ausrichten? Amal Scharaf verbringt viel ihrer Zeit damit, bei ausländischen Botschaften und internationalen Menschenrechtsorganisationen Klinken zu putzen. Mit wenig Erfolg: »Sie können uns doch nicht einfach im Stich lassen!«, schimpft sie. Abdelfattach al-Sisis Besuche in Paris, New York und Berlin, seine Aufnahme in die Antiterrorfront sind für sie harte Niederlagen.

Außer den Aktivisten der Bewegung des 6. April gibt es nicht mehr viele Gruppen, die der Repression trotzen. Freiheit für die Mutigen heißt eine Initiative, die sich vor allem um die Rechte der Inhaftierten kümmert. Im Sommer 2014 sorgte sie mit einer großen Hungerstreikkampagne für Aufsehen, und mehrere Hundert Aktivisten in und außerhalb der Gefängnisse schlossen sich an. Allerdings erreichten sie ihre Ziele nicht, statt Gefangene freizulassen, wurden ständige weitere Aktivisten verhaftet. Ab Frühjahr 2015 bekommt die Initiative ein weiteres Thema: Zunehmend verschwinden Aktivisten. Fast 167 Fälle von verschwundenen Oppositionellen registriert Freiheit für die Mutigen zwischen März und Juni 2015. Für besonderes Aufsehen sorgt der Fall der gehbehinderten Studentin Esraa Tawil, die im Januar 2014 an den Protesten zum Jahrestag der Revolution teilgenommen hatte und dabei von einem Polizeigeschoss an der Wirbelsäule verletzt worden war. Sie traf sich Anfang Juni 2015 mit Freunden in einem Restaurant und kam nicht mehr zurück. Die Familie und andere Freunde suchten sie verzweifelt, und erst nach zwei Wochen wurde bekannt, dass die 23-Jährige im Frauengefängnis von Kanater einsitzt. »Man beschuldigt mich, der verbotenen Muslimbruderschaft anzugehören und den Terrorismus zu unterstützen. Ich soll Nachrichten gefälscht haben und sie in Ägypten und im Ausland verbreitet haben. Wie absurd ist das denn? Wer bin ich denn? Nichts davon ist wahr oder konnte irgendwie belegt werden«, schreibt sie in einem offenen Brief aus dem Gefängnis.

»Das Verschwindenlassen ist die nächste Stufe der Repression«, so Khaled Abdel Hamid, Sprecher der Initiative Freiheit für die Mutigen«. Früher riskierte man, bei Demonstrationen verhaftet zu werden, kam aber nach ein paar Tagen wieder frei. Das war unangenehm, aber berechenbar. Dann wurden Aktivisten wie Ahmed Maher und andere zu hohen Strafen verurteilt. Jetzt verschwinden die Leute. Manche tauchen später in irgendeinem Gefängnis wieder auf. Manche auch nicht«, berichtet er. Es geht um Einschüchterung. Doch die Repression erscheint extrem hart. Würde nicht ein Bruchteil der Gewalt ausreichen, um Aktivisten zum Schweigen zu bringen? Warum ist die Regierung so brutal?

»Das ist die große Frage dieser Tage«, so die Fernsehmoderatorin Schahira Amin: »Ich glaube, es hat damit zu tun, dass unsere Militärregierung gar nicht anders kann, als Kommandos zu geben und draufzuschlagen.«. Zudem sei die Regierung voller Angst, dass sich abermals ein Aufstand gegen sie erheben könnte. Schließlich seien nicht nur die Aktivisten der Revolution mit Fehleranalyse beschäftigt. Auch die alt-neue Regierung blicke zurück, und viele sehen in der Nachgiebigkeit Mubaraks – dass er in seinen letzten Amtsjahren der Opposition ein wenig Spielraum gewährt hat – den Grund, dass es überhaupt zur Revolution gekommen ist. »Jetzt möchten sie zur alten Ordnung zurückkehren, und dazu wollen sie den Menschen, die einmal die Erfahrung gemacht haben, dass sie in der Lage sind, Regierungen zu stürzen, ein für alle Mal die Lust auf Rebellion austreiben«, so Schahira Amin. Auch sie macht sich inzwischen Sorgen um ihre Sicherheit. Im September 2015 zeigte eine Kollegin vom Staatsfernsehen sie an, es wurde ein Verfahren gegen sie eröffnet. Gefährdung der nationalen Sicherheit und Verbreitung von Lügen über das Vaterland, lauten die Vorwürfe. »Eigentlich kann man nur darüber lachen; wäre es nicht so ernst«, sagt Schahira Amin. Angesichts der harten Urteile gegen die Journalisten von al-Dschasira scheint es nicht mehr ausgeschlossen, dass auch bekannte Fernsehgesichter wie sie verurteilt werden könnten. Als Konsequenz auf die Anklage wurde ihr die Hälfte ihrer Sendung entzogen. Inzwischen darf sie nur noch jede zweite Woche moderieren. »Und auch was den Inhalt der Sendung angeht, bin ich stark eingeschränkt: Meine Interviews werden aufgezeichnet, und der Chefredakteur muss sie genehmigen, bevor sie gesendet werden. Das hat es noch nicht einmal unter Mubarak gegeben«, sagt sie.

Die Einschüchterung zeigt Wirkung: Ich habe zunehmend Probleme, Interviewpartner zu finden, die bereit sind zu sprechen. Das gilt sogar für alte Bekannte, wie zum Beispiel Emad al-Erian, Mitbegründer der christlichen Aktionsfront Jugend von Maspero, die einst so aktiv für die Rechte der Christen und gegen die Militärregierung gekämpft hat: »Weißt du, ich will ein Leben haben. Ich bin im Job befördert worden und möchte bald heiraten«, erklärt er, als ich ihn im Sommer 2015 anrufe und frage, ob wir uns einmal wieder treffen können. Wir einigen uns auf ein kurzes Treffen im Café, und er hält an seinem Vorsatz fest: Wir reden nicht über Politik. Er erklärt auch nicht, weshalb er am Tag, als al-Sisi Mursi absetzte, die Jugend von Maspero verlassen hat. Lag es daran, dass seine Mitstreiter begeistert der neuen Militärführung zujubelten, oder gab es andere Gründe? Emad al-Erian lächelt und erzählt von seiner Beförderung in der Fernmeldefirma, in der er arbeitet, und von der Frau, die er heiraten will. Für viele gibt es Wichtigeres im Leben als politische Auseinandersetzungen, und mancher denkt gewiss, früher, unter der Regierung von Hosni Mubarak, konnte man in Ägypten doch auch gut leben. Warum sollte man sich nicht auch jetzt einrichten?

Ganz so einfach ist es jedoch nicht. Viele Christen stehen zwar nach wie vor hinter der Regierung von al-Sisi, weil er sie von den Islamisten befreit hat. Auch rechnen sie der neuen Regierung hoch an, dass sich der Ton verändert hat. So besuchte al-Sisi als erster Präsident die Weihnachtsmesse in der Kathedrale von Kairo. Seit er regiert, gehört es zudem zum guten Ton unter Muslimen, Christen zu Feiertagen zu gratulieren, und das, obwohl radikale Prediger dies als unislamisch verdammen. Doch hinter dieser freundlichen Fassade ist alles beim Alten. Die Christen warten bis heute auf das versprochene Gesetz, mit dem der Bau von Kirchen erleichtert werden soll, und immer noch zeigt sich die Polizei unfähig, Angriffe auf Christen zu verhindern. Zwar werden an Feiertagen in Kairo und den anderen großen Städten die Kirchen mit großem Aufgebot geschützt, aber die meisten Anschläge erfolgen nun einmal auf dem Land, zum Beispiel im Umland von al-Minya. Dort hatte der islamistische Mob nach der Räumung der Protestlager der Mursi-Anhänger im August 2013 besonders heftig gewütet und mehr als 18 kirchliche Einrichtungen zerstört. »Natürlich sind wir froh, dass die Armee uns die zerstörten Kirchen wieder aufbaut, aber eigentlich ist das doch auch selbstverständlich«, so Hossam Ibrahim Nissim, Sprecher des Bischofs von al-Minya. Er beschreibt, dass viele Christen in seinem Bezirk enttäuscht sind. Sie haben 2013 den Aufstand gegen Mohammed Mursi unterstützt und einen hohen Preis gezahlt. »Da hatten wir erwartet, dass wir in Zukunft besser dastehen würden, dass wir zum Beispiel von der Polizei besser geschützt werden«, meint er. Ein großes Problem seien Entführungen reicher Geschäftsleute. Oberflächlich betrachtet gehe es nicht um Religion, sondern um Lösegeld, allerdings seien die Opfer zu 98 Prozent Christen und die Täter bekannte Islamisten. Die Polizei habe offensichtlich Angst, gegen sie vorzugehen. Es kommt auch weiterhin zu Auseinandersetzungen zwischen Christen und Muslimen in Dörfern. »Die Regierung kann nichts dafür, dass es zu diesen Angriffen kommt. Wir werfen ihr aber vor, wie sie damit umgeht«, so Magdi Saber, der seit Emad al-Erians Rücktritt die Rolle des Sprechers der Jugend von Maspero übernommen hat: »Statt die Polizei hinzuschicken, die Täter zu verhaften und vor Gericht zu stellen, werden Vermittlungsgremien nach traditionellem Recht einberufen und ein Ausgleich zwischen Opfern und Tätern gesucht. Das führt in der Regel dazu, dass die Täter mit einer milden Strafe davonkommen, und wirkt wie eine Ermutigung an die Radikalen«, beschreibt er. Insgesamt habe die Gewalt gegen Christen seit Antritt der Regierung von Abdelfattach al-Sisi etwas nachgelassen, allerdings nicht so sehr, wie es scheint. In den Medien wird einfach nicht mehr so viel berichtet, Vorfälle werden heruntergespielt und regelrecht verschwiegen.

Besonders aufregend ist das Wiedersehen mit Ahmed Akil, dem ehemaligen Vorsitzenden des Jugendverbandes der Muslimbruderschaft. Schließlich hat das Presseamt der Regierung klargemacht, dass ausländische Journalisten Vertreter der Bruderschaft nicht mehr interviewen dürfen. Ob das auch für Treffen unter alten Bekannten gilt? Vorsichtshalber treffen wir uns in einem anonymen Café in einer Shopping-Mall. Es ist das erste Wiedersehen seit der Begegnung im Pressezentrum des Protestlagers von al-Raba al-Adawia am Tag vor der Räumung im August 2013. Welch ein Unterschied: Damals war Ahmed Akil grau im Gesicht und sprach in hölzernen Phrasen, verteidigte die Führung der Muslimbruderschaft. Jetzt strahlt er wieder. Wie bei unserer ersten Begegnung im Wahlkampf 2010 grinst er breit und abenteuerlustig. Er kommt in Begleitung eines Freundes, eines Arztes aus dem Fayyum, der ab und zu Bemerkungen in das Gespräch einwirft, aber in erster Linie die anderen Café-Besucher im Blick behält. Ahmed Akil erzählt, dass er bei der Räumung von al-Raba al-Adawia am Fuß verletzt wurde und sich dann erst einmal zu Hause zurückgezogen habe. »Warum ich nicht verhaftet wurde? Keine Ahnung!«, sagt er. Natürlich sei er noch im Kontakt mit den anderen Führern der Bruderschaft, und da werde natürlich heftig diskutiert, was in den vergangenen Jahren schiefgelaufen ist und wie es nun weitergehen kann. »Im Moment haben wir wenig Bewegungsspielraum. Die Einzigen, die noch etwas machen können, sind die Studenten und die Aktivisten in den Dörfern und Stadtteilen, und selbst dort wird es schwieriger«, sagt er. Die Führung der Muslimbruderschaft müsse zugeben, dass sie selbst wenig zu deren Kampf beitragen könne: »Wir können sie nur in unseren Herzen unterstützen, und es ist uns auch klar, dass es für sie besser ist, wenn sie selbst Aktionsformen und Mitstreiter finden. Es schadet ihnen eher, wenn wir uns an ihre Spitze stellen.« Insgesamt habe er aber Hoffnung: »Die Zeit ist auf unserer Seite. Die Ägypter sehen zunehmend, welch eine Unrechtsregierung am Werke ist und wie die Justiz mit ihren Urteilen das Recht bricht.«

Die Frage nach Fehlern, die in der Regierungszeit von Mohammed Mursi begangen wurden, beantwortet er mit einem Naserümpfen: »Es hat Fehler gegeben, aber es ist jetzt nicht der Zeitpunkt, diese zu diskutieren. Das würde nur davon ablenken, was das eigentliche Problem ist: Eine demokratisch gewählte Regierung wurde sabotiert, ihr wurde das Regieren quasi unmöglich gemacht, und dann wurde sie durch einen Staatsstreich abgesetzt«, so Ahmed Akil. Schuld sei das alte Regime, und wenn er die Zeit zurückdrehen könnte, dann würde er alles daransetzen, dieses auszuschalten. »Wir hatten 2011 eine Chance, wir hätten sie verhaften, verurteilen und die Institutionen säubern sollen«, sagt er. »Dass wir das nicht geschafft haben, daran ist die Revolution gescheitert.« Sein Freund berührt ihn leicht am Arm, und Ahmed Akil steht daraufhin schnell auf, gibt mir die Hand: »Ich glaube, wir haben alles besprochen. Lass uns gehen!«, sagt er. Kurz darauf ruft er noch einmal an: »Bist du gut weggekommen?«, fragt er. Manchmal sei es heutzutage besser, schnell zu gehen. »Wir werden uns wiedersehen«, sagt er: »Mal sehen, was sich bis dahin geändert hat.«

Die Muslimbruderschaft im Jahre 2015 ist nur noch ein Schatten ihrer selbst. Die Verfolgung zeigt Spuren. Ein Großteil ihrer Führer ist im Gefängnis, viele von ihnen wurden zum Tode verurteilt. Zwar ist nicht damit zu rechnen, dass alle Verurteilten gehängt werden, aber kaum jemand hat Zweifel daran, dass zumindest Mohammed Mursi, Khairat al-Schater und Mohammed Badia tatsächlich hingerichtet werden. Zu viele Taxifahrer schmückten ihre Autos mit Schlingen, zu viele symbolische Galgen wurden aufgestellt. Da es nicht gelungen ist, Hosni Mubarak zu verurteilen, soll wenigstens Mohammed Mursi daran glauben. »Man wird ihn hängen. Schon allein, weil man in Ägypten glaubt, dass ein Präsident nur ein Präsident ist, wenn sein Vorgänger im Grab liegt. Es gibt keine Erfahrung mit Präsidenten im Ruhestand«, so Raschid al-Ghannuschi von der tunesischen Al-Nahda-Bewegung.

Repression ist für die Bruderschaft nichts Neues. Bereits in den 1950er und 60er Jahren wurden Tausende verhaftet, auch damals wurden wichtige Führer zum Tode verurteilt. Die Verfolgung seit dem Sturz im Sommer 2013 übertrifft dies jedoch bei weitem. Fast alle Führer wurden verhaftet. Anfangs veröffentlichten sie dennoch Erklärungen und leiteten die Bruderschaft weiter, doch zunehmend wurden die Verbindungen gekappt. Die schalldichte Scheibe, die im Gerichtssaal eingebaut wurde, so dass Mursi und die anderen hochrangigen Angeklagten nicht mehr gehört werden können, wenn sie während der Verhandlung ihre politischen Statements rufen, ist symptomatisch. Die Regierung setzt alles daran, die Muslimbruderschaft zu isolieren und auszuschalten.

Doch Ende 2014, Anfang 2015 deutete einiges darauf hin, dass es zu einer Annäherung zwischen der Führung der Muslimbruderschaft und der Regierung kommen könnte. Vor allem die USA und auch EU-Staaten hatten Kairo dazu gedrängt, die Muslimbruderschaft zu integrieren. Es wurden mehrere Führer aus dem Mittelbau der Muslimbruderschaft aus dem Gefängnis entlassen, und es wurde darüber spekuliert, dass die Regierung wieder eine Art ungeschriebener Vereinbarung mit der Bruderschaft anstrebt wie schon vor 2011. Katar bot sich als Vermittler an. Im Herbst 2015 zirkuliert ein Artikel des Wissenschaftlers Khalil al-Anani auf muslimbrudernahen Websites. Er plädiert darin für die Rückbesinnung der Bruderschaft auf ihre Anfänge als soziale und religiöse Vereinigung und dafür, den Mitgliedern freizustellen, sich in anderen Parteien politisch zu engagieren. Ungefähr zeitgleich ist ein Nachlassen der wöchentlichen Proteste der Bruderschaft zu beobachten. Viel deutet inzwischen darauf hin, dass ein neuer Modus Vivendi mit der Regierung angestrebt wird.

Doch nicht nur in der alt-neuen Machtelite regt sich Widerstand gegen eine solche Allianz, auch in der Muslimbruderschaft gibt es Vorbehalte. Die alte, konservative Generation, die immer auf Nummer sicher gehen wollte und deswegen in der Vergangenheit zu solchen Kompromisse mit der Regierung bereit war, wird jetzt von jungen, radikaleren Kräften übertönt. Sie werfen den bisherigen Führern vor, 2011 die Situation falsch eingeschätzt zu haben: Statt die Chance zum Neuanfang zu ergreifen, haben sie auf Sicherheit und Kontinuität gesetzt. Und statt sich mit den Aktivisten der Revolution und den nichtislamistischen Oppositionsgruppen zusammenzutun, sei die Fehlentscheidung getroffen worden, sich mit dem Hohen Rat des Militärs zu verbünden, wodurch die Revolution abgewürgt worden sei. Nicht zuletzt haben die alten Führer dadurch verhindert, dass der Staatsapparat und vor allem das Innenministerium nach dem Sturz Mubaraks reformiert beziehungsweise von den Anhängern des alten Regimes gesäubert werden konnten. Genau diese Kräfte sind es, die nun die Muslimbrüder verfolgen.

Die Todesurteile gegen Mursi, Badia und Co. führen dazu, dass ab Frühjahr 2015 unter jungen Muslimbrüdern verstärkt über den bewaffneten Kampf als politisches Mittel diskutiert wird. Als im Juli 2015 mehrere hochrangige Muslimbrüder von Sicherheitskräften bei ihrer Verhaftung regelrecht hingerichtet werden, veröffentlicht die Bruderschaft eine Erklärung, die von vielen Beobachtern als Wendepunkt angesehen wird. »Mit diesem Massaker legt die verbrecherische Regierung von Abdelfattach al-Sisi die Grundlage für eine neue Phase, in der es nicht mehr möglich sein wird, den Zorn der Massen zu kontrollieren. Die Unterdrückten werden es nicht mehr akzeptieren, in ihren Häusern und unter den Augen ihrer Angehörigen hingerichtet zu werden.« Ägypten werde in eine »sehr gefährliche Schieflage geschoben, die dazu führt, dass die Lage extrem unberechenbar wird«. Noch allerdings ist dies kein direkter Aufruf zum Kampf, und noch überwiegt bei der Führung der Bruderschaft offenbar die Auffassung, dass die bisherige Konstellation – die Regierung greift an und die Muslimbrüder sind die wehrlosen Opfer – strategisch geschickter ist.

Ebenfalls im Juli 2015 wird bekannt, dass die Muslimbruderschaft eine neue Führung gewählt hat, jedoch bleiben die Namen der Gewählten aus Sicherheitsgründen geheim. Allerdings sickert durch, dass es sich bei den neuen Führern zum großen Teil um jüngere Mitglieder handelt. Parallel dazu bildet sich eine Auslandsführung.

Hier spielt Amr Darrag eine entscheidende Rolle. Der frühere Minister war 2013 nach Katar ins Exil gegangen. Mit seiner Ausweisung im Winter 2014 hatte Katar die Annäherung an Ägypten und Saudi-Arabien eingeleitet. Wie viele der anderen Führer lebt er nun in der Türkei und fungiert dort als internationaler Kontaktmann. Nicht zu übersehen ist, wie zerstritten die Bruderschaft inzwischen ist. Dabei verläuft die Front zwischen den Generationen, zwischen dem Flügel der Konservativen und dem der Revolutionäre, zwischen denen, die ins Exil gegangen sind, und jenen, die in Ägypten blieben. Bewaffneter Kampf oder pragmatischer Modus Vivendi mit der Regierung? So lautet die zentrale Streitfrage. Sie wird verstärkt dadurch, dass die Muslimbruderschaft Konkurrenz bekommen hat: »Die Brüder sind doch lauter Flaschen. Sie reden die ganze Zeit vom islamischen Staat und davon, wie sie die Gesellschaften islamischer und gerechter machen wollen, aber was bringen sie? Nichts! Jetzt sitzen sie im Gefängnis und jammern. Ich halte Abu Bakr al-Bagdadi und die Kämpfer des Islamischen Staates für die eigentlichen Verfechter unserer Sache«, so ein junger Mann, mit dem ich im Sommer 2015 ein Interview führe, dessen Name aber nicht genannt werden soll. Er spricht für viele, und tatsächlich schließen sich Tausende junger Ägypter den IS-Truppen an und kämpfen im Irak und Syrien mit. Auch die Konfrontation in Ägypten verschärft sich, der IS übernimmt die Verantwortung für mehrere Anschläge.

Iman Mohammed, die 2011 die Muslimbruderschaft verlassen hat, treffe ich im Sommer 2015 wieder. Ich habe Glück. Eigentlich lebt sie nicht mehr in Kairo, ist mit ihrem Mann Mohammed und ihrem 2014 geborenen Sohn nach Katar ausgewandert. Nur ab und zu kommt sie zurück, um ihre Mutter zu besuchen. »Nur schon mal als Vorwarnung: Ich interessiere mich nicht mehr für Politik«, sagt sie zur Begrüßung. Wir sitzen auf der Lackleder-Couch in einem modernen Café. Vor sich hat sie einen Milchshake, ihr Telefon und nebenbei balanciert sie ihren kleinen Sohn auf dem Knie. Als er zu zappelig wird, reicht sie ihn weiter an einen der Männer aus ihrer Clique, die am Nebentisch sitzt, plaudert, Witze erzählt und Fotos macht. »Mein Leben hat sich extrem verändert«, sagt sie: »Am

Die Ägypterin Iman Mohammed mit ihrem Sohn in einem Café in Kairo, 2015.

Tag der Räumung von al-Raba al-Adawia, als ich das Blut gesehen habe und wie meine Freundinnen starben, habe ich beschlossen, dass ich mich nicht mehr mit Politik beschäftigen werde«, erklärt sie: »Das war für mich der einzige Weg weiterzuleben. Wie können Menschen so etwas tun? Wie soll ich mit diesem Hass leben? Wie soll die Gesellschaft das aushalten?« Einige ihrer Freunde seien bei der Räumung getötet worden, viele wurden verhaftet, und bis heute hört sie ständig, dass weitere plötzlich verschwinden. »Ich habe für mich beschlossen, dass es den 14. August 2013 nicht gegeben hat.« Sie habe sich in ihr Privatleben zurückgezogen. Als sich die Chance auftat, ging sie mit ihrem Mann nach Katar. Er leitet dort ein E-Learning-Programm für Journalisten. Iman Mohammed bleibt erst einmal mit ihrem Sohn zu Hause. Das sei wichtiger als alles andere, auch politisch. »Wir müssen ganz von vorne anfangen. Die Gesellschaft von unten noch einmal aufbauen. Diese hier sind die Hoffnung.« Sie deutet auf das Kleinkind: »Ich muss ihn gut vorbereiten. Dazu gehört aber auch, ihn von diesem Hass und der Gewalt fernzuhalten, damit er sich gut entwickeln kann«, sagt sie.

Iman Mohammed, die sich ja während der Tage auf dem Tahrir-Platz 2011 von der Muslimbruderschaft lossagte, ist offiziell nicht wieder zu dieser zurückgekehrt. Allerdings hat sie mittlerweile auch mit den Dissidenten gebrochen. »Wir von der Ägyptischen Strömungspartei standen ja der Regierung von Mohammed Mursi sehr kritisch gegenüber, denn er hat Fehler gemacht. Ich hielt es aber trotzdem für falsch, sich an den Protesten des 30. Juni zu beteiligen. Das war doch ganz eindeutig ein von den Mubarak-Anhängern angestifteter Putsch«, sagt sie. Es habe lange Diskussionen gegeben. Am Ende hätten sich die meisten für die Teilnahme ausgesprochen und ihr geraten, doch einfach zu Hause zu bleiben. »Ich wollte aber nicht mit Leuten Politik machen, die sich an so etwas beteiligen. Also habe ich meinen Austritt erklärt. Im Nachhinein bin ich sehr zufrieden mit dieser Entscheidung.« Sie habe wenig Hoffnung, dass sich in nächster Zeit in Ägypten die politische Situation zum Positiven verändern werde: »Langfristig aber, da bin ich sicher, wird niemand die Freiheit aufhalten können. Die nächste Generation wird von unseren Fehlern lernen und dann Erfolg haben.«

Der Journalist Khaled Dawud gehört zu denen, die – anders als viele andere Aktivisten der Revolution – auf den Aufbau einer demokratischen Parteienlandschaft gesetzt haben. Er war von Anfang an dabei, als 2012 die Verfassungspartei von Mohammed al-Baradei gegründet wurde und hielt ihr auch die Treue, als al-Baradei nach der Räumung der Protestlager 2013 Ägypten verließ und daraufhin viele enttäuschte Mitglieder aus der Partei austraten. 2014 gab es neue Hoffnung, als Hala Schukrallah den Vorsitz der Partei übernahm, und als Sprecher der Partei hatte Khaled Dawud viel zu tun. Er war dafür, die Grenzen der Freiheit immer wieder auszureizen, und arbeitete trotz aller Widrigkeiten weiter: Mitglieder werben, Strukturen aufbauen, Wahlen vorbereiten. »Es gab große Hoffnungen, aber jetzt müssen wir eingestehen: Wir stehen vor einem Scherbenhaufen«, sagt er, als wir uns im Herbst 2015 wiedertreffen. In nur wenigen Tagen soll die Parlamentswahl beginnen, eigentlich der Moment, auf den die Parteien seit Jahren hinarbeiten, doch nicht nur die Verfassungspartei, auch alle anderen neugegründeten Parteien sind weitgehend in sich zusammengefallen oder in Auflösung begriffen: »Uns fehlte die politische Erfahrung. Wir haben uns immer wieder in persönliche Konflikte verstrickt«, sagt er. Monatelang hätten sie über Verfahrensfragen gestritten. Im Grunde ging es dabei um die Frage, wie sich die Partei zum Präsidenten positioniert. Ein Teil der Partei steht ihm sehr kritisch gegenüber; nicht zuletzt weil zahlreiche Aktivisten der Partei verhaftet wurden. Khaled Dawud zählt zu dieser Fraktion ebenso wie die Parteivorsitzende Hala Schukrallah. Am Ende konnten sie sich nicht behaupten, Hala Schukrallah trat zurück, und seitdem ist auch Khaled Dawud nicht mehr der Sprecher der Partei. Dass Ähnliches auch in den anderen neugegründeten Parteien passierte, dafür macht Khaled Dawud das politische Klima verantwortlich: »Wie soll man Menschen für neue Parteien begeistern, wenn die Medien gegen uns hetzen und die Gesetze es uns zusätzlich schwermachen«, sagt er.

Die im Oktober 2015 begonnene Parlamentswahl leistet der Politikverdrossenheit der Ägypter weiter Vorschub. Statt einer Wahl zwischen verschiedenen politischen Richtungen bleibt den Wählern nur die Wahl zwischen verschiedenen Anhängern der Regierung. Viele der Kandidaten waren bereits 2010 im Parlament vertreten oder stammen aus dem Machtzirkel des gestürzten Präsidenten Hosni Mubarak. »Bisher hat der neue Präsident Abdelfattach al-Sisi noch keine eigene Partei, auf die er sich stützt, und es hat sich noch keine neue Machtclique um ihn geschart. So sehen viele Angehörige der alten Eliten jetzt den Moment, diese zu formieren. Das erklärt, weshalb sich die Leute so überschlagen, um im Wahlkampf ihre Liebe zum System zu betonen: Sie wollen vom Volk gewählt und vom Präsidenten auserkoren werden«, so Khaled Dawud. Zunächst hatte auch er vorgehabt, zu den Wahlen anzutreten, aber dann musste er feststellen, dass in seinem Wahlkreis in der Innenstadt von Kairo zwei hohe Funktionäre der ehemaligen Regierungspartei von Hosni Mubarak kandidieren: »Da habe ich überhaupt keine Chance.«

Interessant ist die Wahl in anderer Hinsicht. Man fragt sich, wie viele Sitze an islamistische Kandidaten gehen. Die Muslimbruderschaft tritt offiziell nicht an, es ist aber davon auszugehen, dass die Bruderschaft unabhängige Kandidaten ins Rennen schickt, bei denen sich erst im Laufe der Zeit herausstellen wird, welche Ziele sie verfolgen. Die salafistische Hisb al-Nur hingegen ist dabei. Das sorgte für Diskussionen, denn Parteien mit religiöser Ausrichtung sind laut Verfassung verboten. Dass die Al-Nur-Partei dennoch zugelassen wurde, hat wohl mit taktischen Überlegungen zu tun: Offenbar zielt die Regierung darauf ab, auch das islamistische Spektrum der Wählerschaft zu mobilisieren, um eine möglichst hohe Wahlbeteiligung zu erzielen. Aus Sicht der Regierung ist die Einbeziehung der Salafisten auch deswegen sinnvoll, weil sie so auf die Anhängerschaft der Salafistenprediger zählen kann, die ja für ihre Regierungstreue bekannt sind. So unterstützten die Salafisten 2013 bis zuletzt die Regierung von Mohammed Mursi. Seit dem Tag, an dem er gestürzt wurde, stehen sie aufseiten der Militärführung, und die Al-Nur-Partei rief auch zur Wahl al-Sisis zum Präsidenten auf. Es ist also davon auszugehen, dass auch im neuen Parlament Islamisten vertreten sein werden, einige mit deutlich sichtbarem Bart und andere, die ihre Gesinnung eher verbergen werden. Allzu viel bewegen werden sie nicht, denn laut Wahlgesetz kann der Präsident das Parlament auflösen, wenn ihm dessen Arbeit oder Zusammensetzung nicht gefällt.

Angesichts einer solchen Wahl ist es kein Wunder, dass viele Ägypter die Lust an der Demokratie verloren haben. Auch Khaled Dawud ist der Frust deutlich anzumerken. Bei früheren Treffen hatte er schon angedeutet, dass er wie so viele andere mit dem Gedanken spiele, Ägypten zu verlassen. Er habe genug davon, in den Medien als Verräter und Spion verleumdet zu werden. Ganz besonders ärgere er sich, dass man ihn als heimlichen Muslimbruder bezeichnet hat: »Ausgerechnet ich, der ich doch 2013 von Schlägern der Bruderschaft angegriffen, als Ungläubiger beschimpft und fast umgebracht wurde. Es ist so absurd!«, schimpft er. Der einzige Grund, weshalb er Ägypten noch nicht verlassen habe, seien die acht jungen Mitglieder der Partei, die bei Protesten verhaftet wurden und seit Monaten im Gefängnis sitzen: »Als einer der Führer der Partei bin ich für sie verantwortlich und kann sie nicht einfach im Stich lassen«, erklärte er noch im Mai 2015. Im September 2015 nun, kurz bevor Präsident al-Sisi nach New York reist, werden die Aktivisten begnadigt. Khaled Dawud zuckt mit den Schultern: »Jetzt könnte ich eigentlich gehen, aber irgendwie kann ich mich nicht trennen!«, sagt er.

Auch Bassma Husseini steht vor einem Scherbenhaufen: Ihr berühmtes Fann al-Midan (Kunst des Platzes), das 2011 als Musikfestival in Kairo gestartet war und schnell zu einem ägyptenweiten Spektakel wurde, überdauerte zwar die Mursi-Zeit und auch noch das erste Jahr der Militärführung, doch im Sommer 2014 war Schluss. Kurz darauf musste auch ihre Organisation Mawred al-Thaqafi (Die kulturelle Quelle) die Arbeit einstellen und ihren Hauptsitz nach Beirut verlegen. Für November 2014 hatte die Regierung allen Nichtregierungsorganisationen ein Ultimatum gestellt: Entweder sie lassen sich registrieren und somit unter staatliche Kontrolle stellen, oder ihnen droht die Schließung und ihre Mitarbeiter haben hohe Strafen zu erwarten. Viele Organisationen schlossen daraufhin ihre Büros, denn sie erhielten keine Genehmigung oder wollten sich nicht einer weitgehenden Kontrolle unterwerfen. »Wir setzen unsere Arbeit trotzdem fort, aber eben zumindest bis auf Weiteres außerhalb Ägyptens«, sagt Bassma Husseini.

Wir treffen uns im al-Falak, einen netten Kultur-Café in Kairos Innenstadt. Zitronensaft mit Minze und dazu ägyptische Folk-Musik. Es ist einer der Orte, der Hoffnung macht. Hier trifft sich die Alternativszene und hält mit Pluderhosen und Wuschelmähnen den Traum vom demokratischen Aufbruch zumindest modisch wach. »Ein schöner Ort, nicht wahr?«, sagt Bassma Husseini und schaut sich um: »Es ist Quatsch, dass die Revolution gescheitert ist. Sie hat im Gegenteil sehr viel verändert. Mich zum Beispiel! Ich habe früher Künstler gemanagt. Durch die Revolution bin ich mit Leuten in Kontakt gekommen, die mit den elitären Kulturkreisen, in denen ich bis dahin verkehrt habe, nichts zu tun haben«, beschreibt sie. Für sie ist der Neuanfang nicht erledigt, im Gegenteil, jetzt geht die Arbeit erst richtig los: »Wir brauchen mehr Kreativität. Die Ägypter sind unglaublich kreativ, was Musik und Kunst angeht. Nur die Aktivisten benutzen immer die gleichen Protestformen, die aber nicht mehr funktionieren«, sagt sie. Hier spiele auch die neue Hoffnungslosigkeit hinein, dass sich viele Aktivisten gar nicht mehr vorstellen können, dass Veränderung möglich ist. »Da setzen wir an: am Punkt null! Wir ermutigen die Menschen.« Sie gehe mit ihren Mitstreitern in Slums und Dörfer: »Einen Song zu komponieren kann Leben verändern. Aus einem Teenie, der eigentlich nur Probleme hat und macht, wird einer, der etwas schafft. Das gibt den Menschen das Gefühl von Einfluss und Selbstbewusstsein«, erklärt sie. Leider habe allerdings auch die Regierung erkannt, welches Potenzial in dieser kreativen Basisarbeit steckt und verbietet solche Projekte. Statt in Ägypten finden die Workshops nun im Libanon statt; mit syrischen Flüchtlingen.

»Früher habe ich immer gedacht, dass man freie und faire Wahlen fordern muss, damit man eine Demokratie bekommt. Wir wurden eines Besseren belehrt: Wir haben gesehen, wie Wahlen manipuliert und benutzt werden können«, sagt sie. Zur Demokratie gehöre sehr viel mehr: gute Bildung, eine halbwegs gerechte Gesellschaft, freie Medien. »Es ist die ewige Frage nach dem Huhn und dem Ei: Wir brauchen Wahlen, damit wir eine Regierung bekommen, welche die Weichen für eine weitere Demokratisierung stellt, die Bildung verbessert und die Armut bekämpft. Aber wie sollen wir je so eine Regierung bekommen, wenn die Wahlen so sind, wie sie sind?« Statt auf Veränderung von oben setze sie daher jetzt auf das, was sie als Ameisen-Strategie bezeichnet: »Viele kleine Ameisen nehmen hier und da ein bisschen Macht von der Regierung weg und geben sie den Menschen. Nach fünf oder zehn Jahren wird sich so die Gesellschaft und auch das Machtgefüge im Staat verändert haben«, meint sie. Bassma Husseini ist nicht die Einzige, die in diese Richtung denkt.

Ortstermin in Tunis, einem Dorf am Ufer des Karum-Sees, zwei Autostunden südlich von Kairo. Saftige grüne Felder, grasende Büffel und dazwischen Bauern bei der Feldarbeit. Im Dorf stehen die Häuser dicht gedrängt. Ein Ort wie Tausende anderer in Ägypten – und doch ganz anders. Tunis ist vergleichbar vielleicht mit dem Wendland in Norddeutschland. Vor 30 Jahren kamen die ersten Künstler und Schriftsteller. Die Dorfbewohner beäugten sie misstrauisch, doch inzwischen kommt man gut miteinander aus, zumindest meistens. Das liegt vor allem daran, dass die Künstler im Dorf Töpferwerkstätten einrichteten und die Dorfbewohner zu stolzen Kunsthandwerkern wurden. Tunis ist einer der ganz wenigen Orte in Ägypten, wo das Nebeneinander von Reich und Arm, von

Ausländern und Ägyptern funktioniert. In den letzten zwei Jahren hat Tunis einen regelrechten Boom erlebt. »Viele Ägypter sind frustriert von der politischen Entwicklung. Da sie sich nicht mehr in der Politik engagieren können, probieren sie jetzt neue Formen des Zusammenlebens in den Nischen der Gesellschaft aus«, so der Maler Mohammed Abla, der neben seinem Wochenendhaus im Dorf ein Kunstatelier und ein kleines Museum errichtet hat.

Laura Thabit zupft ein paar Unkrautblätter aus ihrem Kräutergarten. Ein Mann in einem traditionellen Gewand und mit Gebetsfleck schaut der zierlichen Frau mit Pferdeschwanz und Schlabberhose zu. Thabit ist die Gründerin des Öko-Betriebes Nawaya, und Hafez, der Mann neben ihr, ist einer ihrer engsten Mitarbeiter. Gemeinsam produzieren sie in einem Vorort von Kairo Gemüse und Kräuter, die dann in kleinen Bioläden verkauft werden. »Man darf sich keine Illusionen machen, wir können nicht viel verändern, aber immerhin dafür sorgen, dass es in unserer direkten Umgebung etwas freundlicher wird und es den Menschen hier ein kleines bisschen besser geht«, so Thabit.

Sie beeilt sich zu betonen, dass es sich um ein ganz und gar unpolitisches Projekt handle. Alles andere würde angesichts der Repression durch die Regierung das Aus bedeuten, aber natürlich wollen die Landwirtschaftsaktivisten etwas dazu beitragen, dass Ägypten in Zukunft vielleicht doch noch ein wenig demokratischer wird. Die vielen ungebildeten Armen auf dem Land werden immer wieder angeführt, wenn es darum geht zu erklären, weshalb die Idee der Demokratie für Ägypten ungeeignet wäre. Den Menschen fehlte es an politischer Grundbildung, sie wären daher nicht in der Lage, eine vernünftige Wahlentscheidung zu treffen. Die Aktivisten widersprechen dem vehement: »Demokratie ist etwas, was man lernen kann, und politisches Bewusstsein entsteht auch darüber, dass die Menschen wissen, dass sie Rechte haben«, sagt sie.

»Es liegt aber nicht nur am fehlenden Bewusstsein der Armen«, sagt Noha Zayed. »Im Gegenteil. Das eigentliche Problem sind die Reichen, die das Sagen haben. Sie bezeichnen sich als liberal und gebildet, aber leben in wahnsinniger Angst vor den Armen«, erklärt die Frau mit lustiger Lockenmähne und Doc-Martins-Stiefeln. Sie produziert knallbunte T-Shirts mit Sprüchen aus der ägyptischen Umgangssprache: sehr angesagt bei der coolen neuen Szene. »Wenn ich meinen wohlsituierten Bekannten erzähle, dass ich oft mit einer Freundin aufs Land fahre und dort mit Männern im Café über Gott und die Welt plaudere, dann sind die richtig schockiert. Sie halten dies für extrem gefährlich«, beschreibt sie. Aus Angst setzen die Reichen alles daran, die Armen in ihren Rechten einzuschränken. Das erklärt, warum so viele gut ausgebildete Mittelschichtler all ihre liberalen Grundprinzipien über Bord geworfen haben und die Regierung von Abdelfattach al-Sisi in ihrem extrem harten Kurs gegen die Muslimbruderschaft und andere Oppositionelle unterstützen. Weit verbreitet ist in diesen Kreisen auch die Auffassung, dass Demokratie zwar im Prinzip gut und erstrebenswert sei, aber nur in Europa und den USA. Ägypten sei nun einmal noch nicht geeignet, und so sei es unverantwortlich, dem Volk zu viel Freiheit zu lassen. »Man findet nicht nur unter den Armen, sondern auch in den bessergestellten Schichten viele politische Analphabeten, denn auch auf guten Privatschulen lernt man hier nicht unbedingt demokratische Werte«, so Noha Zayed. Dies sei der eigentliche Grund für das Scheitern des Neuanfangs.

Die ägyptische Alternativszene ist ein Projekt der wohlhabenden Mittelschichtjugend, es kann aber durchaus auch als Schritt hin zu einem Neuanfang gesehen werden. Indem immer mehr reiche, dem Selbstverständnis nach liberale Ägypter den Kontakt zu der armen Mehrheit suchen, stellen sie fest, dass ihre Angst weitgehend unbegründet ist, und sie sind eher bereit, ihnen auch zuzugestehen, eigene politische Meinungen zu entwickeln und Rechte einzufordern.

Esraa Abdelfattach wiegt dagegen den Kopf. Sie ist skeptisch, ob derzeit überhaupt Veränderungen durch Aktivisten erreicht werden können. Ihrer Meinung nach hat keiner der bisherigen Ansätze, weder die Fortsetzung der friedlichen Proteste noch der bewaffnete Kampf, nicht der Aufbau von Institutionen und auch nicht Initiativen, die auf die Veränderung der Gesellschaft von unten zielen, derzeit reale Erfolgsaussichten. »Ich glaube, dass uns Aktivisten von 2011 momentan nur die Zuschauertribüne bleibt. Wir können aktuell nichts ausrichten. Die Repression der Regierung ist zu stark und zudem hat sich die Bevölkerung von uns abgewandt. Wir können nur abwarten«, meint sie.

Wie kaum eine andere hat sie die Höhen und Tiefen der fünf Jahre seit Anfang der Revolution mitgemacht. 2011 war sie ganz vorn dabei, als es darum ging, Mubarak zu stürzen, und 2013 war sie die Sprecherin der Nationalen Rettungsfront gegen Mursi. Danach hielt sie der militärgeführten Regierung die Treue, auch als viele andere Aktivisten längst auf Abstand zu ihr gingen, weshalb sie von vielen alten Mitstreitern geächtet wurde. Ausgezahlt hat sich die Loyalität für sie nicht: Regierungsnahe Talkmaster beschimpfen sie als Agentin des Auslands, und im Herbst 2014 gerät auch ihre Organisation, die Ägyptische Demokratie-Akademie, die politische Bildung für die Landbevölkerung angeboten hat, unter Beschuss und muss wie viele andere Nichtregierungsorganisationen die Arbeit einstellen. Esraa Abdelfattach bemüht sich daraufhin um ein Stipendium in den USA, doch als sie es schließlich erhält und Ägypten verlassen will, wird sie am Flughafen aufgehalten und erhält ein Reiseverbot. Es gäbe ein Verfahren wegen Annahme ausländischer Hilfsgelder gegen sie, und deswegen könne sie das Land nicht verlassen: »Das ist eine persönliche Schikane gegen mich.« Das wird auch daran deutlich, dass die Justiz gar nicht gegen sie ermittelt. »Jetzt sitze ich seit neun Monaten fest, aber die haben mich noch nicht einmal verhört oder das Verfahren formal eröffnet. Sie ignorieren mich einfach!«, schimpft sie, als wir uns im Oktober 2015 treffen. In Spaghettiträger-Shirt und schwarzen Leggins sitzt sie auf dem Sofa ihres gemütlichen Wohnzimmers. Handy und Laptop griffbereit. Sie schreibt eine wöchentliche Kolumne für die Zeitung »Al-Jaum al-Saba« (Der siebte Tag) und hat ansonsten viel Zeit, die politische Lage zu analysieren. Die Situation sei mit einer Zirkusvorstellung vergleichbar: Auf der Bühne sorgen die Clowns, also die Regierung und ihre Fernseh-Talkmaster, für Unterhaltung, und das Publikum schaue gebannt zu. »Im Moment sind sie fasziniert, aber bald werden sie erkennen, dass es nur billige Tricks sind, und dann werden sie sich umschauen«, so Esraa Abdelfattach: »Dabei wird ihr Blick auch nach hinten wandern, und da werden sie uns Aktivisten entdecken, die auf die hintersten Ränge verbannt wurden«, sagt sie. Den Menschen werde dann wieder einfallen, dass sie einmal von Freiheit und Demokratie geträumt haben, und sie werden erkennen, dass sie auf die Propaganda der Clowns hereingefallen sind, die ihnen eingeredet haben, dass wir Verräter sind.

Zunächst hört sich Esraa Abdelfattachs Analyse der Lage, dass die Aktivisten so in Ungnade gefallen sind, dass sie nichts mehr ausrichten können, extrem negativ an. Doch es schwingt Hoffnung mit. Der Frühling am Nil war nicht vergebens. Die Menschen haben einmal über Freiheit und Demokratie nachgedacht, und auch wenn diese Konzepte vorerst durch widrige Umstände und durch die gezielte Propaganda und Sabotage der neu-alten Regierung in Misskredit geraten sind, stehen die Ideen dennoch im Raum. »Irgendwann werden die Menschen aufwachen, dann werden sie sich an den Traum von Freiheit erinnern und daran, dass es einmal Leute gab, die dafür auf die Straße gingen«, so Esraa Abdelfattach. Schon jetzt seien erste Kopfbewegungen der Zirkusbesucher zu beobachten: »Die Menschen fangen an, die Clownsvorstellung zu durchschauen. Was sie derzeit aber noch davon abhält, ihren Kopf zu uns ganz herumzudrehen, ist, dass sie dabei jeweils links und rechts an der Manege vorbeischauen müssen – und was sehen sie da? Libyen und Syrien, Terror und Bürgerkrieg, und vor lauter Schreck gucken sie dann schnell wieder nach vorn«, sagt sie.

Der Arabische Frühling in der Region

Die Frage: »Was ist schiefgelaufen?« beschäftigt auch die Aktivisten in den anderen Staaten des Arabischen Frühlings. Ebenso wie in Ägypten habe ich in Tunesien, Libyen, Jemen und Syrien jeweils Akteure der Aufstände über die Jahre begleitet, sie bei Reisen immer wieder getroffen und nach ihrer Einschätzung der aktuellen Situation befragt.

Tunesien

Türkisfarbener Bikini, die Haare vom Baden noch nass, so räkelt sie sich auf dem Rand des Pools. Lina Ben Mhenni, die diese Bilder von sich im Sommer 2015 auf Facebook postet, zählt zu den bekanntesten tunesischen Bloggerinnen und war für ihre Rolle während des Aufstands 2011 für den Friedensnobelpreis nominiert. Anders als viele andere Aktivisten der Revolution hat sie sich nicht aus der Politik zurückgezogen und ist bis heute aktiv. Was sollen aber dann diese Bilder? Wieso ändert sie ihr Profilbild, tauscht das Schwarzweißbild mit den verwegenen Haaren gegen ein Bild in Touristenpose am Pool? »Zum ersten Mal seit Anfang der Revolution habe ich in diesem Sommer Urlaub gemacht. Ein paar Tage nur, aber immerhin. Ich war in Hammamet im Hotel«, erzählt sie und zeigt noch ein paar Bilder. »Was für ein Meer! Und der Pool erst! Es war sehr schön und erholsam«, fügt sie dann hinzu, allerdings klingt sie dabei, als wäre sie beim Zahnarzt gewesen. Lina Ben Mhenni hat sich natürlich gern an den Pool gelegt, allerdings wäre es ihr lieber gewesen, sie hätte keine Zeit dazu gehabt. »Leider ist es so, dass die Revolution

Die tunesische Bloggerin Lina Ben Mhenni, 2015.

eine Pause macht. Es passiert nicht mehr viel. Die meisten Aktivisten sind in Schockstarre und trauen sich nicht mehr, die Regierung zu kritisieren. So gibt es im Moment kaum Demos, und auch die politische Diskussion ist eingeschlafen«, sagt sie.

Tunesien gilt als Vorzeigeland des Arabischen Frühlings, hier scheint der Übergang in eine neue Zeit geklappt zu haben, zumindest gilt die Übergangsphase offiziell als abgeschlossen: Tunesien hat 2014 eine neue Verfassung bekommen, in der Freiheitsrechte und Demokratie verankert sind. Es wurden ein Parlament und ein Präsident gewählt, und Anfang 2015 gelingt es nach langem Ringen, eine Regierung der nationalen Einheit zu formen, die Islamisten und Nicht-Islamisten vereint. Auch was die Wirtschaft angeht, zeigt sich ein Silberstreifen am Horizont, die Tourismussaison 2015 ließ sich gut an. Bis zum 26. Juni. Da tötete ein vom IS in Libyen trainierter junger Tunesier 38 Touristen am Strand von Susse. Stornierungen, leere Hotelzimmer, Ende der Hoffnung. Lina Ben Mhennis Foto von sich am Pool von Hammamet ist insofern auch ein politisches Statement: Macht Urlaub in Tunesien! Rettet unsere Wirtschaft! Rettet unsere Revolution!

»Der Terrorismus ist eine große Bedrohung, nicht nur weil Menschen sterben«, sagt Lina Ben Mhenni. Die Regierung nutze die Gewalt und die Angst vor dem Terror, um Freiheiten einzuschränken. »Das Schlimmste aber ist, dass die Menschen in solcher Panik vor dem Terror leben, dass sie sich nicht mehr trauen, die Regierung zu kritisieren«, sagt sie. Das im Nachgang zum Attentat im Juli 2015 verabschiedete Antiterrorgesetz gibt der Regierung weitgehende Befugnisse, Verdächtige festzunehmen, und auch die Todesstrafe wird wieder eingeführt: »Bis vor Kurzem noch gingen die Aktivisten wegen jeder Einschränkung der Freiheit auf die Straßen, ein solches Gesetz hätte zu einer regelrechten Protestwelle führen müssen. Jetzt aber haben die Menschen unglaubliche Angst, dass die Regierung scheitert und Tunesien in das gleiche Chaos stürzt wie Libyen oder Syrien. Deswegen halten sie den Mund«, beschreibt sie die Situation.

Lina Ben Mhenni habe ich zum ersten Mal 2010 getroffen, bei einem arabischen Bloggerseminar, das die Deutsche-Welle-Akademie im Herbst 2010 in Kairo veranstaltet. Internetaktivisten aus verschiedenen arabischen Ländern sind angereist, tauschen sich über die Situation in ihren Ländern aus und darüber, wie man die Zensurmethoden der Regierungen aushebeln kann. Nützliches Wissen, denn kurz darauf beginnt die Revolution in Tunesien. Am 17. Dezember zündet sich der Gemüsehändler Mohammed Buazizi in Sidi Buzid an, protestiert gegen die willkürliche und erniedrigende Behandlung durch die lokalen Behörden. Seine Angehörigen empören sich, dann der ganze Ort. Schnell springt der Funke auf andere Städte über. Anfang Januar ist das Land in Aufruhr. Die tunesischen Medien schweigen, aber wen interessiert das schon? Schließlich berichtet al-Dschasira, und zwar nonstop. Selbst über kleine Proteste wird berichtet, und diese Art der sehr intensiven Berichterstattung trägt dazu bei, dass sich immer mehr Menschen anschließen. Schnell verbreiten sich die Ideen: Tunesien gehört zu den Ländern der Region mit den meisten Internetnutzern. Ein Drittel der Tunesier ist online. In Syrien sind es nur gerade einmal 18 Prozent.

Eine wichtige Säule des Aufstands sind die Arbeiter: Zwar steht die Spitze der Gewerkschaft UGTT gehorsam hinter der Regierung von Diktator Ben Ali, aber die Basis wird schnell zur treibenden Kraft der anschwellenden Proteste. In dieser Zeit postet Lina Ben Mhenni zwei Bilder auf ihrer Internetseite. Das erste zeigt eine Straße bei Nacht: menschenleer. Das zweite zeigt eine ähnliche Szene, nur verwackelt. Es ist ihr wortloser Kommentar zur Ausgangssperre, die von der Regierung verhängt wurde. Was könnte deutlicher zeigen, dass auch diese Maßnahme nicht taugt, um die Aktivisten daran zu hindern, auf die Straße zu gehen?

Dann geht alles sehr schnell. Obwohl Zine Abdine Ben Ali eine sehr emotionale Rede hält, in der er 300 000 neue Jobs verspricht und zusagt, nicht noch einmal zur Wahl anzutreten, verfängt diese nicht beim Volk. Als Nächstes wechselt er seine Regierung aus, doch die Demonstrationen gehen weiter. Sie finden jetzt sogar im Touristenort Hammamet statt, wo man sonst auf Stabilität und Ruhe setzt, um die Urlauber nicht zu verschrecken. Am Freitag, dem 14. Januar, um 18.50 Uhr Ortszeit ist es dann geschafft: Ministerpräsident Mohammed Ghannuschi gibt die Amtsenthebung des Präsidenten bekannt. Dieser befindet sich zu diesem Zeitpunkt bereits im Flugzeug. Nach Saudi-Arabien. Dort lebt er seitdem im Exil, in Tunesien beginnt eine neue Zeit.

Woran lag es, dass es in Tunesien besser lief als in den anderen Staaten der Arabellion? »Tunesien hatte Glück, das liegt daran, dass wir etwas anders sind als die anderen Länder«, so Raschid al-Ghannuschi, der Begründer der islamistischen Al-Nahda-Partei. Der 74-jährige Philosoph sitzt in einem bequemen Sessel in seinem Arbeitszimmer. Bis unter die Decke stapeln sich die Bücher: Werke muslimischer Gelehrter und der europäischen Geistesgeschichte. Er wird weltweit vor allem von jungen Muslimen verehrt, denn er gilt als der wohl klügste und weitsichtigste Politiker des islamistischen Lagers. »Unser größter Vorteil war, dass wir so unwichtig sind: Wir haben weder Öl, noch liegen wir strategisch bedeutsam«, beschreibt er die Lage. Zudem war ja der Sturz Ben Alis Auslöser für Revolten in der ganzen Region, und die Aufmerksamkeit der Medien und auch der Weltgemeinschaft verlagerte sich schnell zu den wichtigeren Schauplätzen, nach Kairo, Tripolis und Damaskus. »So konnten wir ohne viel Einmischung von außen unseren Neuanfang angehen«, erzählt er. Zudem habe Tunesien eine recht kleine Bevölkerung und noch dazu eine, die vergleichsweise gut gebildet ist.

Auch das alte Regime in Tunesien unterscheidet sich von dem in den anderen Ländern. Zwar gibt es hier ebenfalls einen großen Spitzel- und Überwachungsapparat, aber die Regierung ist unabhängiger vom Militär, und überhaupt ist die Armee weniger mächtig als in Ägypten.

Es gibt aber noch einen Grund, weshalb in Tunesien glückte, was anderswo scheiterte: In Tunesien war es möglich, Kompromisse zu schließen. Auch in Tunesien ist die Gesellschaft polarisiert, sind die Menschen voll Hass auf den politischen Gegner. Die Islamisten warnen vor der Unmoral der Bikini-tragenden Aktivistinnen, sind schnell dabei, die Welt in gut und böse, in gläubig und ungläubig zu unterteilen, und die Nicht-Islamisten beziehungsweise Anti-Islamisten sehen in jedem Gläubigen schnell einen Bombenleger und unterscheiden nicht zwischen Al-Nahda-Politikern und IS-Strategen. Im entscheidenden Moment allerdings gelingt es in Tunesien, die verschiedenen Kräfte an einen Tisch zu bringen. Das liegt daran, dass man sich kennt: In Tunesien mit seinen knapp elf Millionen Einwohnern taten sich 2005 Islamisten und Nicht-Islamisten zur 18.-Oktober-Koalition gegen Ben Ali zusammen, formulierten gemeinsame Ziele und arbeiteten seitdem auf die Revolution hin. Nach dem Sturz der alten Regierung geht zunächst die Al-Nahda-Partei in Führung und wird nach den Wahlen im November 2011, bei der sie rund 40 Prozent der Sitze gewinnt, zur tonangebenden Kraft in einer Koalitionsregierung. Schnell regt sich Kritik an dieser Troika-Regierung, und nach der Ermordung zweier liberaler Intellektueller kommt es im Sommer 2013 zu heftigen Protesten. Nach dem Vorbild von Ägypten gründete sich auch in Tunesien eine Rebellen-Bewegung Tamarod. In diesem Moment schließen sich vier einflussreichen Vereinigungen, die Gewerkschaft UGTT, der Arbeitgeberverband UTICA, Die Menschenrechtsliga LTDH und die Anwaltskammer, zum Dialog-Quartett zusammen und drängen alle politischen Kräfte dazu, sich zu einigen. Für seine historische Leistung wird das

Quartett 2015 mit dem Friedensnobelpreis ausgezeichnet. Tatsächlich tritt unter seinem Druck die Troika-Regierung zurück, es wird eine Technokratenregierung gegründet und eine Verfassung verabschiedet. Dass die Führung der Al-Nahda-Partei im entscheidenden Moment, als sie in Bedrängnis geriet, nicht auf stur schaltete wie die Muslimbrüder in Ägypten, sondern sich auf den nationalen Dialog einließ, markiert den entscheidenden Unterschied zu Ägypten. Dies liegt daran, dass die al-Nahda eine jüngere, modernere und weltoffenere Organisation ist als die Muslimbruderschaft. 1981 von Studenten gegründet, fehlt ihr die Tradition als Geheimorganisation, und sie hat auch nicht ganz so steile Hierarchien wie die Schwesterorganisation in Ägypten. Das zeigt sich deutlich in ihrer heutigen Politik. »Hätten wir angesichts der Proteste nicht nachgegeben, hätten wir die ganze Revolution aufs Spiel gesetzt. Wir hätten alles verloren. So haben wir eingelenkt und dabei gewonnen«, erklärt der Al-Nahda-Führer Raschid al-Ghannuschi. Er räumt ein, dass die Ereignisse in Ägypten ihm als abschreckendes Beispiel dienten: »Wir haben gesehen, was in Kairo los war, und wussten, dass auch uns eine Konterrevolution droht, wenn wir nicht schnell etwas unternehmen.« Auf Dankbarkeit vonseiten der Bevölkerung wartete seine Partei dann jedoch vergeblich. Bei den Parlamentswahlen im September 2014 bekommt Al-Nahda nur noch knapp 28 Prozent der Stimmen. Gewinner der Wahl ist Nida Tunes. Das Wahlbündnis umfasst sehr unterschiedliche Parteien – von bürgerlich über sozialdemokratisch bis hin zu Vertretern des alten Regimes. Was sie eint, ist ihr Hass auf die Islamisten und ihre Ablehnung der Al-Nahda-Partei. Diese trifft die Wahlschlappe unvorbereitet: So fest hatte man in der Al-Nahda-Führung mit einem Wahlsieg gerechnet, dass kein Kandidat für die Präsidentschaftswahl – die nur einen Monat später stattfindet – aufgestellt wurde. »Wir hielten es für strategisch klug, nicht zu viel Macht anzuhäufen, und wollten nicht Parlament und Präsidentenpalast beherrschen. Nun allerdings, naja, nun ist es zu spät«, so Ajmi Lurimi, Funktionär der Partei, in einem Interview kurz vor der Präsidentschaftswahl. Nida-Tunes-Gründer Beji Caid Essebsi zieht in den Präsidentenpalast ein. Was die Regierungsbildung angeht, kann das antiislamistische Bündnis nicht allein regieren, und wieder zeigt sich, dass Tunesien den anderen Ländern etwas voraus hat: Es gelingt allen Beteiligten, über ihren eigenen Schatten zu springen und am Ende doch eine Regierung der nationalen Einheit aufzustellen. Al-Nahda stellt zwar nur einen Minister, aber sorgt mit seiner Präsenz dafür, dass die Regierung eine breite Basis hat. Zumindest in den Medien hat seitdem die Hetze gegen das jeweils andere politische Lager deutlich nachgelassen.

»Das bedeutet aber nicht, dass die Polarisierung überwunden ist«, so die Aktivistin Olfa Riaschi. Die Anfangdreißigjährige mit den raspelkurzen Haaren ist tagsüber Vertreterin einer Fahrstuhlfirma, in erster Linie hat sie aber eine große Fangemeinde auf Facebook: »Im Privaten hassen sich die Menschen weiter. Bei den Nicht-Islamisten nimmt das geradezu paranoide Züge an. Sie haben eine solche Panik vor dem Terrorismus und vor den Islamisten, dass sie bereit sind, alle ihre Prinzipien von Freiheit und Menschenrechten über Bord zu werfen«, sagt sie. Wie viele Aktivisten der Revolution steht Olfa Riaschi der neuen Regierung skeptisch gegenüber: »Die Koalition war in dem Moment die beste der schlechten Möglichkeiten. Alles andere hätte die Polarisierung verschärft, aber zufrieden bin ich nicht. Es ist der Zusammenschluss zweier extrem konservativer Kräfte. Es hat sich das konservativ-bürgerliche Lager, zu dem auch zahlreiche Politiker der alten Garde gehören, mit den konservativ-frommen Islamisten zusammengetan. Beide wollen Stabilität, aber sie arbeiten nicht daran, unser Land gerechter zu machen. Zu viel Freiheit macht ihnen Angst«, fasst sie zusammen. Was fehlt, ist ein Zusammenschluss der Kräfte der Mitte, zwischen denen, die eher moderat islamisch sind, und denen, die sich als säkular verstehen, und die gemeinsam die anstehenden Probleme des Landes angehen. So ein Bündnis zu schließen, ist allerdings schwierig und erfordert Mut, vor allem, wenn das Land vom Terror bedroht ist. Fast schon mitleidig klingt Olfa Riaschis Stimme, als ich mich nach einem langen Gespräch von ihr verabschiede: »Tut mir leid, dass ich nichts Positiveres sagen kann, ich weiß, dass ihr Europäer Tunesien gern als Hoffnungsträger seht, aber man darf auch nichts glorifizieren. Es geht uns besser als den anderen Ländern, aber toll ist anders«, gibt sie mir mit auf den Weg.

Beji Caid Essebsi legt in der Nationalversammlung von Tunis seinen Amtseid ab, Dezember 2014.

Lina Ben Mhenni geht die Art, wie Tunesien in der internationalen Presse als Leuchtturm der Hoffnung in einem Meer aus Chaos, Krieg und Terror dargestellt wird, schon seit Längerem auf die Nerven. »Hör bloß auf damit!«, faucht sie mich an, als wir uns Ende 2014 in einem Café in Tunis treffen. Am Nachbartisch hat ihr Bodyguard Platz genommen. Seit der Ermordung von Mohammed Brahmi im Sommer 2013 und seit sie Drohungen radikaler Islamisten bekommen hat, steht sie unter Personenschutz: »Das allein zeigt doch, wie wenig wir am Ziel sind«, sagt sie. Sie sieht im Loben der tunesischen Erfolge auch einen Weg, die Opposition in Tunesien zum Schweigen zu bringen. Nach dem Motto: Freut euch über die Erfolge und gefährdet sie nicht durch zu viel Kritik. Dabei gäbe es genug zu kritisieren: »Wir stehen nicht viel besser da als 2010. Die Ziele der Revolution wurden nicht erreicht, das alte Regime ist dabei, wieder seine Positionen einzunehmen. Ein grundlegender Neuanfang ist gescheitert, und das liegt vor allem daran, dass wir es versäumt haben, die Vergangenheit richtig aufzuarbeiten und die Verbrecher der alten Zeit zu bestrafen«, sagt sie. Das Gesetz zur nationalen Aussöhnung, das den Vertretern des alten Regimes unter gewissen Bedingungen und nach einer Geldzahlung die Rückkehr nach Tunesien und sogar auf die politische Bühne erlaubt, hält sie für eine Katastrophe: »Vergangenheitsaufarbeitung besteht immer aus drei Schritten: Verbrechen aufklären, Verbrechen bestrafen und dann die Versöhnung. Man kann nicht erwarten, dass wir uns versöhnen, bevor die Verbrechen bestraft und verziehen wurden, nur weil die Leute ein bisschen Geld bezahlen.«

Die grundsätzlichen Zweifel, ob es überhaupt gelingen kann, die arabische Welt zu demokratisieren, hält sie für fehl am Platze: »Die Leute kritisieren, dass unter den gegebenen Bedingungen bei Wahlen nach Mehrheitswahlrecht nicht unbedingt Regierungen an die Macht kommen, die demokratisch sind. Das liegt aber nicht am Wahlrecht, sondern daran, dass wir nicht dafür gesorgt haben, die undemokratischen alten Kräfte auszuschließen. Wenn nur saubere Kandidaten antreten könnten, dann gäbe es kein Problem«, sagt sie. Das Argument, dass die Menschen zu ungebildet sind und zu wenig Ahnung von der Politik haben, um eine mündige Entscheidung zu treffen, hält sie für Quatsch: »Das würde ja bedeuten, dass es keine Hoffnung gibt, dass sich je etwas ändert. Nein, nein: Die Zeiten sind zwar hart, und ich fürchte, wir werden erst mal durch ein schwarzes Loch wandern müssen, aber dann wird es hier irgendwann gut.«

Tunesien kommt in der Region – gewollt oder ungewollt – eine Sonderstellung zu. Der Erfolg auf dem Weg zum Neuanfang, auch wenn er nicht perfekt ist, zeigt deutlich, dass Demokratisierung auch in diesem Teil der Welt möglich ist. »Der einzige Grund, wieso ich es ab und zu zulassen kann, dass Tunesien gelobt wird, ist, dass ich weiß, wie wichtig unser Erfolg für die Aktivisten in Syrien, Jemen und in den anderen Ländern ist: Solange wir Erfolg haben, gibt es Hoffnung«, so Lina Ben Mhenni. Genau aus diesem Grund ist

Tunesien vielen ein Dorn im Auge. So ist es typisch, dass ägyptische Medien nur extrem knapp über die erfolgreichen Parlaments- und Präsidentschaftswahlen in Tunesien berichten: Sie widersprechen der Regierungspropaganda, dass der Arabische Frühling nichts als Terror, Gewalt und Extremismus gebracht hat. Auch die Strategen vom IS haben es auf Tunesien abgesehen. Sollte es gelingen, der tunesischen Jugend nicht nur politische Mitspracherechte zu geben, sondern ihnen auch noch wirtschaftlich eine Perspektive zu eröffnen, würde dies die IS-Rhetorik widerlegen, dass es nur im Kalifat ein würdiges Leben für junge Muslime gibt. Kein Wunder also, dass sie mit ihren Anschlägen versuchen, die Wirtschaft des Landes zu treffen.

Libyen

Fatma Ghandur ist eine Frau, die man nicht vergisst: Die 43-Jährige trägt die Haare kurz, die Lippen grell geschminkt und modische Kurzarmblusen. »Ich habe beschlossen, dass ich mich zur Präsidentin von Libyen wählen lasse!«, sagt sie bei unserer ersten Begegnung. Das ist im Oktober 2011 bei einer arabischen Frauenkonferenz in Kairo. Zu diesem Zeitpunkt ist Muammar al-Gaddafi noch am Leben, erst kurz danach wird er in Sirte regelrecht gelyncht. Aber Fatma Ghandur ist eine Frau mit Plänen, und Mut hat sie sowieso. Aus ihrer Sicht wird es nur noch eine Frage von Tagen oder Wochen sein, bis das alte Regime endgültig besiegt ist. Dass sich bereits jetzt abzeichnet, dass im neuen Libyen die radikalen Islamisten eine große Rolle spielen werden, kann sie nicht erschüttern: »Natürlich sind sie dagegen, dass Frauen Präsident werden. Wenn es nach ihnen geht, dann sollten wir am besten ganz zu Hause bleiben. Aber wissen Sie was? Die werden sich noch wundern!«, sagt sie. Der Islamismus habe in Libyen keine Chance. »Wir sind von Natur aus fromm, und zwar so fromm, dass uns die Typen mit den langen Bärten nichts vorschreiben können«, sagt sie. Das war, wie gesagt, im Herbst 2011.

Das scheint sehr lange her zu sein. Wer fragt heute noch danach, welche Chancen Frauenrechtlerinnen und Vertreter der Zivilgesellschaft in Libyen haben, mit ihren Ideen gehört zu werden? Angesichts der blutigen Kämpfe dort, des immer größer werdenden Einflusses des IS und anderer extrem radikaler Gruppen steht heute die Frage nach Stabilität und Einheit des Landes im Vordergrund. Nicht zufällig ist Libyen mit seinem Machtvakuum und den unkontrollierten Grenzen zu dem Durchgangsland für Flüchtlinge nach Europa geworden. Um zu verstehen, wie es so weit kommen konnte, ist es sinnvoll, auf die Anfänge des Aufstands zurückzublicken.

Fatma Ghandur ist keine Aktivistin und ist bis zum Beginn der Revolution im Februar 2011 auch keine Oppositionelle im politischen Sinn. Sie eckt an, versteht es aber, sich aus der Schusslinie zu halten. »Ich habe ein Blog geschrieben, das sich mit libyscher Folklore beschäftigt. Das war meine Nische«, erzählt sie. Hauptberuflich unterrichtet die Journalistin an der Medienfakultät der Universität von Tripolis und moderiert Sendungen im Fernsehen: »Als die Revolution losging, war es mit der Nische vorbei. Man zwang mich, im TV Stellung zu beziehen. Ich habe mich zunächst krank gemeldet, aber nachdem meine eine Kollegin mit Revolver im Studio aufgetreten war und geschworen hat, Gaddafi zu verteidigen, ging das nicht mehr.« Mitte März setzt sie sich nach Tunesien ab. Da ist aus dem friedlichen Aufstand, der mit der Demonstration von Anwälten in Bengasi am 15. Februar 2011 begonnen hat, längst ein Krieg geworden. Die Anwälte in Bengasi protestieren gegen die schlechte Behandlung der Angehörigen der beim Gefängnismassaker von 1996 in Abu Slim rund 1200 Getöteten, doch schnell schließen sich andere an und rufen die panarabische Protestparole: »Das Volk will das System stürzen!« Die Regierung zögert keinen Moment, setzt Kampfhubschrauber und Panzer gegen die Demonstranten ein. Anfang März beginnt die Regierungsarmee den Marsch auf Bengasi. Muammar al-Gaddafi droht, sich für die Beleidigung zu rächen. Als solche empfindet er den Aufstand gegen sich. Es droht ein Blutbad. Da beschließt der UN-Sicherheitsrat eine Flugverbotszone, die von der NATO durchgesetzt werden soll. Am 19. März 2011 beginnen französische Kampfjets mit der Bombardierung von Stellungen der libyschen Regierungstruppen.

Libysche Rebellen posieren auf eroberten Flugzeugen im Mai 2011.

Das Massaker kann verhindert werden, bis zur Tötung Gaddafis am 22. Oktober fordert der Krieg aber auch so mindestens 50 000 Menschenleben. Trotzdem findet man bis Mitte 2014 kaum Libyer, die die Intervention der NATO kritisieren. Sie reagieren verwundert, dass der Krieg in Libyen als Argument gegen eine ähnliche Intervention in Syrien angeführt wird. Denn hätte die NATO im März 2011 nicht eingegriffen, hätte es aller Wahrscheinlichkeit nach in Libyen keinen Machtwechsel gegeben, und Muammar al-Gaddafi trauern nur wenige nach.

Diese Einschätzung ändert sich ab 2014, und das liegt vor allem an der Gewalt und dem drohenden Zerfall des Landes. Zudem gelingt es den Anhängern des alten Regimes, die Gaddafi-Zeit zu verklären. Dass dies gelingen würde, war 2012 noch völlig unvorstellbar. »In Libyen wird es niemals dazu kommen, dass sich die Menschen Gaddafi zurückwünschen. Dazu war das Regime viel zu brutal und zudem die Gruppe der Regime-Anhänger viel zu klein. Libyen ist in dieser Hinsicht anders als Ägypten«, sagt Fatma Ghandur im Februar 2012, als wir uns in den Tagen vor dem ersten Jahrestag der Revolution in Tripolis treffen. Sie fährt mit mir durch die Stadt, zeigt die Schauplätze des Aufstands: den Algerischen Platz, an dem sich die Aktivisten von Tripolis zu sehr geheimen Protesten trafen, den Platz der Märtyrer, auf dem die Gaddafi-Anhänger aufmarschierten. Da Demonstrationen zu gefährlich waren, setzten die Aktivisten der Revolution auf kreative Aktionen, etwa hängten sie zusammengerollte, tiefgekühlte Fahnen an die offiziellen Parademaste. In der ersten Morgensonne tauten sie auf, und dann flatterte auch mitten in Gaddafis Hauptstadt die schwarz-rot-grüne Flagge der Revolution. Andere schmuggelten Waffen, bereiteten den Kampf um Tripolis vor. Dazu gehörte auch Eissam Katto, der in der Gaddafi-Zeit im Gefängnis schwer gefoltert wurde und nur durch Zufall 2011 freikam. Leute wie er waren es, die an vorderster Front kämpften, und natürlich spielten sie auch nach der Befreiung eine große Rolle. Viele von ihnen waren radikale Islamisten oder wurden in den Monaten des Kampfes dazu.

Das ist im Alltag im neuen Libyen nicht zu übersehen. Es gibt Angriffe auf Sufi-Schreine, und mehrere historische Statuen werden zerstört. Zugleich gibt es aber auch sehr viel mehr Freiheit. »Ich moderiere jetzt eine Sendung, in der es um Meinungsfreiheit, Demokratie und Menschenrechte geht«, sagt Fatma Ghandur. Kurz darauf treffe ich im Flugzeug nach Bengasi eine alte Frau, die sich unbedingt mit mir unterhalten will: »Früher hätte ich mit einer wie dir nicht geredet. Viel zu gefährlich. Wie schön, dass das vorbei ist«, erzählt sie mir. Sie berichtet von ihren Söhnen. Der eine habe aufseiten der Gaddafi-Milizen gekämpft, der andere schloss sich frühzeitig der Revolution an. »Es war schrecklich. Die konnten nicht mehr zusammen essen, ständig gab es Streit!« Sie sei fast schon erleichtert, dass der Gaddafi-Anhänger nun in Haft ist. Sorgen macht ihr nur, dass er im Militärgefängnis von Misrata einsitzt; ausgerechnet dort.

Misrata hat während des Krieges 2011 besonders grausame Verbrechen erlebt. Söldner im Dienste Gaddafis vergewaltigten zahlreiche Frauen, und große Teile der Stadt wurden durch Granatenbeschuss zerstört. Mit Hilfe der NATO-Luftunterstützung gelang es den lokalen Kämpfern, sich zu befreien. Anschließend spielten die Milizen aus Misrata eine wichtige Rolle bei der Befreiung des restlichen Landes. Zunächst legten sie Tawirgha in Schutt und Asche,

Abu Ahmed Jakobi alias Elhadi al-Ghariani im Premierministeramt, Tripolis 2012.

um sich dafür zu rächen, dass aus Tawirgha viele Gaddafi-Anhänger stammten. Wen die Milizen von Misrata dort nicht gleich töteten, schleppten sie in ihre Gefängnisse. Das Militärgefängnis von Misrata geriet 2012 wegen seiner extrem schlechten Behandlung der Gefangenen international in die Schlagzeilen. Hier wurde brutal gefoltert.

»Es ist ein Kreislauf, der sehr schwer zu durchbrechen ist: Unrecht führt zu neuem Unrecht, und da es keine funktionierende Gerichtsbarkeit gibt, greifen die Menschen zur Selbstjustiz«, erzählt Elhadi al-Ghariani. Er ist der Berater des Übergangspremierministers Abdurahim al-Keib, verantwortlich für Fragen der Justiz und der nationalen Versöhnung. Später übernimmt er auch noch die Aufgabe, die Milizen dazu zu bringen, ihre Waffen abzugeben. Damit ist der 62-Jährige zuständig für die beiden schwerwiegendsten Probleme, die den Neuanfang in Libyen behindern. Anders als in Ägypten ist mit der Absetzung der Regierung Gaddafi der Staatsapparat weitgehend zusammengebrochen. Es gibt keine einsatzfähige Armee und nur Rudimente einer Gerichtsbarkeit. Das gibt den Milizen einen guten Vorwand, die Waffen zu behalten und sich um die Bestrafung der mutmaßlichen Kriegsverbrecher selbst zu kümmern.

Der Regierung fehlen zugleich die Mittel, also die Truppen und die Richter, um die Milizen zu stoppen. Immer neue Strategien werden getestet, doch die von der UNO in anderen Kriegsgebieten erprobten Methoden, die Waffenbesitzer durch Geldzahlungen oder durch Jobangebote zur Abgabe der Waffen zu bewegen, scheitern in Libyen. »Ganz gute Erfolge haben wir nun erzielen können, wenn wir ganze Milizeneinheiten unter das Kommando des Verteidigungsministers gestellt haben«, erklärt Elhadi al-Gghariani, als ich ihn im Sommer 2012 wiedertreffe, diesmal in seinem Büro im Premierministeramt. Dass die Situation alles andere als stabil ist, zeigt schon die zersplitterte Scheibe seines Arbeitszimmers. Das war eine Granate der Milizen, die zunehmend zur politischen Kraft werden. Ehemalige Milizenführer wie etwa Abdelhakim Ben Hadsch, der einst wegen Zugehörigkeit zu al-Qaida auf der internationalen Terrorliste stand, sind heute wichtige Politiker. Durch seine führende Rolle bei der Befreiung von Tripolis ist er in die Position des Militärkommandeurs von Tripolis gelangt und wurde damit auch für das Ausland zum Ansprechpartner. Einzelne Milizen werden von Politikern angeheuert, um beispielsweise Ministerien oder auch Ölanlagen zu schützen. Sie übernehmen Aufgaben, die von der zerfallenden Armee nicht bewältigt werden können. Die Macht der Milizen nimmt dadurch zu. Sie setzen inzwischen Minister oder Parlamentarier unter Druck und erzwingen Entscheidungen in ihrem Interesse. So belagerten im Sommer 2013 Milizen das Parlament in Tripolis so lange, bis die Abgeordneten dem »politischen Isolierungsgesetz« zustimmten. Es sieht vor, dass alle, die jemals im Dienste der Regierung von Gaddafi gestanden haben, unabhängig von persönlicher Schuld, zukünftig von der Politik ausgeschlossen sind. Es geht auf Drängen der Muslimbruderschaft und ihrer Verbündeten zurück. Viele sehen in diesem Gesetz den Sargnagel der Revolution, denn ab diesem Moment schlossen sich viele libysche Bürger den Kräften des alten Regimes an und bekämpften den politischen Neuanfang.

Rückblick: Bei den ersten Parlamentswahlen im Sommer 2012 schneiden die Islamisten erstaunlich schlecht ab. Die Partei für Gerechtigkeit und Aufbau, die zur Muslimbruderschaft gehört, gewinnt nur 17 der 200 Sitze. Damit schert Libyen aus der Logik der

Arabellionsländer aus. Es ist eben doch kein Naturgesetz, dass die Islamisten bei den ersten freien Wahlen gewinnen. Als es dann auch nicht gelingt, den Premierminister zumindest mitzubestimmen, fürchten die Islamisten das politische Abseits. Mit dem Isolationsgesetz schieben sie die Mehrheit der nichtislamistischen Regierungskoalition ins Aus: Viele der führenden Politiker haben früher einmal Regierungsämter innegehabt und sind dann in die Opposition gegangen. Zum Teil schlossen sie sich in Exiloppositionsgruppen zusammen. Viele wechselten die Seiten aber auch erst in dem Moment, als der Aufstand begann, und stellten sich gegen Gaddafi. Die Muslimbrüder hingegen waren schon immer verfolgt und lebten entweder im Ausland oder gut getarnt in Libyen. Das Gesetz dient also dazu, die Muslimbruderschaft und ihre islamistischen Verbündeten zu stärken.

»Uns ist es nicht gelungen, Gerechtigkeit zu schaffen und einen Umgang mit der alten Garde zu finden. Daran ist unsere Revolution gescheitert«, so Elhadi al-Ghariani bei einem Gespräch im Sommer 2015. »Was uns fehlte, war eine politische Regierung, die mutige Entscheidungen trifft. Die hätte dafür sorgen müssen, dass 2011 die echten Verbrecher der alten Zeit bestraft werden. Den Mitläufern des alten Regimes hätte man eine Tür öffnen müssen, sich zu beteiligen«, sagt er. Schließlich seien anfangs viele bereit gewesen, sich zu ändern und neue Chancen zu ergreifen. Das habe auch daran gelegen, dass die alt-neue Propagandamaschine noch nicht wieder angelaufen war. »Statt sich die Zustimmung der alten Eliten zu sichern, überließ man jungen Männern mit Waffen das Feld, und die wollten nun endlich auch einmal ein Stück vom Kuchen. Das brachte die alten Garden dazu, die neue Zeit zu boykottieren.« Zwar seien die Institutionen zusammengebrochen, aber in dem, was von der Verwaltung übrig war, lebten die alten Netzwerke wieder auf. »Die setzten unsere Regierungsanweisungen einfach nicht um und schickten zum Beispiel unsere Briefe nicht los. Da waren wir als Regierung machtlos«, so Elhadi al-Ghariani. Das Isolationsgesetz besiegelte die Feindschaft dann endgültig: Es machte klar, dass die alten Garden im neuen Libyen keinen Platz mehr haben. Das führte dazu, dass diese sich zusammentaten und seitdem an dem Ziel arbeiten, das Land ins Chaos zu stürzen – systematisch und sehr erfolgreich. Heute ist es nicht mehr schwer, Menschen in Libyen zu finden, die Gaddafi hinterhertrauern. Den NATO-Militäreinsatz sehen sie jetzt als Teil einer Verschwörung, um Gaddafi zu stürzen und dem Westen den freien Zugang zu den libyschen Ölquellen zu sichern. Die Verschwörungstheorien blühen.

Auch in Libyen setzen die Kräfte des alten Regimes auf Polarisierung, auch hier verläuft die Grenze zwischen Islamisten und Nicht-Islamisten. Allerdings ist diese Einteilung hier etwas ungenau, denn bei genauerer Betrachtung spielt die Spaltung des Landes in einen westlichen und einen östlichen Teil eine wichtige Rolle, was die ideologischen Grenzen oft überlagert. Ähnliches gilt auch für die verschiedenen ethnischen Gruppen, Stämme und Clans. Gaddafi nutzte die größeren oder kleineren sehr hierarchisch organisierten Familienverbände, um Libyen zu regieren, und bis heute sind sie so stark, dass sie zunehmend in die Suche nach einem Ausweg aus dem Konflikt einbezogen werden. Es gibt sogar Überlegungen, ein Wahlsystem zu entwickeln, in dem den Stämmen mehr Rechnung getragen wird. Sicher ist jedenfalls, dass diese Gruppen auch jeweils eigene Interessen verfolgen und sich daher von den Provokateuren und Spaltern des alten Regimes mobilisieren lassen. Ganz gezielt wurden alte Feindschaften geschürt. Dies führte ab 2013 immer stärker dazu, dass der libysche Staat geschwächt wurde und in einzelne sich gegenseitig bekämpfende Milizen in den verschiedenen Regionen zerfiel.

»2013 gab es gezielte Ermordungen in Bengasi. Sie wurden nie aufgeklärt, doch alle geben der radikal-islamischen Gruppe Ansar al-Scharia die Schuld. Dabei erinnerten sie sehr an die Liquidierungen unter Gaddafi«, sagt Elhadi al-Ghariani. Diese Ermordungen ließen die Gewalt schnell zunehmen. Eine Volksbewegung, die sich Ende 2013 gegen die Milizen und ihre Waffen bildete und die Menschen über die ideologischen Lagergrenzen hinweg vereinte, wurde davon mitgerissen. In dieser Situation tritt Khalifa Hafter auf den Plan. Der frühere General war aus Gaddafis Armee desertiert und hatte seit 1990 in den USA im Exil gelebt. 2011 war er nach Libyen zurückgekehrt und drängte seitdem an die Macht. Im Frühjahr 2014 sieht er nun seine Chance gekommen. Er stellt sich an die Spitze der libyschen Wutbürger, die sowohl von den Milizen als auch von der Unfähigkeit der Regierung die Nase voll haben. Allerdings bekämpft er nicht die Unfähigen im Allgemeinen. Sein Kampf richtet sich gezielt gegen die Muslimbruderschaft, die zwischenzeitlich großen Einfluss auf die Regierung gewonnen hat. Auch erklärt er nicht dem Terrorismus den Kampf, sondern den Islamisten insgesamt. Damit spaltet er das Land weiter.

Trotz der Spannungen wird im Juni 2014 ein neues Parlament gewählt. Wieder unterliegen die Islamisten. Sie können die Niederlage nicht ertragen und rüsten zum Kampf. Als ich kurz vor diesen Wahlen in Tripolis das Café am Algerischen Platz besuche, reden die Männer dort von bevorstehenden Kämpfen, wie andernorts von einem aufziehenden Unwetter gesprochen wird: Es ist nicht erfreulich, dass es kommt, aber lässt sich nicht vermeiden. »Wir müssen kämpfen, denn wenn wir es nicht tun, werden wir bald keinen Platz mehr in Libyen haben«, sagt Mohammed Abad, der viele der Proteste gegen die Regierung organisiert hat. Tatsächlich wird drei Wochen später Tripolis von islamistischen Milizen beschossen. Der Flughafen und große Öllager werden zerstört. Das neugewählte Parlament tritt im August zusammen, allerdings aus Sicherheitsgründen nicht in der Hauptstadt, sondern in der 1100 Kilometer entfernten Hafenstadt Tobruk, ganz im Nordosten des Landes. Abdullah Thinni wird dort zum Premierminister gewählt. Im westlich gelegenen Tripolis hingegen kommt es zu einer Wiederbelebung des aufgelösten Parlaments, und das macht Omar Hassi zu seinem Premier. Danach hat Libyen zwei Regierungen, die sich gegenseitig bekämpfen. Zunächst erzielt Khalifa Hafter große Erfolge in Bengasi. Schnell kann er große Teile der Stadt zurückerobern. Ansar al-Scharia wird vertrieben. Allerdings gelingt es nicht, die Kämpfe ganz zu beenden. Der Krieg hat auch die Armee gespalten. Die alten Kräfte, die sich aus der Gaddafi-Zeit herüberretten konnten, schließen sich Khalifa Hafter an. Die neuintegrierten Milizen gehen zum großen Teil ins Tripolis-Lager.

Die regionale Konfrontation spielt auch hier eine wichtige Rolle. Während die Emirate und Ägypten das Lager von Khalifa Hafter unterstützen, erhalten Tripolis und die dort agierenden Milizen aus Misrata Zuwendungen aus Katar und der Türkei. Daher kommen die Bemühungen des Chefs der UN-Mission für Libyen (UNSMIL) so auch nur schleppend voran, denn beide Lager werden von ihren Geldgebern geradezu ermuntert, weiterzukämpfen.

Nach fast einem Jahr zäher Verhandlungen gelingt im Sommer 2015 schließlich ein vorläufiger Kompromiss. Man einigt sich auf eine Übergangsregierung der nationalen Einheit. Ein erster Schritt ist getan, doch noch bevor beide Parlamente ihre Minister in die neue Regierung entsenden, zieht sich Tripolis aus den Vereinbarungen zurück. Dabei gilt es, einen dauerhaften Waffenstillstand zu vereinbaren, gemeinsam dem Vormarsch des sich ausbreitenden Terrorismus Einhalt zu gebieten und eine Antwort auf die ganz entscheidende Frage zu finden: Wie soll Libyens Ölreichtum verteilt werden? Darüber hinaus steht die Regierung unter enormem Druck. Wenn es nicht gelingt, Libyens Grenzen zu sichern, könnte dies eine erneute Militärintervention aus dem Ausland zur Folge haben.

Und dann ist da noch der Islamische Staat. Mit der Mittelmeerstadt Derna eroberte der IS 2014 seine erste Provinz in Nordafrika. Kurz darauf wurde Sirte eingenommen. Hier erhielt der IS viel Unterstützung von Gaddafi-Gefolgsleuten. Ähnlich wie im Irak, wo sich viele entmachtete und ausgegrenzte Baath-Anhänger dem IS andienten, sehen auch in Libyen die alten Garden im IS einen Partner, mit dem sich ihre Interessen verwirklichen lassen. Sie wollen Chaos stiften und so den Weg zu einer Rückkehr der alten Kräfte an die Macht vorbereiten. Die Krise in Libyen ist nur dann zu überwinden, wenn die Regierungen aus Tripolis und Tobruk effektiv zusammenarbeiten und gemeinsam gegen den IS und die marodierenden Milizen vorgehen.

»So gesehen ist der IS vielleicht sogar ein Geschenk des Himmels«, meint Elhadi al-Ghariani: »Die Bedrohung durch die radikalen Kämpfer könnte dazu führen, dass die beiden verfeindeten Lager wieder zusammenrücken.« Allerdings sei zu erwarten, dass die alten Eliten nicht lockerlassen und alles daransetzen werden, dass in Libyen keine funktionsfähige große Koalition zustande kommt.

Als Student kam Elhadi al-Ghariani nach Deutschland, schloss sich der Opposition gegen Gaddafi an. 1980 fasste ihn ein libysches Geheimkommando, doch er konnte mit Hilfe der deutschen Polizei befreit werden. Die riet ihm dazu, einen neuen Namen anzunehmen. Seitdem heißt er Abu Ahmed Jakobi. Er begann, sich für die Muslime in Deutschland zu engagieren, gründete den Schura-Rat in Hamburg mit, worüber ich ihn 2004 kennenlernte. 2011, als die Arabellion begann, kehrte er in die alte Heimat zurück und wurde wieder Elhadi al-Ghariani. Wie viele Auslandsoppositionelle zog er ins Korinthia-Hotel in Tripolis ein. Gemeinsam mit vielen alten Weggefährten aus den Tagen der Studentenopposition versucht er, Libyen zu einem Neuanfang zu verhelfen. »Es war wohl naiv, daran zu glauben. Aber ich hatte das Gefühl, dass sich in Libyen eine Chance auftat«, sagt er. Inzwischen ist er wieder in Hamburg. 2013 erklärte er seinen Ausflug nach Libyen für beendet. »Ich habe den Eindruck, dass ich in Hamburg mit meiner Arbeit für die Muslime mehr erreichen kann«, so sein ernüchterndes Fazit.

Auch Fatma Ghandur hat Libyen verlassen. Sie arbeitet in Kairo an ihrer Doktorarbeit über libysche Folklore. Dennoch und trotz allem hält sie die Revolution bis heute nicht für einen Fehler. »Je ne regrette rien!«, zitiert sie das bekannte französische Chanson: »Wir hätten so oder so jetzt einen Krieg. Auch wenn Gaddafi nicht gestürzt worden wäre. Dann würden jetzt seine Söhne mit ihren Milizen um die Nachfolge kämpfen. Das hätte auch das ganze Land kaputt gemacht. Dann doch lieber so«, sagt sie. Immerhin hätten die Menschen angefangen, über Demokratie und Freiheit nachzudenken, das wäre doch schon einmal ein großer Schritt in die richtige Richtung. Wenn dann erst der Krieg vorbei sei, könne es mit dem Neuanfang richtig losgehen. »Es geht ja nicht nur alles in die falsche Richtung. Neulich wurde ich von Frauen in Bengasi angesprochen, sie wollen einen Rat der libyschen Frauen gründen. Das muss man sich einmal vorstellen. Auf so eine Idee wäre unter Gaddafi niemand gekommen. Da mache ich auf jeden Fall mit.« Fatma Ghandur mit ihrem ansteckenden Optimismus ist so leicht nicht unterzukriegen.

Jemen

Sarah Ishaq ist in Sana'a aufgewachsen. Als Teenie zog sie mit ihrer britischen Mutter nach Edinburgh, studierte dort später Film und beschloss, ihren Abschlussfilm über die Familie ihres jemenitischen Vaters zu drehen. Anfang Januar 2011 landete sie in Sana'a und machte sich daran, ein Porträt ihres Großvaters zu filmen. Doch kurz darauf begannen die Demonstrationen, und zunehmend wurde es ein Film über die Revolution und darüber, wie man im »Haus mit dem Maulbeerbaum« – so lautet dann auch der Titel des Filmes – mit dem Umsturz umging. Fast hätte Sarah Ishaq zwischendurch ihr Filmprojekt aus den Augen verloren, da sie zu einer gefragten Kommentatorin und Reporterin für internationale TV-Sender wurde, doch sie hielt durch. So entstand ein einzigartiges Dokument: Sie filmte Demonstrationen und Straßenschlachten. Sie filmte aber auch, wie ihre Verwandten über die Ereignisse diskutierten und ihre Haltung zu den Protesten im Laufe der Zeit änderten. Sie war mit der Kamera dabei, als ihr Vater und die Geschwister in großen Töpfen für die Demonstranten kochten, und filmte selbst, wie ihr Großvater ihr verbieten wollte, das Haus zu verlassen, in den Tagen als in Sana'a die Schlägertrupps der Regierung Jagd auf Demonstranten machten. In dieser Zeit entstand auch ihr Kurzfilm »Würde hat keine Mauern«, der ihr sogar eine Oscar-Nominierung einbrachte. In der Folge pendelte Sarah Ishaq: Sana'a, Edinburgh, Kairo. In Kairo drehte sie im Frühjahr 2015 eine Dokumentation über Jemeniten, die vor dem Krieg in ihrer Heimat geflohen waren.

Im Herbst 2015 kehrt Sarah Ishaq nach Sana'a zurück. Die Stadt ist zerstört, Strom und Benzin sind Mangelware. Die Menschen leben in ständiger Angst vor Luftschlägen durch die von Saudi-Arabien geführte panarabische Allianz, die seit März 2015 versucht, den Vormarsch des 2011 abgesetzten Expräsidenten Ali Abdullah Saleh aufzuhalten, der mit Waffengewalt und mit Hilfe seiner Verbündeten, den Huthi-Milizen, an die Macht zurückdrängt. Das Haus mit dem Maulbeerbaum wird durch zwei Autobomben und einen Luftangriff in unmittelbarer Nähe beschädigt. Es liegt in einem Viertel mit mehreren Huthi-Kommandozentralen. Die

Familie zieht in die Innenstadt und versucht, so gut es geht, ihr Leben fortzusetzen. »Man kann sich nicht in Sicherheit bringen. Die Luftangriffe sind wahllos, und man kann zu Hause ebenso getroffen werden wie auf der Straße. So gehen viele Leute auch weiter hinaus. Was soll's?«, erklärt Sarah Ishaq. Sie veranstaltet Workshops für Filmstudenten und unterrichtet für den Lebenunterhalt Yoga. »Mein Onkel hat sogar sein Café wieder aufgemacht, und weißt du was? Es ist voll wie immer!« Allerdings ist diese Coolness nur Fassade. »Ich gebe zu, es ist ein Scheinalltag. Immer wieder versinke ich in Depression. Was hier passiert, ist die systematische Zerstörung eines ohnehin schon sehr armen Landes, eine humanitäre Katastrophe. Und das Schlimmste ist: Die Welt interessiert sich nicht für uns!« Sarah Ishaq versucht, dem zu begegnen, und versorgt gemeinsam mit anderen Aktivisten internationale Medien mit Informationen.

Dabei hatte es im Jemen so vielversprechend begonnen. Seit Sommer 2010 hatte Tawakul Karman, Gründerin der Organisation Journalisten ohne Ketten, für mehr Medienfreiheit demonstriert. Woche für Woche und oft fast allein stand sie vor dem Justizministerium. Mitte Januar 2011 wurde die 32-jährige Journalistin und Mutter von drei Kindern verhaftet, woraufhin es zu kleineren Demonstrationen kam. Dabei wurde ihr Bild getragen, allein dies war schon eine kleine Revolution. Schließlich gilt es im konservativen Jemen als unschicklich, wenn Frauen in der Öffentlichkeit ihr Gesicht zeigen, sind doch die meisten Frauen im Land verschleiert. Auch Tawakul Karman hat früher den Gesichtsschleier getragen, doch das passe nicht mehr zu ihrer Rolle als Aktivistin. »Die Menschen müssen mein Gesicht sehen«, sagt sie. Seitdem trägt sie bunte Kopftücher. Das ist umso erstaunlicher, als sie zum Führungszirkel der 1990 gegründeten Islah-Partei gehört. Die Partei gilt als jemenitischer Ableger der Muslimbruderschaft, vereint aber auch Salafisten und den sehr konservativen und politisch einflussreichen Stamm der al-Ahmar. Am 24. Januar kommt Tawakul Karman aus dem Gefängnis frei, und am 27. Januar ziehen mehr als 15 000 Demonstranten durch Sana'a. Der Aufstand beginnt.

Zerstörung nach einem Luftangriff durch die von Saudi-Arabien geführte Koalition auf zwei von Huthi-Milizen kontrollierte Militärbasen im Jemen, April 2015.

Zunächst haben auch die Demonstranten in Sana'a einen Tahrir-Platz. Am 3. Februar 2011, einen Tag nach der Kamelschlacht in Kairo, wird er von Sicherheitskräften und Schlägergruppen im Autrag der Regierung brutal geräumt. Die Demonstranten weichen daraufhin auf den Platz vor der Universität aus und benennen ihn in Taghrir-Platz um, das bedeutet Platz der Veränderung. Trotz der ständigen Gewalt geben die Demonstranten nicht auf. Im Juni kommt es zu einem Anschlag auf den Präsidentenpalast. Ali Abdullah Saleh wird schwer verletzt nach Saudi-Arabien ausgeflogen. Nach langen, durch die Nachbarstaaten vermittelten Verhandlungen tritt er schließlich zurück. Ihm wird Straffreiheit versprochen. Zudem wird eine Regierung gebildet, die zur Hälfte aus Kräften des alten Regimes und zur Hälfte aus Oppositionspolitikern – die meisten von ihnen Islah-Mitglieder – besteht. Abed Rabbo Mansur Hadi tritt als einziger Kandidat zu den Wahlen 2012 an und wird mit großer Mehrheit gewählt. Unter der alten Regierung war er Vizepräsident, hatte aber wenig zu sagen. Da er zudem aus dem Süden stammt, gilt er als weit genug von der alten Ordnung im Norden entfernt, so dass er auch für die Opposition akzeptabel ist. Allerdings gab es ja auch keine Alternative. »Damals fühlten wir uns schlecht, weil uns nichts anderes übrig blieb, als diesen Kompromiss zu schließen. In Ägypten und Tunesien fanden damals die ersten freien Wahlen statt, und wir mussten so einen faulen Kompromiss schlucken«, so Ali Nagi al-Scherif, der zu den führenden Aktivisten des Aufstands in Sana'a gehört. Im Laufe der Zeit, ändert sich seine Perspektive. »Im Nachhinein muss ich sagen, dass ich geradezu stolz bin, dass es uns gelungen ist, eine solche Regierung der Einheit zwischen den verschiedenen Kräften hinzubekommen. Ganz besonders, wenn ich in die anderen Länder schaue, die ja total zerrissen und polarisiert sind zwischen Islamisten und Nicht-Islamisten«, sagt er, als wir uns im August 2013 in Sana'a in einem Mafradsch, einem traditionellem Wohnzimmer, treffen. Eine Männerrunde ist da zusammengekommen: Schriftsteller, Aktivisten, Politikwissenschaftler und Journalisten. Das Kauen von Kat-Blättern macht gesprächig, und die Männer bemühen sich, ihrem Besuch die verworrene Lage im Jemen zu erklären. Das größte Problem sei die Unfähigkeit der Regierung, die Probleme in den Griff zu kriegen, die Armut und die Perspektivlosigkeit der Jugend zu bekämpfen. Auch die Ausbreitung von al-Qaida macht ihnen Sorgen. So sei es zwar gelungen, sie zurückzudrängen und Gebiete zurückzuerobern, aber der Kampf sei längst nicht gewonnen. Al-Qaida hatte 2011 ganze Landstriche erobert und Enklaven mit eigener Regierung geschaffen. Unter dem Namen Ansar al-Scharia entwickelt sich al-Qaida dort zur Volksbewegung, die sich um den Alltag der Menschen kümmert. »Die Regierung hat in den eroberten Gebieten wenig zu melden, viele der Stämme wägen ab. Oft rechnen sie sich Vorteile aus, wenn sie sich al-Qaida anschließen. Andererseits gibt es die Drohnenangriffe, mit denen die Regierung gemeinsam mit der US-Armee versucht, al-Qaida zu bekämpfen, wodurch es viele zivile Opfer gibt«, so einer der Journalisten, der aus Sabwa stammt, wo al-Qaida besonders stark ist.

Am Tag darauf treffe ich Tawakul Karman. Das Interview war lange schon für diesen 14. August 2013 verabredet, ausgerechnet. Während wir in ihrem Wohnzimmer sitzen, flimmern im Fernsehen die Bilder aus Kairo. Die Protestlager der Anhänger von Mohammed

Mursi werden geräumt. Zu sehen sind gepanzerte Polizeifahrzeuge, Polizisten in voller Montur und mit Schnellfeuerwaffen, brennende Zelte. »Dies ist das Ende des Arabischen Frühlings«, sagt sie und bemüht sich um Haltung. Sie zeigt das strahlende Lächeln, für das sie so bekannt ist, doch ihre Verzweiflung ist nicht zu übersehen. »Ägypten ist Vorbild für die ganze Region. Heute reiben sich die alten Diktatoren in allen Ländern die Hände. Wenn die Konterrevolution in Ägypten gelingt, haben auch sie eine Chance, zurückzukommen«, meint sie. 2011 bekam sie den Friedensnobelpreis; stellvertretend für alle Aktivisten der Arabellion, und so hat sie sich auch immer wieder zu Entwicklungen der anderen Länder geäußert. Sie unterstützte im Frühjahr 2013 den Protest gegen Mursi und bekam dafür viel Kritik von ihren Islah-Parteifreunden, die Mursi als einen der ihren betrachteten: »Es ist legitim, dass sich das Volk gegen einen gewählten Präsidenten auflehnt, wenn er nicht ihre Bedürfnisse befriedigt«, rechtfertigt sie ihre Parteinahme: »Allerdings mussten wir später feststellen, dass es sich um einen von langer Hand geplanten Putsch handelte. Das Allertragischste ist, dass Demonstrationen als Dekor missbraucht wurden«, sagt sie. Damit verliere das wichtigste Ausdrucksmittel der arabischen Aktivisten Ansehen und Legitimation.

Mit Trauer in der Stimme spricht sie im Sommer 2013 über die Entwicklung im Jemen, selbst über die Erfolge, die bis dahin erzielt wurden. Dabei fällt sie immer wieder in die Vergangenheitsform, so fest ist sie davon überzeugt, dass die Ereignisse in Kairo auf den Jemen abfärben werden: »Unser wichtigster Erfolg war, dass wir die unterschiedlichen Kräfte immer wieder zusammengebracht haben. Man kann unseren Nationalen Dialog kritisieren, dass er nicht schnell genug und nicht grundlegend genug gearbeitet hat, aber das Wichtigste war: Er brachte die Menschen zusammen«, sagt sie. Die Polarisierung der Gesellschaft und der politischen Landschaft konnte daher im Jemen in Grenzen gehalten werden. »Das ist die Lehre aus dem Arabischen Frühling: Es kann nur gelingen, wenn alle integriert werden«, so Tawakul Karman.

Tatsächlich ist wenig geblieben. Seit 2013 dreht sich die Spirale der Gewalt immer schneller: Entführungen, ein Mitarbeiter der Deutschen Botschaft wird ermordet, viele internationale Einrichtungen ziehen ihre Mitarbeiter ab. Zugleich formiert sich die Huthi-Bewegung als neue Kraft. An ihrer Spitze steht Abdelmalik al-Huthi, gerade einmal 32 Jahre alt. Gegründet wurde die Bewegung 2004 von seinem großem Bruder Hussein. Sie versteht sich als Interessensvertretung der Zaiditen, einer religiösen Minderheit aus dem Nordjemen, die einer Spielart des schiitischen Islam anhängt. Zunächst ging es darum, das Stammland der Zaiditen gegen Salafistengruppen zu verteidigen, bald schon begann der Kampf gegen die Regierung von Saleh. Nach dem Tod des Bruders übernahm der damals 23-jährige Abdelmalik al-Huthi die militärische Führung und erwies sich als gewiefter Stratege. 2005, nach dem Tod des Vaters, eines zaiditischen Gelehrten, erbt er dessen Rolle als spiritueller und politischer Führer. Die Bilder der Beerdigung des Vaters sorgten für Aufsehen. Tausende Trauergäste skandierten: »Tod Amerika, Tod den Juden!« Mit der Revolution 2011 begann der Siegeszug der Huthis. Sie verbinden Stammesinteressen und die ihrer religiösen Minderheit mit den Forderungen der einfachen Jemeniten. Sie fordern mehr Land und vor allem mehr politische Macht für sich. Gleichzeitig verlangen sie die Beibehaltung der Benzin- und Stromsubventionen und die Senkung der Lebensmittelpreise. Die Huthis werden zum Sprachrohr der Zu-kurz-Gekommenen.

Ein Großteil des militärischen Erfolgs der Huthis geht auf das Zweckbündnis zurück, das sie mit Expräsident Ali Abdullah Saleh geschlossen haben. Bei der Eroberung von Sana'a im September 2014 und der im Januar 2015 folgenden Absetzung des 2012 gewählten Übergangspräsidenten Abed Rabbo Mansur Hadi, bei der er zunächst nach Aden und dann ins Exil nach Saudi-Arabien getrieben wird, werden die Huthis von Armeeangehörigen und Milizen unterstützt, die nach wie vor zum Netzwerk des gestürzten Präsidenten Ali Abdullah Saleh gehören. Dieser ist bereits 2013 nach seiner Genesung wieder nach Sana'a zurückgekehrt und seitdem – so heißt es – setzt er alles daran, den Jemen zu destabilisieren und die neue Regierung zum Scheitern zu bringen. So sollen seine Anhänger für die Benzinknappheit verantwortlich sein und auch einen entscheidenden Anteil daran haben, dass die Verwaltung und die Armee nicht die anstehenden Aufgaben erledigen.

Dass sich die Huthis nun ausgerechnet mit Saleh zusammentun, dessen Regierung sie ja zuvor bekämpft haben, hängt weniger damit zusammen, dass auch er zur Minderheit der Zaiditen gehört. Im Vordergrund steht das gemeinsame Interesse, die Regierung zum Scheitern zu bringen. Ob Saleh selbst wieder in den Präsidentenpalast einziehen will oder seinen Sohn Ahmed einsetzen möchte und ob die Huthis bei einem solchen Deal mitmachen, bleibt abzuwarten.

Am 26. März 2015 beginnt die von Saudi-Arabien geführte Allianz arabischer Streitkräfte mit Luftschlägen auf Stellungen der Huthis und ihrer Verbündeter. Riad stellt den Konflikt als Kampf gegen den Machtdrang des schiitischen Irans dar, der die anderen sunnitischen Staaten schwächen wolle. Tatsächlich gelten die Huthis als Schützlinge Teherans, wobei allerdings unklar ist, wie viel Unterstützung sie tatsächlich aus dem Iran bekommen.

Schnell zeigt sich, dass die Huthis nicht aus der Luft zu besiegen sind. Anfang August 2015 gehen 3000 Soldaten in Aden an Land. Es handelt sich um emiratische Truppen und im Ausland trainierte und ausgestattete Einheiten des noch dem Übergangspräsidenten treuen Teils der jemenitischen Armee. Schnell erobern sie Aden und rücken gen Norden vor. In den ersten vier Monaten allein werden mehr als 4300 Menschen getötet. Menschenrechtsorganisationen belegen, dass sowohl die Huthis als auch die Gegenseite keinerlei Rücksicht auf Zivilisten nehmen. Es kommt zum Beschuss von Wohngebieten und zu grausamen Ermordungen.

Der Jemen ist jedoch nicht nur in die beiden kriegführenden Lager gespalten. Schon bevor der Krieg losging, war das Land polarisiert. Der Graben verläuft zwischen Nord und Süd, genauer gesagt zwischen den Verfechtern eines einheitlichen Staates und denen, die eine Abspaltung des Südens fordern. Immer lauter werden die Stimmen derer, die eine Rückkehr zur Zweiteilung des 1990 wiedervereinigten Jemens anstreben. Zudem kommt es auch im Jemen zu einer Polarisierung zwischen Islamisten und Nicht-Islamisten. Die Regierung des 2012 gewählten Präsidenten Hadi ging 2013 auf Konfrontationskurs zur muslimbrudernahen Islah-Partei. Hier spielen Saudi-Arabien und die Emirate eine Rolle. Sie brachten ihren Verbündeten Hadi dazu, den Koalitionspartner Islah aus der Regierung zu drängen. Es war die konsequente Weiterführung ihrer Politik in Ägypten und Libyen. 2015 zeigt sich dann deutlich, wie fatal die Polarisierung ist: Hätte Hadi an der Koalition mit Islah festgehalten und sich gemeinsam mit ihnen darauf konzentriert, die Probleme des Landes anzugehen, dann hätten die Huthis nicht so viele Anhänger mobilisieren können, und der Jemen wäre vermutlich nicht so leicht von der Huthi-Saleh-Allianz überrannt worden. Nach Hadis Vertreibung sucht Saudi-Arabien vergeblich nach neuen Ansprechpartnern. Außer al-Qaida sieht es jedoch im sunnitischen Lager schlecht aus. Dies führte zu einem Kurswechsel in Riad: Der neue König Salman bemüht sich um eine Wiederaufnahme der Kontakte zur Islah-Partei. Auch wenn saudische Diplomaten betonen, dass es sich hierbei nicht um den Beginn eines generellen Umdenkens handelt, läuten in Kairo sofort die Alarmglocken. Man sieht bereits die Allianzen zerbrechen, und wie sollte Kairo ohne die Finanzhilfe aus Saudi-Arabien über die Runden kommen?

Der Konflikt im Jemen ist aber auch deswegen so kompliziert und so blutig, weil es nicht nur um den Jemen geht, sondern darum, wer in Zukunft in der Region das Sagen hat. So ist Saudi-Arabien mit dem Krieg einer seit Längerem vor allem von Ägypten vorangetriebenen Initiative zur Gründung einer panarabischen Kriseneingreiftruppe zuvorgekommen. Um die Lage noch komplizierter zu machen, wird diese erste panarabische Militäraktion seit den Kriegen gegen Israel überlagert von dem im Juli 2015 geschlossenen Atomabkommen zwischen dem Iran und den USA. Dieses Abkommen wird von den sunnitischen Regierungen der Region und ganz besonders den Golfstaaten kritisiert. Es bringt sogar Saudi-Arabien und Katar wieder näher zusammen: Sie fürchten, dass sie ihre besonderen Beziehungen zu den USA verlieren, wenn sie nicht mehr als Bollwerk gegen den Iran gebraucht werden. Die USA bemühten sich mit viel Charme und einigen Tricks, die Zustimmung von Saudi-Arabien, den Vereingten Arabischen Emiraten und Katar zu gewinnen. Unter anderem wurde die US-Unterstützung für die Militäroffensive im Jemen verstärkt. Der Jemenkrieg führt dazu, dass sich die Allianzen in der Region verschieben. Das macht ihn nicht weniger tödlich und grausam. Im Gegenteil.

Viele der Aktivisten der Revolution haben den Jemen inzwischen verlassen müssen. Sie fürchten die Rache des alten wiedererstarkten Regimes, und auch die Huthis gehen hart gegen alle Kritiker der neu-alten Machthaber im Norden des Jemens vor. Das gilt ganz besonders für die Mitglieder der Islah-Partei. Tawakul Karman lebt inzwischen in Katar, aber auch viele andere brachten sich im Ausland in Sicherheit. Die Filmemacherin Sarah Ishaq ist eine der wenigen, die in Sana'a noch aktiv sind.

Syrien

Maher Esber ist ein Bär von einem Mann mit Vollbart. Er hat viel erlebt, gekämpft, gelitten, doch das, was er in diesem Moment durchmacht, während wir in seinem Büro in der libanesischen Hauptstadt Beirut miteinander sprechen, ist besonders hart. Er windet sich, und es bereitet ihm sichtlich Unbehagen. Es geht um die Frage, ob er es vorziehen würde, in einem Gebiet unter Herrschaft von Baschar al-Assad oder unter IS-Kontrolle zu leben: »Es tut weh, aber am Ende muss ich doch einräumen: Hätte ich die Wahl, würde ich lieber unter Assad-Kontrolle leben«, sagt er, und in seiner Miene liegt die ganze Trauer, der ganze Frust der verlorenen Hoffnung. Dass er, ausgerechnet er, sich einmal für Baschar al-Assad aussprechen muss, ist unfassbar. Maher Esber gehört zu einer kleinen Gruppe von Studenten, die 2006 an syrischen Universitäten Flugblätter verteilten. »Wir forderten Demokratie und Menschenrechte. Das konnte nicht lange gutgehen«, erzählt er. Er wurde verhaftet und in das berüchtigte Gefängnis von Saidnaya gesperrt.

Fünf Jahre verbrachte er dort. »Um uns nichtislamistische Aktivisten so richtig fertigzumachen, sperrte man uns in Zellen, in denen ansonsten nur ultraradikale Islamisten einsaßen, damit diese uns dann so richtig übel quälen«, so Maher Esber. Als 2011 die Revolutionen in der arabischen Welt begannen, bekamen die Gefangenen davon zunächst nur wenig mit, doch irgendwann sickerten die Nachrichten sogar durch die Gefängnismauern. Er hörte von den

Der syrische Oppositionelle Maher Esber in seinem Büro in Beirut, 2015.

ersten kleinen Demonstrationen in Damaskus und später von der Graffiti-Aktion einiger Schüler in Daraa, die als Ausgangspunkt der Revolte in Syrien gilt.

Anders als in Ägypten und Libyen konzentrierte sich der Aufstand in Syrien nicht auf die Hauptstadt – hier waren die Sicherheitskräfte zu stark. Es ist vielmehr ein Aufstand der Peripherie: vernachlässigte Randgebiete gegen privilegiertes Zentrum, arme Bauern gegen städtische Bürger, sunnitische Bevölkerungsmehrheit gegen Alawiten und deren Verbündete. Baschar al-Assad hat von Anfang an auf Polarisierungen gesetzt, um den Konflikt für ihn steuerbar zu machen und die eigenen Anhänger zu mobilisieren. Natürlich hatten die Bürger, die reichen Geschäftseliten, aber auch die städtischen Mittelschichtler Angst vor dem Zorn der Vernachlässigten, die plötzlich aufbegehrten. Natürlich hatten die Angehörigen konfessioneller Minderheiten Angst vor dem Aufstand der sunnitischen

Mehrheit, vor allem, als plötzlich immer mehr ultraradikale Langbärte mitmischten. »Das war eine ganz offensichtliche Strategie der Regierung. Sie haben die Dschihadisten und radikalen Islamisten, manche von ihnen waren sogar gesuchte Al-Qaida-Führer, quasi auf Vorrat im Gefängnis gehalten, und als der Aufstand im März 2011 losging, da wurden sie freigelassen, um Unruhe zu stiften«, erzählt Maher Esber. Viele von ihnen stiegen schnell in wichtige Positionen auf. Ali Mussa Schawar beispielsweise wurde später IS-Gouverneur von Rakka. Maher Esber kennt aber auch mehrere Führer der Al-Nusra-Front aus den gemeinsamen Tagen in der Zelle. Sie kommen frei, und er bleibt zunächst im Gefängnis, kommt erst Wochen später im Rahmen einer Amnestie für politische Gefangene heraus. In dieser ersten Zeit des Aufstands verspricht Assad Reformen, eine Verfassungsänderung und Neuwahlen. So erreicht er, dass ihm weite Teile der Mittelschicht aus Damaskus und Aleppo wieder eine Chance geben, nach dem Motto: Er geht ja auf die Forderungen ein, was will die Opposition denn noch? Natürlich spielt auch Angst eine Rolle: Was kommt, wenn Assad fällt? Zu Recht, denn er droht nicht nur, dass auf ihn das Chaos folgt, er sorgt auch dafür, dass es ganz besonders blutig und grausam wird. Er lässt seinen Anhängern freie Hand, zu plündern und Dörfer zu überfallen. Gezielt wird der Hass zwischen den Konfessionen geschürt, sind es doch alawitische Milizen, die in sunnitische Dörfer einfallen. Schon bald fürchten die Alawiten insgesamt die Rache der Aufständischen und müssen schon deshalb Assad die Treue halten. Assads Ziel ist es, zu überleben und an der Macht zu bleiben. Dafür riskiert er, dass große Teile des Landes zerstört werden. »Bei Baschar al-Assad muss man aber auch ein persönliches Element einkalkulieren. Die Assads betrachten Syrien als ihren Besitz, den sie unter großer Mühe und Aufopferung regieren. Den Aufstand gegen sich empfinden sie als Zeichen der Undankbarkeit, und daher haben sie beschlossen: Wenn wir nicht mehr weiterregieren, dann soll auch Syrien nicht mehr weiterexistieren«, so Bente Scheller, Leiterin der Heinrich-Böll-Stiftung in Beirut und Autorin eines Buches über Baschar al-Assad.[6]

Nach seiner Freilassung aus dem Gefängnis kehrt Maher Esber in das Dorf seiner Familie bei Hama zurück und ist plötzlich

Die vollkommen zerstörte Innenstadt von Aleppo in Syrien, 2013.

mittendrin: Demonstrationen, Diskussionen, Freiheit. Allerdings kann er sich nicht richtig beteiligen, da er unter ständiger Bewachung steht und die Geheimpolizei auch seine Familie bedroht. Als dann in Hama auch noch regelmäßig das Internet ausfällt, macht er sich auf den Weg nach Beirut. »Ich fühlte mich eingeengt und nutzlos. Hier in Beirut kann ich mich wenigstens bewegen und kann die Aktivsten unterstützen, indem ich ihre Berichte und Videos an internationale Medien weiterleite«, erzählt er. Das ist bei unserer ersten Begegnung im Sommer 2011. Da ist er gerade aus Syrien herübergekommen und alles andere als ein Bär von einem Mann: Er ist ausgemergelt und hat dunkle Ränder unter den Augen. Er ist bei Freunden in einer spärlich möblierten Wohnung untergekommen, doch in Sicherheit ist er auch hier nicht. Erst ein paar Tage ist es her, dass Schlägertypen im Auftrag des Regimes in Damaskus ihn auf Motorrädern durch Beirut jagten. Der syrische Konflikt hält auch den Libanon in Bann.

Im Sommer 2011 wird aus dem friedlichen Aufstand in Syrien ein bewaffneter Kampf. Es bilden sich lokale Milizen, die Freie Syrische Armee (FSA) entsteht, in der unter anderem Deserteure

der syrischen Streitkräfte kämpfen. Anfangs schützen sie die friedlichen Demonstranten, es entstehen befreite Städte und Landstriche, in denen die Bevölkerung unter Führung der Opposition ihre
Angelegenheiten selbst in die Hand nimmt. Assad setzt darauf,
den Aufstand weiter zu militarisieren und zudem die bewaffneten
Gruppen zu radikalisieren. Ziel ist offenbar, dass sich keine Alternative zu seiner Regierung etablieren kann. Er hat Erfolg. Anfang
2012 entsteht die Al-Nusra-Front. Sie ist zunächst ein Ableger der
irakischen al-Qaida, versteht sich aber als syrische Gruppe. In Konkurrenz zu ihr dehnt der »Islamische Staat in Irak und der Levan-
te«, der Vorläufer des IS also, unter dem Kommando von Abu Bakr
al-Bagdadi sein Kampfgebiet nach Syrien aus. Hier kämpfen auch
zahlreiche Ausländer mit. Die Regierungsarmee konzentriert ihre
Angriffe auf die moderate Opposition und bombardiert vor allem
FSA-Hochburgen und Gebiete unter Kontrolle nichtislamistischer
Gruppen. IS-kontrollierte Gebiete bleiben lange Zeit verschont. Zudem kommt es immer häufiger zu Gefechten der Gruppen untereinander, und schon bald ist von der nichtbewaffneten Opposition
in Syrien nur noch wenig übrig. Auch die FSA wird geschwächt.
Viele Aktivsten fliehen, und die, die weitermachen, tun dies unter schwierigen Bedingungen. Ihre Basisarbeit wird international
kaum wahrgenommen.

Al-Assads Strategie geht auf. In den europäischen Hauptstädten
und auch in Washington entsteht der Eindruck, dass es keine Alternative zum bewaffneten Kampf gibt, und da unter den Milizen
die radikalen Islamisten immer stärker werden, kann man sich zunächst nicht dazu durchringen, die bewaffneten Oppositionskräfte
in größerem Umfang zu unterstützen. Während der Westen zöger-
lich bleibt, fließen Gelder aus den reichen Golfländern: offizielle Re-
gierungsgelder an die gemäßigteren Gruppen, aber auch Gelder von
Privatleuten, die an die radikalen Gruppen gehen.

In Syrien gilt der Sommer 2013 ebenfalls als Wendepunkt: Am
21. August 2013 sterben mindestens 281 Menschen, als in Ghuta,
einem Ort nahe Damaskus, Giftgas eingesetzt wird. Hunderte Menschen erleiden qualvolle Verletzungen durch Sarin-Gas. Im Vergleich zu vielen anderen Massakern und Angriffen – verstärkt setzt

die Regierungsarmee Fassbomben gegen Zivilisten ein – erscheint die Zahl der Verletzten nicht so, dass von einer neuen Qualität des Mordens gesprochen werden muss. Der Unterschied liegt in der Dreistigkeit: Assad stellt Barack Obama auf die Probe. Der US-Präsident hatte mehrfach gesagt, dass er in Syrien eingreifen werde, wenn die rote Linie überschritten ist. Diese hatte er klar definiert: Wenn Chemiewaffen eingesetzt würden, sei es mit Washingtons Geduld vorbei. Was macht Assad? Er setzt trotzdem Chemiewaffen ein und noch dazu in einer Zeit, als UN-Inspektoren im Land sind. Welch Provokation! Bente Scheller, Autorin des Buches über Assads Strategie, sieht genau darin die große Stärke des syrischen Diktators: Er provoziere die Weltgemeinschaft aufs Äußerste und komme in der Regel damit durch. Auf diese Weise kann er nicht nur die internationale Staatengemeinschaft demütigen, er punktet damit auch bei seinen eigenen Leuten.

In den Tagen nach dem Angriff auf Ghuta sieht es zunächst so aus, als habe er dieses Mal zu hoch gepokert. In Damaskus bereiten sich die Menschen auf die Vergeltungsschläge vor. Doch Obama zögert, bezieht den Kongress in die Entscheidung über den Angriff mit ein. Damit wird er abgesagt, und Assad trägt einen großen Sieg davon. Wenn die USA jetzt nicht eingegriffen haben, werden sie es auch nicht so bald bei anderer Gelegenheit tun. Noch größer ist der Triumph, als im Dezember 2014 die USA ihren im August begonnenen Krieg gegen den IS im Irak auf Syrien ausweiten. Mit offensichtlicher Genugtuung stellt die syrische Presse es so dar, als sei Assad nun zum Verbündeten der USA aufgestiegen.

Die USA bemühen sich, die Zusammenarbeit mit Assad herunterzuspielen, aber tatsächlich gibt es Anfang 2015 indirekte Vereinbarungen, was die Luftschläge angeht. Offenbar setzt sich in Washington und unter den Entscheidungsträgern in Europa die Einsicht durch, zu der sich auch Maher Esber durchgerungen hat: Wenn man vor die Wahl gestellt wird, dann doch lieber mit Assad als mit dem IS. Assad gelingt es, auf diesem Erfolg noch weiter aufzubauen: Im Herbst 2015 beginnt Russland mit Luftschlägen. Angeblich richten sich diese gegen den IS. Allerdings zeigt sich schnell, dass es Moskau offensichtlich darum geht, Assads Regierung zu stabilisieren und zu verhindern, dass Syrien in mehrere Teile zerfällt. So werden eben nicht nur IS-Stellungen, sondern auch Gebiete unter Kontrolle anderer Oppositionsgruppen bombardiert.

Kein Wunder, dass Maher Esber so ungehalten reagiert, als ich ihm am Ende unseres letzten Gesprächs im Sommer 2015 die Frage stelle, woran seiner Meinung nach die syrische Revolution gescheitert ist: »Die Welt hat uns hängen lassen. Ihr habt uns nicht geholfen, deswegen ist die Revolution gescheitert«, sagt er: »Es war doch von Anfang an klar, dass wir diesen Aufstand nicht allein gewinnen können. Die syrische Revolution kann nur gelingen, wenn Europa oder die USA oder alle beide militärisch eingreifen, eine Flugverbotszone verhängen und dafür sorgen, dass uns die Regierungsarmee nicht mehr unablässig aus der Luft bombardieren kann«, so Maher Esber. Statt die moderaten Milizen der Opposition zu unterstützen, habe der Westen zugeschaut, wie die radikalislamistischen Gruppen immer stärker wurden.

Viele syrische Aktivisten haben inzwischen aufgegeben. »Man kann niemandem verdenken, wenn er beschließt, sein Leben anderswo weiterzuleben. Man muss schließlich an die Zukunft denken«, erklärt Maher Esber. »Ich allerdings habe beschlossen, in Beirut zu bleiben und weiterzumachen. Ich habe das Gefühl, dass ich etwas bewirken kann.« Seit 2014 betreibt er die Internetseite der syrischen Interaktiven Entwicklungsinitiative, die Nachrichten aus Syrien veröffentlicht und über Aktionen von Aktivisten dort berichtet.

Über Maher Esber lerne ich eine Gruppe von syrischen Aktivisten kennen, die sich im Libanon um syrische Flüchtlinge kümmern. Mahmud S. hat tiefe Ringe unter den Augen, doch er will keinesfalls schlafen. Wenn er die Augen schließt, dann holt ihn der Horror des Gefängnisses ein, sagt er. »Ich träume immer das Gleiche: Die Wächter kommen in meine Zelle und holen mich zur Folter.« Er ist erst vor ein paar Tagen aus Salmia, nördlich von Damaskus, nach Beirut geflohen. »Die Lage war dort zu heikel«, erklärt er. Da er in Beirut noch nichts zu tun hat und er voller Tatendrang steckt, begleitet er seinen Freund Ali S., der für die Hilfsgruppe Syrian Eyes Flüchtlinge im Bekaa-Tal versorgt. Ali, ebenfalls Aktivist der friedlichen Revolution, ist schon 2011 aus Syrien geflohen. Heute hat Ali

Jihad M. in einem Zeltlager syrischer Flüchtlinge in Beirut, 2015.

ein Taxi mit Decken und Spielzeug vollgeladen, so erreichen sie den Kiesweg, der zu den Zelten führt. Kinder winken, und Ali wird von den wartenden Männern mit Umarmung begrüßt. Mahmud blinzelt in der grellen Sonne, ein Flüchtlingslager hat er noch nie gesehen. Er ist Student und kommt aus einer Gegend, in der es bisher nur ab und zu Kämpfe gab. Nichts im Vergleich zu Homs. Von dort kommt Jihad M. mit seiner Familie. Seit fast drei Jahren schon wohnen sie hier im Zelt. »Ich habe mit den ganzen Ereignissen nichts zu tun. Als sie anfingen, Homs zu beschießen, da sind wir weg. Wir hatten gehofft, hier einen Neuanfang zu schaffen, aber …«, der 33-Jährige spricht den Satz nicht zu Ende. Seinen Mundwinkeln ist anzusehen, dass er seit Wochen nicht gelacht hat. Verbitterung. Den Aktivisten der Revolution, mit ihren Träumereien von Freiheit und Demokratie, gibt er insgeheim die Schuld für seine Misere. Zugleich sind es aber auch ausgerechnet diese Aktivisten der Revolution, die sich mit der Organisation Syrian Eyes um ihn kümmern, die ihn mit Kleidung und Lebensmitteln versorgen. Ansonsten sind die Flüchtlinge hier weitgehend auf sich selbst gestellt.

Die Zelte sind kein Flüchtlingslager, denn so etwas gibt es im Libanon nicht. Aus Prinzip. Die Flüchtlinge haben sich daher auf eigene Faust angesiedelt. In Jerascha, knapp 30 Kilometer von der syrischen Grenze entfernt, gibt es gleich drei solcher »Nicht-Lager«. »Wir vermieten unser Land«, erzählt Landwirt Junes Salah. Pro Zelt kassiert er im Monat 50 Dollar. Dennoch sind ihm die Syrer nicht mehr willkommen: »Es sind einfach zu viele. In unserem Dorf gibt es 2000 Einwohner und mindestens doppelt so viele Syrer«, sagt er.

»Die Diskriminierung gegen uns Syrer wird immer schlimmer«, beschreibt Jihad M. die Lage. Diskriminierung, Hass und immer wieder auch Übergriffe. Er setzt eine Kanne Kaffee auf den Gaskocher, der in der Ecke eines großen Zeltes aus alten Planen steht. Es lässt sich schwer greifen, worunter die Menschen hier am meisten leiden: Ist es die Trauer über den Verlust ihrer Heimat oder die Perspektivlosigkeit? Angesichts der Lage in Syrien werden sie viele Jahre hier bleiben müssen, und angesichts der Lage im Libanon werden sie hier auf absehbare Zeit noch nicht einmal ihre Zelte durch feste Behausungen ersetzen können. Vielleicht ist es auch die Tatenlosigkeit, die sie so belastet. »Ab 20 Uhr dürfen wir nicht mehr raus, sagt die Polizei. Deshalb schlafen wir viel zu viel. Das macht mich ganz fertig«, so Jihad M.

»Ich kann die Passivität nicht verstehen«, sagt Mahmud S., als die anderen Männer gerade mit dem Ausschenken von Kaffee beschäftigt sind und nicht zuhören. »Niemand hindert sie daran, ihr Leben in die Hand zu nehmen, zum Beispiel eine Schule für ihre Kinder zu errichten. Dieses Selbstmitleid ist schrecklich«, sagt er. Sein Freund Ali S. wirft ihm einen mitleidigen Blick zu. So hat er am Anfang auch gedacht, dann holte ihn die Realität des Flüchtlingslebens ein. Er weiß zudem, dass es Leuten wie ihm und Mahmud viel leichter fällt, im Libanon einen Platz zu finden. Selbstverständlich wohnen sie nicht in einem Flüchtlingslager, sondern in einer Aktivisten-WG in Beirut. Dort gibt es Jobs und ein reges syrisches Kulturleben. Vor allem aber haben Ali und Mahmud ein Ziel vor Augen. »Die Lage in Syrien ist schrecklich, aber ich würde nie sagen, dass die Revolution ein Fehler war. Assad ist ein Tyrann, und wir werden ihn stürzen«, so Mahmud S.

Er krempelt sein Hosenbein hoch, zeigt mehrere Narben: »Hier setzten sie die Elektroschocks an«, erzählt er, und die Blicke von Jihad M.

und den anderen Flüchtlingen in der Runde sind plötzlich nicht mehr trübe, sondern wach und gespannt. Hier knallen Welten aufeinander: Die Aktivisten der Revolution treffen auf die, die zu Opfern der Auswirkungen derselben geworden sind. Zugleich haben sie viel gemein: Sie träumen alle von einer besseren Zukunft, und es ist kein Zufall, dass die Zelte mit deutschen Fahnen geschmückt sind.

Aus Sicht von Baschar al-Assad läuft weiter alles nach Plan: Die vielen Flüchtlinge, die aus Syrien nach Europa kommen, und die ungebrochene Macht des IS führen dazu, dass viele europäische Regierungen die Stabilität Syriens zum wichtigsten Ziel der Politik erklären. Um dies zu erreichen, erscheint es notwendig, mit Assad zu verhandeln: Welch ein Sieg für den syrischen Präsidenten! Er hat die Entstehung des IS massiv gefördert und dafür gesorgt, dass der Konflikt immer brutaler wird, so dass Millionen Syrer flüchten, und nun gilt er als einzig möglicher Partner, diese Problem zu bekämpfen.

Was ist schiefgelaufen?

Das Graffiti, das auf dem Cover dieses Buches abgebildet ist, gibt es nicht mehr. Omar Fathi alias Omar Picasso, der es 2012 zum ersten Mal an die Mauer des Tahrir-Platzes in Kairo gemalt hat und dann immer wieder aktualisierte, hat sich wie so viele andere Aktivisten der ägyptischen Revolution zurückgezogen. »Ich habe eine Familie, da kann ich nicht riskieren, dass mir etwas passiert«, erklärt er, als wir uns im Herbst 2015 wiedertreffen. Er arbeitet inzwischen als Dekorateur, spezialisiert auf lustige Bilder, die bei Kindergeburtstagen und Hochzeiten die Räume schmücken. »Es ist nicht das, was ich mir erträumt habe. Weißt du, ich werde niemals vergessen, wie toll es war, auf einer Leiter am Tahrir-Platz und am Präsidentenpalast zu stehen und riesige Bilder zu malen. Dass es einmal möglich war, so direkt die Herrschenden zu kritisieren. Toll!«, sagt er.

An die Mauer am Tahrir-Platz, an der er 2012 sein berühmtes Bild mit den ineinanderfließenden Porträts von Mubarak, Tantawi und deren Nachfolger anbrachte, haben andere Aktivisten inzwischen Porträts der Märtyrer der Revolution gemalt. So werden die bei Protesten getöteten Demonstranten genannt. Die Bilder sollen daran erinnern, welchen Preis die Aktivisten gezahlt haben und dass ihre Forderungen noch nicht erfüllt sind. Natürlich würde die neue Regierung die Wand lieber heute als morgen übertünchen, doch die Malereien sind in aller Welt bekannt, zudem ist die Mauer in Privatbesitz der Amerikanischen Universität in Kairo. Derzeit ist im Gespräch, die Mauer insgesamt in ein Museum zu verlagern – möglichst weit weg von den Blicken der normalen Menschen.

Der Arabische Frühling ist gescheitert, und die Ursachen dafür sind vielfältig und von Land zu Land unterschiedlich. Was die Staaten der Arabellion jedoch gemeinsam haben, sind die sehr standhaften alten Regime, die in fast allen Ländern als Sieger aus den Entwicklungen der vergangenen fünf Jahre hervorgegangen sind. An ihnen haben sich die Aktivisten des Aufstands die Zähne ausgebissen.

In Ägypten konnte die Militärführung ihre Macht festigen, indem sie sich zunächst von Hosni Mubarak trennte und dann die Opposition spaltete und die Gruppen gegeneinander ausspielte. Die Macht des Militärs ist in Ägypten tief verwurzelt und wird zudem von anderen Institutionen gestützt.

In Libyen sorgen Kräfte des alten Regimes für Unfrieden, spielen politische Fraktionen und Stämme gegeneinander aus und haben sich sogar mit dem IS verbündet. Dort spielt auch der missglückte Umgang mit den Verbrechen der Vergangenheit eine Rolle. Es wurden nicht nur die Funktionäre, sondern auch die Mitläufer des alten Regimes ausgeschlossen, wodurch die Reste des noch funktionierenden Staates zerfielen. Durch zu viele Waffen, die aus den Munitionsdepots Gaddafis und aus dem Ausland in Umlauf kamen, wurde die Lage zusätzlich erschwert.

In Syrien sitzt die Regierung von Baschar al-Assad den Aufstand weitgehend aus, setzt auf eine Eskalation und Militarisierung der Konflikte. Er nimmt die Zerstörung des Landes in Kauf, um seine Macht zu erhalten. Vor allem aber manipuliert er geschickt die internationale Gemeinschaft. Aus Angst vor dem IS und vor immer mehr Flüchtlingen, die Syrien verlassen, sehen inzwischen viele europäische Politiker Assad nicht mehr als Verursacher der Probleme, sondern als einzig möglichen Partner, diese zu lösen.

Im Jemen haben sich die Kräfte des alten Regimes mit den Huthis einen Bündnispartner gesucht, der zuvor marginalisiert worden war und zunehmend dagegen aufbegehrte. Gemeinsam haben sie dem bis dorthin recht erfolgreichen Neuanfang den Garaus gemacht. Durch das Eingreifen der Nachbarländer eskalierte der Konflikt. Es geht nicht mehr nur um den Jemen, sondern darum, wer in Zukunft in der Region den Ton angibt.

In Tunesien, dem Vorzeigeland unter den Staaten des Arabischen Frühlings, wurde viel erreicht: Freiheitsrechte sind in der Verfassung verankert, und es gelang, eine Regierung über die politischen Lagergrenzen hinweg zu bilden. Daher ging auch der Friedensnobelpreis 2015 an das tunesische Dialogquartett. Allerdings droht nun die neugewonnene Freiheit dem Terrorismus beziehungsweise dem Kampf gegen den Terror zum Opfer zu fallen. Auch hier wurde mit Beji Caid Essebsi ein Präsident gewählt, dessen politische Karriere eng mit dem alten Regime verknüpft ist und der die Rückkehr der alten Eliten vorzubereiten scheint.

Wie der Begriff alt-neue Regime andeutet, ist in keinem der Länder die Entwicklung abgeschlossen, überall befinden sich die Machtstrukturen im Umbruch. Es zeigt sich, dass all diese alt-neuen Regime in der Region bei durchaus vorhandener Unterschiedlichkeit doch auch vieles gemeinsam haben: Es handelt sich um eine besonders brutale und schwer zu stürzende Regierungsform. In fast allen Ländern konnten die alten Regime letztlich sogar von den Aufständen profitieren. Sie nutzten die Gelegenheit, sich von Strukturen und Personen zu trennen, die ihnen zur Belastung geworden waren. Ägypten ist das beste Beispiel dafür. Ohne Mubarak sitzt das Militär sehr viel fester im Sattel als mit ihm. Nebenbei – und das ist wohl ihr größter Erfolg – konnten die alt-neuen Regime durch ständige Gewaltausbrüche, Alltagschaos und Verschwörungspropaganda vielen Menschen den Wunsch nach Demokratie verleiden. Sie stützen sich also, zumindest vorläufig, auf mehr Zustimmung als vor 2011. Mit einer Mischung aus Repression gegen die Opposition und Versprechungen an den Rest der Bevölkerung bemühen sich die Regime, dass dies auch so bleibt.

Die ähnlichen Strukturen und Eigenschaften der Regime wurzeln in ihrer parallelen Entstehungsgeschichte: Die Staaten wurden über Jahrzehnte von Herrschern geführt, die aus dem Militär stammen und die sich, jedenfalls zu Beginn, auf das Vorbild von Gamal Abdel Nasser bezogen haben. So sind in der ganzen Region Generationen in dem Glauben aufgewachsen, dass sie einen starken Führer brauchen, der ihrem Land und der ganzen Region Respekt verschafft. Alle Regime setzten in den Anfangsjahren auf ein am Sozialismus orientiertes Entwicklungsmodell. Durch Verstaatlichungen, Landreformen und die Öffnung der Universitäten für alle Schichten veränderte sich die Gesellschaftsstruktur. Arbeitsmigration in die reichen

Golfstaaten beförderte zusätzlich den sozialen Wandel. Allerdings konnten die Regime schon bald ihr Versprechen, die Bevölkerung zu versorgen, nicht mehr einlösen. Bei der Transformation hin zu mehr Marktwirtschaft profitierten vor allem Parteigänger der Regime. Eine enge Verflechtung von Wirtschaft und Politik, Klientelwirtschaft und Korruption sorgten dafür, dass bei der Reform der Wirtschaft die Schere zwischen Arm und Reich weiter aufging. Es bildete sich nur langsam eine Mittelschicht, und die Regime waren zunehmend überfordert, die Bedürfnisse einer schnell wachsenden und im Durchschnitt immer jünger werdenden Bevölkerung zu befriedigen. Allerdings – auch das ist eine Parallele – nutzten die Regime die Vernachlässigung der Bevölkerung, um ihre Macht zu festigen: Die Massen auf dem Land, die Zu-kurz-Gekommenen waren besonders leicht zu manipulieren und wurden so zu einer wichtigen Säule des alten Regimes. Die Aktivisten der Revolution scheiterten nach 2011 daran, diese Mehrheit der Bevölkerung in den politischen Neuanfang einzubeziehen. Bereits nach kurzer Zeit waren viele bereit zu glauben, dass die Zeit für eine Demokratisierung noch nicht reif sei.

Typisch für die Regime ist auch ihre Angst vor der eigenen Bevölkerung und selbst vor ihrer eigenen Entourage. Deswegen verfügen sie alle über einen großen Sicherheits- und Geheimdienstapparat. Teilweise haben sie aus Misstrauen gegenüber Armee und Polizei eigene Milizen gebildet oder halten Schlägerbanden bereit, um in kritischen Momenten gegen die Opposition oder Kritiker aus den eigenen Reihen vorzugehen beziehungsweise die Bevölkerung einzuschüchtern. Zudem unterhalten alle Regierungen mehr oder weniger verdeckte Beziehungen zu radikalen und militanten Islamisten, um diese im Falle einer ernsthaften Bedrohung für das Regime einsetzen zu können.

Wichtige Stütze der Regime sind die administrativen Systeme. Mächtige Institutionen, Seilschaften in der Bürokratie und andere Netzwerke sorgen dafür, dass die Interessen der Herrschenden auch ohne deren direktes Zutun umgesetzt werden. Diese Systeme sind dem Regime zumeist loyal, sie führen jedoch auch ein Eigenleben. Die Reibereien zwischen Justiz und Regierung in Ägypten seit 2013 sind ein Beispiel dafür. Im Jemen konnten die Huthis auf die alten Seilschaften von Ali Abdullah Saleh zurückgreifen, die ihnen die fast kampflose Eroberung Sanaʾas ermöglichten.

In allen Ländern entwickelte sich seit den 1960er Jahren eine islamistische Opposition. Zumeist gaben Organisationen wie die Muslimbruderschaft oder al-Nahda den Ton an. Typisch für die alt-neuen Regime ist, dass sie diese zwar verboten und partiell verfolgt haben, sie aber zugleich auch gewähren ließen. Islamisten galten ihnen als leichter kontrollierbar als die linken Gruppierungen. Zeitweilig wurden die islamistischen Vereinigungen von den Regierungen regelrecht gefördert, um den Linken die Anhängerschaft abzuwerben. Oft spiegelten sich die Strukturen der Regime in Ideologie und Organisationsform der islamistischen Opposition wider. Die Muslimbruderschaft in Ägypten zeichnet sich vor 2011 durch intransparente Hierarchien und die Bereitschaft aus, Kompromisse mit dem Regime einzugehen. In Libyen war die Muslimbruderschaft so streng verboten, dass sie nur im Exil beziehungsweise als sehr konspirative Untergrundstruktur existieren konnte. In beiden Fällen handelt es sich um schlechte Voraussetzungen dafür, dass diese Organisationen die Führung übernehmen konnten, um ihren Ländern einen demokratischen Neuanfang zu bringen. Auch bildete sich in den meisten Ländern eine radikalislamistische Szene, die mehr oder weniger direkt mit al-Qaida und anderen militanten Gruppen zusammenarbeiteten. Ziel dieser Organisationen ist die Befreiung der Region von Fremdherrschaft und den bestehenden Regierungen, um dort ein islamisches Kalifat zu errichten. Die Methoden, die von den radikalen Kämpfern angewandt werden, und auch ihre Ideologie bilden einen Spiegel dessen, was von den alt-neuen Regierungen verbreitet wird. Eine wichtige Rolle spielt dabei auch Saudi-Arabien, das in den letzten Jahren zur Schutzmacht der alt-neuen Regime aufgestiegen ist und zugleich seine radikale Lesart des Islam verbreitet.

Was die nichtislamistische Opposition angeht, entwickelten die Regime besonders effektive Fähigkeiten, die Bildung von stabilen Strukturen und den Aufstieg von Führungspersönlichkeiten zu verhindern. Harte Repression, Unterwanderung und die Einbeziehung

Einzelner in das eigene politische System zeigten Wirkung und führten 2011 in Ägypten dazu, dass die Opposition sich nicht auf eine gemeinsame Linie einigen konnte. Hier spielen auch persönliche Eitelkeiten, Kompromissunfähigkeit und nicht ausdiskutierte ideologische Differenzen eine Rolle. Natürlich tragen sowohl die nichtislamistischen Oppositionspolitiker, die Aktivisten der Revolution als auch die Vertreter der moderaten islamistischen Opposition die Hauptverantwortung für die eigene Unfähigkeit, eine gemeinsame Vision für den demokratischen Neuanfang zu entwickeln. Sie waren nicht bloße Opfer ihrer Regime, sondern handelnde Akteure, die eine historische Chance bekamen und daran scheiterten. Die alten Regime hatten entsprechend vorgebaut, die Ausgangsvoraussetzungen waren daher äußerst schlecht.

Der größte Erfolg der Regime war, dass es ihnen gelang, die Opposition zu spalten. Bald hassten und fürchteten Islamisten und Nicht-Islamisten einander so sehr, dass die Auseinandersetzung mit dem Regime, gegen das sie eigentlich die Revolution angestrengt hatten, beinahe in Vergessenheit geriet. Das neu-alte Regime konnte sich abwechselnd mit dem einen oder dem anderen Lager verbünden. Der Hass wurde zusätzlich durch die Hetze in den Medien verstärkt. Es gibt in allen Ländern eine enge Verknüpfung von Regierung und Medien. Nachdem in den 1990er Jahren das Monopol der Staatsmedien aufgebrochen worden war, bedienten sich die Regime seitdem treu ergebener Journalisten, die im Privatfernsehen ihre Botschaften verbreiteten und mit Verschwörungstheorien und Gerüchten die Zuschauer von den eigentlich wichtigen Themen ablenkten: 2011 hieß es, ausländische Agenten hätten den Arabischen Frühling angezettelt, um die Region zu schwächen. Heute drehen sich viele Verschwörungstheorien um den IS und dessen Entstehung. Den Aktivisten der Revolution wird vorgeworfen, mit dem Aufstand die Bühne für die Militanten bereitet zu haben. Gewiss, ohne die Arabellion hätte sich der IS wohl nicht in weiten Teilen Syriens ausbreiten und im libyschen Sirte und im jemenitischen Mukallah Stützpunkte errichten können. Aber dies ist nur ein Teil der Wahrheit, denn sicher ist auch: Hätten die Aufstände Erfolg gehabt, wäre es gelungen, die Militärs zu entmachten und Demokratie und soziale Gerechtigkeit einzuführen, dann hätte sich der IS niemals so ausbreiten können. Wenn die alt-neuen Regierungen die Revolutionäre jetzt für den Terror verantwortlich machen, geht es dabei vor allem darum, von der eigenen Förderung des Terrorismus abzulenken.

Ähnliches gilt auch für die weitverbreitete Auffassung, dass der IS in Wirklichkeit das Produkt einer US-Geheimdienst-Verschwörung ist. Natürlich ist unbestritten, dass die gescheiterte Politik der USA nach der Invasion 2003 im Irak den Boden für den Hass zwischen Schiiten und Sunniten und damit für das Erstarken des IS gelegt hat. Auch hat das lange Nichteingreifen der USA in Syrien dazu geführt, dass sich dort immer mehr Militante dem IS angeschlossen haben. Washington aber die volle Verantwortung für die Entstehung und die Eroberungszüge des IS zu geben, soll vor allem davon ablenken, wie gezielt und erfolgreich die alt-neuen Regime der arabischen Welt den IS gefördert haben. Wenn Washington sich etwas vorzuwerfen hat, dann wohl am ehesten, dass die USA zuerst jahrzehntelang den Diktatoren der Region die Treue gehalten haben und dann 2011 versäumten, die demokratischen Kräfte aktiv zu unterstützen. Die Politik der USA war geleitet von einem Streben nach Stabilität in der Region, nicht von der Unterstützung eines demokratischen Wandels. Dass die USA und auch viele europäische Staaten seit 2014 die Annäherung an die alt-neuen Regime suchen und beispielsweise Abdelfattach al-Sisi zu Staatsbesuchen nach Berlin, Paris und New York reisen konnte, ist ein weiterer Tiefschlag für die Demokratiebewegung in der Region und Wasser auf die Mühlen des IS, der dies als Beweis dafür darstellt, dass der Westen Freiheit und Demokratie in der arabischen Welt gar nicht eingeführt sehen wolle, sondern nur machtpolitische Interessen habe.

Europa und die USA wirken ratlos, welche Politik sie in der Region verfolgen sollen. Ebenso wie es falsch erscheint, die neu-alten Herrscher der Region zu unterstützen, fehlen andererseits erfolgversprechende Alternativen zu dieser derzeitigen Linie. Angesichts der Millionen Flüchtlinge, die nach Europa kommen, und der Bedrohung durch den IS ist zumindest klar, dass Weggucken und Nichtstun keine Option mehr sind.

Ein wichtiger Faktor für die Macht der Regime in der Region ist nach wie vor der Einfluss von außen. Hier spielt ganz besonders der regionale Konflikt eine Rolle. 2011 stehen sich zwei Lager gegenüber, die um die Vormachtstellung in der Region kämpfen. Auf der einen Seite steht Katar mit der Türkei, auf der anderen Seite Saudi-Arabien mit den Vereinigten Arabischen Emiraten. Die Staaten der Arabellion werden zum Schlachtfeld, auf dem dieser Konflikt ausgetragen wird. So unterstützen Katar und die Türkei die Muslimbruderschaft in Ägypten, Libyen und Syrien, al-Nahda in Tunesien und Islah im Jemen als jeweils größte Oppositionskraft. Sie halten diese für geeignet, die Länder nach dem Umsturz schnell wieder auf stabilen Kurs zu bringen. Saudi-Arabien und die Vereinigten Arabischen Emirate sehen dies als Bedrohung und unterstützten die Kräfte des alten Regimes beziehungsweise die Opposition gegen islamistische Regierungen. Mit großzügiger finanzieller Hilfe für die politischen Akteure und durch ausgiebige Propaganda in der jeweiligen Richtung – schließlich verfügen beide Seiten über einflussreiche panarabische TV-Stationen – tragen sie den Konflikt aus. Letztlich geht es weniger um einen Konflikt zwischen Islamisten und Nicht-Islamisten und als vielmehr um einen Konflikt zwischen den Unterstützern der alten autoritären Regime und den Förderern eines Regimewechsels. Beide Lager wollen in den postrevolutionären Staaten möglichst viel Einfluss gewinnen und dort stabile Verhältnisse in ihrem Sinne schaffen. Demokratisierung steht nicht auf ihrer Agenda. Vorläufiger Sieger dieses regionalen Machtkampfes ist das Lager von Saudi-Arabien und den Vereinigten Arabischen Emiraten.

Allerdings zeichnet sich ab, dass der Konflikt zwischen den beiden mächtigen Blöcken, der 2011 bis 2014 die Politik der Region weitgehend bestimmte, sich ab 2015 abschwächt: Die Zusammenarbeit im Kampf gegen den IS unter Führung der USA, der gemeinsame Krieg gegen die Huthis im Jemen und der Schock, den das Atomabkommen zwischen den USA und dem schiitischen Iran all diesen Ländern gleichermaßen versetzt hat, lässt Riad, Abu Dhabi, Doha und Ankara wieder enger zusammenrücken. Statt auf Konfrontation setzen sie nun auf Interessensausgleich.

Was ist schiefgelaufen? Bei der Suche nach Antworten darauf hilft es, nach Gegenbeispielen zu suchen: Was ist andernorts besser gelaufen und warum? Das Beispiel Tunesien drängt sich auf. Allerdings waren dort die Ausgangsvoraussetzungen auch günstiger. Zwar handelte es sich um ein Regime gleichen Typs. Doch die Macht des Präsidenten Zine Abdine Ben Ali hatte sich hier stärker vom Militär verselbständigt, und zudem war die Armee im Vergleich zu den anderen Ländern eine schwache Institution. Hinzu kommt, dass die tunesische Bevölkerung vergleichsweise reicher und besser gebildet ist und sich eine selbstbewusste Zivilgesellschaft entwickeln konnte. Ganz besonders hat Tunesien davon profitiert, dass es strategisch keine große Bedeutung besitzt. Der Konflikt zwischen den beiden regionalen Lagern wurde deswegen hier weit weniger heftig ausgetragen als beispielsweise in Ägypten oder Syrien. Wichtig für den Erfolg ist auch, dass al-Nahda im Vergleich zur Muslimbruderschaft deutlich moderner, flexibler und kompromissfähiger ist und die nichtislamistische Opposition auf die gewachsene Zivilgesellschaft zurückgreifen konnte, um sich zu organisieren. Dies alles führte dazu, dass im entscheidenden Moment in Tunesien Kompromisse geschlossen und politische Veränderungen angegangen werden konnten, die in den anderen Ländern nicht möglich waren. Der Erfolg Tunesiens ist insofern wichtig für die Entwicklung in der ganzen Region, als er zeigt, dass es doch möglich ist, in der arabischen Welt demokratische Entwicklungen anzustoßen. Umso dramatischer ist, dass die Errungenschaften dieses Aufbruchs nun von Terroristen bedroht sind. Nicht nur, weil sie Anschläge verüben, Jugendliche rekrutieren und die Wirtschaft schädigen, sondern weil der Kampf gegen den Terror auch autoritären Kräften als Vorwand dient, die gerade gewonnenen Freiheiten wieder einzuschränken.

Der militante Islamismus ist ein Joker der alt-neuen autoritären Regierungen. Über den Kampf gegen diese zum Teil selbst geschaffene Gefahr, wollen sie an die Macht zurückkehren oder ihre Position festigen. Dies macht die Lage für die Aktivisten der Revolution sehr schwierig, wenn nicht vorübergehend sogar aussichtslos, ihre Ideen von einer freieren und demokratischeren Gesellschaft durchzusetzen. Doch nur, wenn die Gesellschaften der Region gerechter werden und auch die Jugend Zukunftschancen sieht, wird der IS seine Attraktivität verlieren und nicht mehr so viele Jugendliche rekrutieren können. Ähnliches gilt auch für die entflammte Diskussion über eine Reform des Islam von innen und eine Rückbesinnung auf die jahrhundertealten Traditionen der Interpretation der religiösen Quellen, um so den radikalen IS-Ideologen etwas entgegenzusetzen. Das setzt allerdings eine größere Unabhängigkeit des religiösen Diskurses voraus. Solange die alt-neuen Regime an der Macht sind, wird es nicht dazu kommen, da sie kein großes Interesse daran haben, dass die Bedrohung durch den Terror nachlässt. Diesen Teufelskreis gilt es zu durchbrechen. Aber wie?

Da weder der politische Wandel durch Wahlen noch der bewaffnete Kampf bisher dazu geführt haben, die alt-neuen Regime zu besiegen, erscheint derzeit die langfristige Veränderung von unten die einzig erfolgversprechende Strategie: Graswurzelrevolution. Allerdings versuchen die alt-neuen Regime mit aller Macht, genau diese zu verhindern, und legen der Zivilgesellschaft immer neue Steine in den Weg. Was Hoffnung macht, ist, dass es dennoch Veränderungen gibt: Äußerlich ist es die veränderte Mode, die ins Auge fällt. Pluderhosen, Wuschelmähnen, Fahrradfahren. Auch zwischenmenschlich hat sich einiges verändert. Zwischen den Generationen und auch unter den Geschlechtern sind die Beziehungen etwas gleichberechtigter geworden. Auch an der Kluft zwischen den Schichten tut sich etwas, und mancherorts deutet sich auch Annäherung zwischen den ideologischen Lagern an. Derzeit haben die meisten Menschen in der Region das Verlangen nach neuen Protesten verloren, was allerdings den meisten geblieben ist, ist die Wehmut, mit der sie sich an den Frühling 2011 und die Hoffnung, die sie einmal hatten, erinnern. »Sie haben die Freiheit gekostet und werden den Geschmack nie vergessen!«, sagt Ahmed Harara. »Wenn die Zeit reif ist, werden sie nach mehr verlangen, und dann werden sie auf die vergangenen Erfahrungen aufbauen können!«

Auch Ahmed Hararas Bild ist an der Graffiti-Mauer am Tahrir-Platz zu finden, gleich neben der Galerie der Revolutionsmärtyrer. Dabei ist er kein Märtyrer, sondern höchst lebendig. Allerdings verlor er bei den Protesten beide Augen: das erste am »Freitag des

Zorns« im Januar 2011 und das zweite, als Sicherheitskräfte im November 2011 bei den Protesten in der Mohammed-Mahmud-Straße ganz gezielt die Augen der Demonstranten ins Visier nahmen. Doch Ahmed Harara ließ sich nicht einschüchtern. Zwar kann er sich nur noch mit Hilfe eines Blindenstocks vorwärtsbewegen, aber er hat sein Ziel nicht aufgegeben. Er ließ sich ein Glasauge fertigen: Hurria (Freiheit) steht in schwarzen Lettern darauf. »Klar, habe ich Hoffnung. Nie hat es in der Geschichte eine Revolution gegeben, die in nur fünf Jahren Freiheit und Gerechtigkeit gebracht hat. Immer hat es länger gedauert, und ich bin mir sicher, auch bei uns wird es gelingen. Irgendwann, aber dann ganz bestimmt!«, sagt er.

Anhang

Anmerkungen

1 Abu Khalil, Haitham: Ichuan Islahiun (Reformbrüder), Kairo, 2012.

2 Zu diesem Thema gibt es zahlreiche Berichte von Menschenrechtsorganisationen und auch von der ägyptischen Regierung. Sie enthalten zum Teil widersprüchliche Angaben. Unter ägyptischen Aktivisten wird der Bericht der ägyptischen Initiative for Personal Rights als am fundiertesten eingeschätzt. http://eipr.org/sites/default/files/reports/pdf/weeks_of_killing_en.pdf (letzter Zugriff: 24.11.2015). Weitere Berichte von Human Rights Watch: https://www.hrw.org/report/2014/08/12/all-according-plan/raba-massacre-and-mass-killings-protesters-egypt (letzter Zugriff: 24.11.2015). Und der Bericht der von der ägyptischen Regierung eingesetzten Kommission unter Leitung von Fouad Abdel-Moneim Riad, veröffentlicht am 25.11.2014, vergleiche: http://english.ahram.org.eg/NewsContent/1/64/116527/Egypt/Politics-/Factfinding-committee-on-postMorsi-violence-%E2%80%8Erecom.aspx (letzter Zugriff: 24.11.2015).

3 http://www.youtube.com/watch?v=CgnZY2wuFY4 (letzter Zugriff: 02.08.2015).

4 http://www.alaraby.co.uk/english/comment/2015/4/17/egypts-book-execution-committee (letzter Zugriff: 24.11.2015).

5 http://www.huffpostarabi.com/2015/07/29/story_n_7898110.html (letzter Zugriff: 24.11.2015).

6 Scheller, Bente: The Wisdom of the Waiting Game: Foreign Policy under the Assads, London 2013.

Abbildungsnachweis

S. 9   Amal Scharaf und Amr Mahrus (Julia Gerlach)

S. 22   Galal Amin (Julia Gerlach)

S. 25   Ahmed Akil (Julia Gerlach)

S. 33   Protestierende Menschenmassen auf dem Tahrir-Platz
während der Revolution im Februar 2011 (Jonathan Rashad, Flickr,
Wikimedia Commons, CC BY 2.0)

S. 39   Kamelschlacht (Ben Curtis, picture-alliance / dpa)

S. 52   Bassma Husseini (Julia Gerlach)

S. 66   Abdelathim Hamad (Julia Gerlach)

S. 76   Amr Hamzawi (Julia Gerlach)

S. 103 Muslimbrüder mit Mursi-Plakaten (Ashraf Amra, picture-alliance/dpa)

S. 127 Scheich Omar (Julia Gerlach)

S. 149 Mahmud Abu Zeid (Privat)

S. 156 Mohammed Abla (Julia Gerlach)

S. 162 Ibrahim Eissa (Julia Gerlach)

S. 165 Abdelfattach al-Sisi (picture-alliance / dpa)

S. 186 Iman Mohammed (Julia Gerlach)

S. 197 Lina Ben Mhenni (Julia Gerlach)

S. 203 Beji Caid Essebsi (Hassene Dridi, picture-alliance / dpa)

S. 207 Libysche Rebellen (picture-alliance / dpa)

S. 209 Abu Ahmed Yakobi (Julia Gerlach)

S. 218 Zerstörung nach Luftangriff im Jemen (Yahya Arhab,
picture-alliance / dpa)

S. 225 Maher Esber (Julia Gerlach)

S. 227 Zerstörte Innenstadt von Aleppo (picture-alliance / dpa)

S. 231 Jihad M. (Julia Gerlach)

Weiterführende Literatur

Abu Khalil, Haitham: Ichuan Islahiun (Reformbrüder, Arab.), Kairo 2012

Al-Difraoui, Asiem: Ein neues Ägypten? Reise durch ein Land in Aufruhr,
Hamburg 2014

Amin, Galal: Whatever happened to the Egyptian Revolution, Kairo 2013

Cockburn, Patrick: The Rise of the Islamic State, London 2015

Dhouib, Sarhan: Demokratie, Pluralismus und Menschenrechte, Weiler-
swist 2014

Gerlach, Daniel: Herrschaft über Syrien, Hamburg 2015

Kamrava, Mehran (Hg): Beyond the Arab Spring, London 2014

Kandil, Hazem: Inside The Brotherhood, Cambridge 2015

Kausch, Kristina: Geopolitics in the Middle East, Madrid 2015

Lüders, Michael: Wer den Wind säht – Was westliche Politik im Orient anrichtet, München, 2015

Müller-Mellin, Matthias: Militärbourgeoisie und Militärisch-industrieller Komplex in Ägypten, Kiel 2011

Perthes, Volker: Das Ende des Nahen Ostens, wie wir ihn kannten, Frankfurt 2015

Phares, Waleed: The Lost Spring, London 2014

Sattouf, Riad: Der Araber von Morgen, München 2015

Shehadeh, Raja und Penny Johnson: Shifting Sands, London 2015

Scheller, Bente: Wisdom oft the Waiting Game – Syrias foreign Policy, London 2013

Dank

Die vergangenen fünf Jahre fühlten sich oft an wie eine wilde Achterbahnfahrt. In solchen Zeiten ist es gut, wenn man Menschen hat, an denen man sich festhalten kann. Ich danke allen in diesem Buch erwähnten Gesprächspartnern und auch denen, deren Namen nicht genannt wurden, die sich aber immer bemüht haben, mir ihre Länder zu erklären. Besonders danken möchte ich Christian Calov und Kilian Bälz für gute Anregungen und dem Verleger Christoph Links für sein kluges Mitdenken.

Angaben zur Autorin

Julia Gerlach

Jahrgang 1969, Journalistin und Autorin; Studium der Politik- und Islamwissenschaften, Ausbildung an der Berliner Journalisten-Schule; Tätigkeiten im ZDF-Studio Kairo und beim *heute Journal* des ZDF; Hospitanz beim Satellitensender al-Dschasira; regelmäßige Reisen in die arabische Welt; von 2008 bis 2015 Korrespondentin unter anderem für die *Berliner Zeitung*, *Frankfurter Rundschau* und *Focus* in Kairo; Sachbuchautorin von »Zwischen Pop und Dschihad – Muslimische Jugendliche in Deutschland« (Ch. Links Verlag, 2006) und »Wir wollen Freiheit – Der Aufstand der Arabischen Jugend« (Herder-Verlag, 2011).